TINI VOGT

12 MONATE GEMÜSE ERNTEN

TINI VOGT

12 MONATE GEMÜSE ERNTEN

Inhalt

WIE ALLES ANFING

Ganz langsam wurde aus Abneigung eine große Liebe. Heute ist mein Garten mein Ein und Alles.

Vom Blumenkasten zum Paradies

Ich würde dieses Buch gerne mit einer romantischen Geschichte anfangen, dass ich mich schon als Kind liebevoll um kleine Pflänzchen gekümmert und die meiste Zeit im Garten verbracht habe, aber das stimmt einfach nicht. Ich wollte nie einen Garten! Als Kind habe ich Gartenarbeit immer gehasst. Und dann kam es doch ganz anders.

Bevor wir in unser heutiges Haus gezogen sind, hatte ich zwar einen großen Balkon mit ein paar roten Geranien – die wollte ich wirklich schon als Kind – und ein paar Blumenkästen mit Erdbeeren, aber mehr auch nicht. Mit dem Einzug in unser Haus 2004 bekam ich einen ziemlich großen und leider auch total verwilderten und zugewucherten Garten, mit dem ich nicht richtig etwas anzufangen wusste. Am Anfang habe ich ihn ignoriert, frei nach dem Motto: »Wenn ich ihn nicht sehe, ist er auch nicht da.« Allerdings musste ich mich zwangsläufig um meine Erdbeerpflanzen in den Blumenkästen kümmern. Bei unserem Umzug war es Mitte Mai, sodass ich schnellstens ein Stück Beet umgegraben habe, um meinen Balkon-Erdbeeren ein neues Zuhause zu geben. Als mein Nachbar sah, was ich machte, teilte er mir sofort mit, dass das nicht funktionieren würde, weil man Erdbeeren im August pflanzt. Nun, ich erntete trotzdem Erdbeeren und im Nachhinein könnte man diese Begegnung als Anfang für meine manchmal etwas unüblichen Gartenpraktiken sehen. Eines Tages kam meine Mutter mit ein paar übrig gebliebenen Buschbohnensamen, die ich unbedingt säen sollte. Die wurden also auch gelegt und damit nahm schließlich alles seinen Lauf.

Der Sommer kam und ich erntete Bohnen. Und nicht nur für ein Abendessen, nein, ich musste sogar welche einfrieren, da mein Mann nach dem dritten Abendessen mit Bohnen in einer Woche streikte. Und ich war überrascht, dass ich meine Haushaltskasse, die nach einem Hauskauf doch etwas in Mitleidenschaft gezogen war, entlasten konnte. Plötzlich sah ich den Nutzen von selbst gezogenem Gemüse. Da ich die Zeit und den Platz hatte, wollte ich beides nutzen, um so unser Haushaltsgeld etwas aufzubessern. Den Winter über las ich ein Gartenbuch nach dem anderen und im Jahr darauf wurde mein Gartenbeet schon ein Stück größer, obwohl ich noch immer keine rechte Lust zum Gärtnern verspürte.

Plötzlich fing meine Haut an, auf Spritzmittel zu reagieren. Ich konnte mein Obst und Gemüse nur noch im Bioladen kaufen oder eben selber anbauen, wobei ich mein eigenes Obst und Gemüse sogar besser vertrug als das gekaufte aus dem Bioladen.

Im Lauf der Jahre habe ich meinem Mann immer mehr vom Rasen abgeschwatzt und die Flächen in Beete verwandelt. Am Anfang war er ziemlich dagegen, stellte jedoch irgendwann fest, dass das Rasenmähen mit weniger Fläche wesentlich schneller vonstattenging. Inzwischen mähe ich selber, es ist aber auch kaum noch etwas vom Rasen übrig.

WAS ICH BEIM GÄRTNERN LERNE

Ich habe in diesen vergangenen Jahren sehr viel gelesen, probiert, aufgeschrieben und immer wieder meine Pläne umgeworfen. Durch die intensive Beschäftigung mit meinem Garten habe ich mich stark verwurzelt und mit der Natur verbunden. Ich kenne jede Stelle in meinem Garten und weiß, was dort wächst, wie die Beschaffenheit der Erde ist, wann die Sonne dort hinkommt usw. Gelernt habe ich auch sehr viel, wie man z. B. mit Misserfolgen klarkommt und wie ich mich relativ schnell auf neue Situationen einstelle. Ich habe gelernt immer einen Plan B und C in der Tasche bzw. im Kopf zu haben.
Vor ein paar Jahren hatten wir z. B. eine regelrechte Wühlmaus- und Wanderrattenplage. Mitte/Ende

Juni haben diese Mitbewohner fast meine gesamten Gurken, Zucchini und Kürbispflanzen eliminiert. Jeden Morgen kam ich in den Garten und eine neue, tags zuvor noch vitale Pflanze hing schlaff herunter, da über Nacht das Wurzelwerk abgefressen worden war. Ich war in einer richtigen Krise, befürchtete ich doch den Verlust meiner Ernte. Was macht man Ende Juni mit großen Lücken im Beet? Für alles – außer Salat und Buschbohnen – ist es, so sagten meine schlauen Gartenbücher von damals, schon zu spät. Von wegen! Ich habe meine Kiste mit Saatgut aus dem Schrank geholt und schnellstens zwei neue Zucchinipflanzen, diverse Buschbohnen, Kohlrabi, Möhren und Zuckererbsen ausgesät und auch sonst alles ausprobiert, von dem ich noch Saatgut übrig hatte. Hierbei habe ich viele neue Erkenntnisse gewonnen und am Ende des Jahrs konnte ich doch auf eine reiche Ernte zurückblicken, wenn man davon absieht, dass es kaum Gurken und Kürbisse gab. Für sie war es wirklich schon zu spät.

Der Schritt zum Paradies

Im Juli 2014 meldete ich mich bei Instagram an und hielt meine Gartenreise in Bildern fest. Eine ganz neue Erfahrung für mich, da ich vorher nur für mich selber alles aufschrieb. Der Austausch mit anderen Gärtnern inspiriert mich ungemein.

Irgendwann kam ganz plötzlich die Gewissheit, dass unser Garten um Längen zu klein ist! Viel zu klein! Obwohl mich immer alle Leute bewunderten, dass ich jede Ecke unseres Gartens ausnutzen würde, hat es einfach nicht gereicht, um uns das ganze Jahr selber zu ernähren. Wir waren und sind inzwischen sehr verwöhnt. Wer sich ein paar Monate des Jahres vom eigenen Gemüse ernähren kann, das – wenn es um Geschmack, Vitalstoffgehalt und um Frische geht – das absolut Beste ist, muss lange suchen, um diese Qualität im Supermarkt zu finden. Uns hat unser eigenes Gemüse schließlich so überzeugt, dass wir kein gekauftes mehr essen wollten. Ich kam mit unserem Gemüse zwar 8–9 Monate hin, aber ich wollte 12 Monate lang in der glücklichen Lage sein, uns mit eigenem Gemüse zu versorgen.

Ich habe ausgerechnet, dass ich ungefähr 1 Kilogramm Obst und Gemüse am Tag esse. Mein Mann möchte natürlich auch etwas abgekommen, und dann sind da noch unsere vierbeinigen Mitbewohner – zwei Zwergkaninchen, drei Meerschweinchen und ein Kater, obwohl der natürlich die Schätze des Gartens verschmäht, es sei denn, sie kommen auf vier Beinen und mit langem Schwanz daher. Also musste ein Stück Land her, was sich als gar nicht so einfach erwies. Nach langer Suche fanden wir ein Stück Grünland, das wir pachten konnten.

Aus Platzmangel und wegen Schatten habe ich anfangs viel in Töpfen angebaut – eine gute Lösung.

Frisch geerntete Salate bereichern auch im Winter jeden Tag mein Mittagessen.

Spontan nannten wir es Paradies. Wir bewirtschaften zurzeit nur ca. ein Viertel der Fläche, sodass immer noch ein großes Areal zum Mähen übrig bleibt. Doch was gibt es Schöneres, als wenn man sagt, ich muss noch zum Rasenmähen ins Paradies?

Nach der ersten Saison stellte sich heraus, dass es wirklich ein Paradies ist, zumindest was die Ernten anbelangt. Arbeiten muss man im Paradies natürlich trotzdem und Wühlmäuse gibt es hier leider auch. Aber ich liebe es!

Ungefähr 2010 habe ich mit dem Gärtnern im Winter angefangen. Plötzlich erreichten meine Gartenerlebnisse eine neue Dimension! Zu lesen gab es zu diesem Thema damals noch nicht viel, sodass ich fleißig ausprobieren musste und eigene Erkenntnisse gewonnen habe. Noch heute ernte ich ungläubiges Staunen, wenn ich erzähle, dass ich Ende Dezember noch frische Möhren ernte oder dass es Anfang Februar frischen Salat zum Mittagessen gibt, obwohl es draußen stürmt und schneit. Auch mein Gewächshaus steht seitdem nie mehr leer. Im Gegenteil, meist muss ich erst Platz leer essen, damit die Pflanzen für die neue Saison Platz haben.

EINE NEUE PERSPEKTIVE

Unser Weg zur Selbstversorgung stand also nicht von vorneherein fest, sondern hat sich ganz allmählich entwickelt. Ich habe mich und meinen Blick auf die Welt durch die Beschäftigung mit meinem Garten verändert. Ich stehe den Dingen mittlerweile kritischer gegenüber, kann nicht mehr nur konsumieren, da ich nun viel besser über die Hintergründe Bescheid weiß.

Ich kaufe keine Tomaten und Erdbeeren im Januar (sonst allerdings auch nicht), das ist einfach nicht die richtige Zeit dafür. Ich will keinen Blumenkohl für 0,49 € essen, weil ich weiß, wie arbeits- und spritzmittelintensiv er im Anbau ist. Sehe ich Berge von uniformem Gemüse, werde ich nachdenklich, weil ich weiß, wie viel Gemüse gleich auf dem Feld geblieben ist, weil es die Normen des Supermarkts nicht erfüllt. Und in Plastik eingepackte Salate, die häufig wie grünes Wasser schmecken und um die halbe Welt gereist sind, mag ich auch nicht mehr. Meine Kaninchen mögen die übrigens auch nicht. Ich habe Filme gesehen von Gewächshausplantagen in Südspanien und war absolut schockiert. Nicht nur, dass hier exzessiver Raubbau an einem ganzen Landstrich betrieben wird, ich habe gesehen, wie Arbeiter hier unter den schlimmsten Bedingungen leben und arbeiten müssen, und das möchte ich nicht unterstützen. Und auch wenn es keinen großen Einfluss auf das Ganze macht, so habe ich zumindest für meinen Teil alles getan, was in meiner Macht steht, um dieses System nicht weiter zu fördern. Diese Veränderungen machen das Leben nicht unbedingt einfacher, aber schöner, bewusster und sicher gesünder. Außerdem ist es in meinen Augen ein rebellischer Akt, sein Gemüse selber anzubauen und nicht das zu essen, was mir vorgesetzt wird.

NACHHALTIG UND BIOLOGISCH

Meine Motivation fürs Gärtnern hat sich über die Jahre immer wieder verändert. Es fing an mit der Aussicht auf billiges Gemüse, ging über gesundes Gemüse von bester Qualität bis hin zum Wunsch nach Selbstversorgung. Inzwischen ist noch ein neuer, für mich sehr wichtiger Aspekt hinzugekommen: die Nachhaltigkeit. Baue ich mein eigenes Obst und

Mein eigenes, gesundes, verpackungsfreies Gemüse anzubauen erfüllt mich mit Stolz und Freude.

Gemüse an, weiß ich nicht nur, was drinsteckt, ich spare auch Mengen von Transport, Gülle, Plastik und CO_2 ein. Zudem verbessere ich durch geschicktes Zusammenpflanzen von Gemüse und Blumen mein eigenes Ökosystem vor Ort. Ich erschaffe kleine grüne Oasen, die den in Mode gekommenen Steingärten und den Monokulturen der Landwirtschaft wenigstens ein bisschen etwas entgegensetzen.

Ich verzichte komplett auf Chemie in meinem Garten. Ich wähle die Sorten, die ich anbaue, sorgfältig aus und kümmere mich konsequent um die Bodengesundheit. Von Anfang an habe ich, ohne das Wort Permakultur überhaupt zu kennen, versucht, all das zu nutzen, was vorhanden ist, und möglichst wenig von außen hineinzubringen. So habe ich schon immer meine Pflanzen mit vorhandenem Material gedüngt und keinen künstlichen Dünger gekauft. Bei starkem Schädlingsbefall setze ich Pflanzenbrühen an und kaufe keine Spritzmittel.

Eigener Gemüseanbau macht für mich nur Sinn, wenn ich auch das leckerste und gesündeste Gemüse mit den besten Inhaltsstoffen bekomme. Das heißt nicht unbedingt, dass es immer das schönste ist, aber das steht bei mir nicht an erster Stelle.

Inzwischen bin ich bei fast 100 % Selbstversorgung angekommen, was unser Obst und Gemüse betrifft. Natürlich kaufe ich ganzjährig Bananen und Ingwer, auch mal Kartoffeln, wenn die Wühlmäuse wieder zu gierig waren, aber dabei bleibt es meistens auch. Ich baue meine eigenen Gewürze und Teekräuter an, mische meine Teemischungen selber, baue Kidneybohnen an und freue mich über alles, was ich selber machen kann und nicht kaufen muss. Das ist zusammen mit den Mengen an Obst und Gemüse, die ich ernte und verarbeite, viel Arbeit, aber es bringt mich einem selbsterfüllenden und selbstbestimmten Leben im Rhythmus der vier Jahreszeiten sehr nahe. Und das Beste ist, wir haben immer genug Essen, das schmackhaft und gesund ist. Dabei ist mir auch sehr wichtig, auch wirklich alles zu verbrauchen. Viel Gemüse anzubauen ist nicht schwer, es sinnvoll zu verwerten, ohne über Wochen täglich grüne Bohnen zu essen, hingegen schon. Hier ist ziemlich viel Kreativität und Einfallsreichtum gefragt. Ich habe gelernt, meine Mahlzeiten den Jahreszeiten anzupassen, so wird es nie langweilig.

Ein weiterer Aspekt für mich ist ein möglichst Ressourcen schonendes Leben. Ich möchte keine Energie verschwenden, versuche Dinge zu recyceln und wieder zu verwerten, bis es nicht mehr geht. Ich sammle Regenwasser und auch im Haus wird Wasser gesammelt und weitergenutzt. Die Klimakrise hat mich in diese Richtung getrieben und ich versuche alles zu tun, was mir möglich ist. Auch wenn es vielleicht nur ein kleiner Teil im großen Ganzen ist, passt es inzwischen hervorragend in mein Weltbild und in meine Art zu leben. Ich möchte ein Teil der Lösung sein und nicht ein Teil des Problems.

Das Wissen, das ich mir im Lauf der Jahre angeeignet habe, gebe ich inzwischen in Kursen und Workshops weiter. Ich finde es schön, andere Menschen ein Stück weit auf ihrer eigenen Gartenreise zu begleiten. Mit diesem Buch möchte ich die Leserinnen und Leser inspirieren, etwas zu tun. Man kann auch auf wenig Fläche ein paar Tomaten oder Salatpflanzen im Kübel ziehen. Man kann mit wenig Zeit mit den richtigen Tricks eigenes Gemüse anbauen. Indem man ausprobiert, Erfahrungen sammelt und Fehler macht, lernt man, aus seinem eigenen kleinen Paradies das Beste herauszuholen.

Ich hoffe, dass ich mit diesem Buch die Lust aufs Gemüseanbauen wecken kann. Es soll helfen, die Scheu vor den ersten Schritten abzubauen und einfach loszulegen. Das Buch soll aber keine 1:1-Anleitung sein, sondern ein Ideen- und Erfahrungsschatz, der Raum für eigene Experimente und Erfahrungen lässt. Jeder Garten und jede Region ist anders, sodass man vor Ort entscheiden muss, was Sinn macht und was nicht – es muss nicht gleich die komplette Selbstversorgung sein. Aber hat man erst einmal in eine sonnenwarme, reife Paprika gebissen und die Aromavielfalt und den Geschmack des Sommers gekostet, lässt einen eine gekaufte Gewächshauspaprika ziemlich ernüchtert zurück.

Mein Mann betreibt eine Nebenerwerbsimkerei und mit dem Garten, unseren vierbeinigen Düngerlieferanten – Kaninchen und Meerschweinchen – und unserem »Paradies« haben wir uns unsere eigene kleine Mini-Farm aufgebaut. So verwirklichen wir unseren Traum von einem selbsterfüllten und selbstbestimmten Leben, in dem es leckeres Gemüse im Überfluss gibt. Aber wir sind noch nicht am Ende unserer Reise angekommen – ich bin gespannt, wohin sie uns noch führen wird.

Mein Garten verändert sich ständig, weil ich immer noch bessere Lösungen suche, den Platz zu nutzen.

VOM WINTERBLUES ZUM AUSSAATWAHN

Gärtnern im Winter? Na klar! Dank Pflanzenlampen und neuen Methoden beginnt die Saison bei mir im Januar.

Vom Winterblues zum Aussaatwahn

Januar

WAS DIESEN MONAT ANSTEHT

- frühen Salat und Kohl aussäen
- Physalis, Auberginen und Paprika aussäen
- Winteraussaat von Möhren, Kohl und Sommerblumen
- Anbauplanung
- Saatgutbestellung
- vor starkem Frost letztes Gemüse abernten
- Salat im Gewächshaus mit extra Vlies oder Folie schützen

Früher fand ich den Januar ganz furchtbar – kalt, grau, dunkel und nass und ewig lang. Vor allem konnte ich nicht in den Garten. Hatte ich doch von klein auf gelernt, dass man im Januar oder generell im Winter nichts im Garten macht.

Vor ein paar Jahren habe ich dann kurzerhand einiges geändert. Der Januar kann nun immer noch kalt sein, häufig auch grau und dunkel und 31 Tage hat er auch noch, aber nun fange ich schon Anfang Januar mit der Gartensaison an. Damit habe ich Erfolg und es macht für mich und meine Stimmung einen riesigen Unterschied! Ich bin, so oft es geht, im Garten, auch wenn es nur für 15 Minuten ist. Komme ich durchgefroren und durchgepustet wieder ins Haus, fühle ich mich sehr lebendig und fast, als wäre schon Frühling.

In unserer Region wird es meist erst ab Mitte Januar richtig kalt. So habe ich um den Jahreswechsel noch eine Menge spät ausgesäter Möhren in der Erde. Diese Möhren hatte ich im Herbst mit einer dicken Laubschicht abgedeckt, sodass der Boden noch nicht durchgefroren ist. Am Neujahrstag gehe ich traditionell in den Garten und ernte ein paar Möhren. Sie sind unsagbar frisch und knackig und ziemlich süß, da wir schon ein paar leichte Frostnächte hatten. Ich fange also mein neues Gartenjahr symbolisch und praktisch mit der Ernte an. Was gibt es Besseres?

Ein paar Tage später säe ich im Haus die ersten Samen aus. Früher war ich der Überzeugung, dass eine so frühe Aussaat Unsinn ist. Jetzt weiß ich: Sie macht durchaus Sinn, wenn man es richtig angeht. Und auch im Gewächshaus und im Freiland sind meine Winteraussaaten heute von Erfolg gekrönt.

Erste Aussaaten im Haus

Die Saison fange ich immer mit frühem Salat an, z. B. mit Schnittsalat, denn den kann man als Pflänzchen schon blattweise beernten. Außerdem säe ich frühen Kohl mit einer relativ kurzen Entwicklungszeit von 65–75 Tagen aus. Die Entwicklungszeit wird ab dem Auspflanzen gemessen und gibt an, wie lange es dauert, bis eine Pflanze erntereif ist.

Der Kohl wird später ins geschützte Freiland, der Salat ins ungeheizte Gewächshaus gepflanzt. Dies geschieht je nach Witterung Anfang bis Mitte März. Den Salat kann ich relativ schnell ernten, der Kohl braucht bis ca. Juni – je nach Witterung im Frühjahr.

Ich säe nicht zu viele Kohlpflanzen auf einmal aus, da sich die frühen Sorten nur für den Frischverzehr eignen. Lagern kann man sie im Kühlschrank 1–2 Wochen. Gut lassen sich schon zeitig einige äußere Kohlblätter ernten, mit denen man eine Gemüsepfanne oder einen Salat verfeinern kann. Auch früher Palmkohl ist ein Gewinn, da er keinen Frost braucht und man die einzelnen Blätter relativ schnell ernten kann. In einem grünen Smoothie machen sich die zarten frischen Blätter auch sehr gut und liefern eine Menge frischer Vitamine und Chlorophyll.

Erst wenn die Kohlpflanzen Wurzeln und vier Blätter haben, pflanze ich sie in größere Töpfe.

Ich säe gern gelben Schnittsalat, Romanasalat 'Little Gem', Kopfsalat 'Maikönig', Spitzkohl 'Jersey Wakefield', Weißkohl 'Golden Acre', Palmkohl 'Nero di Toscana' und Rotkohl 'Red Express' aus. Von den Kohlsorten nehme ich jeweils ca. fünf Samen, in der Hoffnung, dass ich mindestens drei kräftige Pflanzen pro Art bzw. Sorte bekomme. Wachsen alle Samen zu kräftigen Pflanzen heran, finde ich sicher eine Lösung bzw. einen geeigneten Platz für sie. Man darf auch nicht vergessen, dass die Setzlinge, sobald sie das schützende Haus verlassen haben, zahlreichen Gefahren ausgesetzt sind, wie etwa Schnecken oder Mäusen, die die jungen Pflanzen zum Frühstück verspeisen. Dies ist auch ein Grund, warum ich besonders die frühen Kohlpflanzen erst auspflanze, wenn ich sie mindestens zweimal umgetopft habe und sie relativ groß sind. Denn eine größere Pflanze kann einem Schneckenangriff wesentlich besser widerstehen als ein kleiner Sämling.

Die Salatsamen bedecke ich bei der Aussaat nicht mit Erde. Salat ist ein Lichtkeimer, d. h., er braucht Licht zum Keimen. Die Kohlsamen bedecke ich mit ca. einem halben Zentimeter Erde.

DAS RICHTIGE SUBSTRAT

Für beide Aussaaten verwende ich Kokoserde und keine Aussaaterde. Beide würden auch in normalem Gartenboden keimen, sie brauchen keine abgemagerte Aussaaterde, die zudem auch teurer ist.

Kokoserde gibt es in kleinen Paketen in fast jedem Supermarkt oder jeder Drogerie zu kaufen. Sie besteht aus Pflanzenfasern und ist torffrei, was mir sehr wichtig ist. Man gießt sie mit Wasser auf, sodass sie auf ein bestimmtes Volumen aufquillt. Das Schleppen der Blumenerdesäcke entfällt somit und die Handhabung ist besonders für die frühen Aussaaten recht einfach. Ein weiterer Vorteil dieser Erde ist, dass sie sicher keine Trauermücken enthält. Dies ist bei normaler Blumenerde nicht immer gegeben. Hat man erst einmal Trauermücken in der Erde, ist es sehr schwer, diese kleinen schwarzen Fliegen wieder loszuwerden. Sie sind nicht nur lästig, sondern fressen auch an den kleinen Sämlingen herum und bringen diese meistens zum Absterben. Nehme ich zum späteren Umpflanzen Blumenerde und keinen Kompost oder Gartenerde, weil draußen noch alles gefroren ist, gebe ich die Blumenerde immer für eine halbe Stunde bei 180 °C in den heißen Backofen, um eventuelle Trauermücken abzutöten.

Salat säe ich in den kommenden Wochen alle 3–4 Wochen neu aus. Immer nur ein paar Pflänzchen, damit ich im Frühjahr stets frischen Salat zur Verfügung habe.

FRÜHE AUSSAATEN IN DER KÜCHE

Ich erledige alle meine Frühjahrsaussaaten und Umtopfarbeiten in meiner Küche. Hier ist es warm, ich habe genügend Licht und eine angenehme Arbeitshöhe. Damit das nicht jedes Mal in einer großen Putzaktion endet, habe ich mir eine einfache Spülschüssel besorgt, ungefähr 40 cm im Quadrat. In die Schüssel entleere ich die Kokos- oder Aussaaterde und kann in der Schüssel meine Aussaatgefäße befüllen, ohne dass ich Erde in der ganzen Küche verteile. Die Schüssel steht im Wandschrank, so dauert es meistens nur ein paar Minuten, um ein paar Samen in die Erde zu bringen.

Ganz wichtig ist es außerdem, die Aussaaten zu beschriften. Wie oft denke ich beim Aussäen, dass ich mich ganz leicht an die verschiedenen Sorten erinnern kann. Doch mein Erinnerungsvermögen hält meistens ganze 5 Minuten an!

Weil ich alle paar Wochen aussäe, kann ich später immer wieder nachpflanzen und lange Zeit ernten.

Die Kohlpflänzchen werden nach 3,5–4 Wochen umgetopft. Es ist wichtig, dass sie mindestens schon vier Blättchen (Keimblätter nicht mitgezählt) haben. Kohlpflanzen sterben gerade im Anfangsstadium sehr leicht ab, wenn man sie zu früh umtopft und sie einfach noch nicht genügend Wurzeln gebildet haben oder aber wenn sie zu feucht gehalten werden. Weil es ärgerlich ist, nach ein paar Wochen noch einmal ganz neu aussäen zu müssen, verwende ich nur Töpfe, die unten Löcher haben, sodass ich von unten gießen und überschüssiges Wasser wegschütten kann.

Gegen Ende des Monats säe ich gern noch ein paar weitere Kohlpflanzen aus. So habe ich immer genügend Pflanzen auf Halde und kann im Frühjahr Lücken in meinen Beeten sinnvoll füllen. Auch wenn die Kohlköpfe nicht so groß werden wie im Herbst, weil ich sie früh ernten muss, da ich den Platz brauche, bin ich doch über jedes frische und vor allem frühe Grün dankbar.

Wichtig ist, dass die kleinen Kohl- und Salatpflanzen nicht zu warm stehen, am besten bei 16–18 °C. Zu viel Wärme bekommt ihnen schlecht. Außerdem sollten sie von Anfang an unter einer Pflanzenlampe stehen. Denn oft geht die Keimung so schnell, dass die Sämlinge – ohne Zusatzlicht – in kürzester Zeit lang und dünn werden.

Eine neue Ära: Anzucht mit LED-Pflanzenlampen

Vor ein paar Jahren habe ich mir meine erste LED-Pflanzenlampe gekauft. Was für eine Offenbarung! Etwa 3 Wochen später bestellte ich mir die nächsten zwei und im Jahr drauf nochmals einige. Sie sind durch die LED-Technologie sparsam im Verbrauch und ich erziele mit ihnen wunderbare Ergebnisse. Durch ein extra auf die Jungpflanzenanzucht abgestimmtes Lichtspektrum geben sie den jungen Sämlingen genau das Licht, das sie brauchen, um zu starken, kräftigen Pflanzen mit tiefgrünen Blättern heranzuwachsen. Ich kann den kleinen Sämlingen praktisch beim Wachsen zugucken. Was gibt es Schöneres für einen Gärtner, als wenn es schon Anfang Januar sprießt und gedeiht?

Vor Mitte bzw. Ende März ist es in unseren Breiten auf Fensterbänken einfach noch zu dunkel, um erfolgreich Jungpflanzen heranzuziehen. Besonders in norddeutschen Wintern haben wir noch weniger Licht als anderswo in Deutschland. In einem hell erleuchteten Büro kann man eine Lux-Stärke von 500–1000 Lux messen. Gute LED-Pflanzenlampen haben je nach Anbieter und Strahlungswinkel eine Stärke von 850–4500 Lux. Da kann man sich gut vorstellen, warum die Pflänzchen so hervorragend wachsen.

Auf einer Wellenlänge: LED-Pflanzenlampen bieten genau das Licht, das Keimlinge zum Wachsen brauchen.

Die Lampen brennen bei mir 12–14 Stunden pro Tag und sind an eine einfache Zeitschaltuhr gekoppelt. So kann ich sie nicht vergessen, falls ich einmal früher ins Bett gehe oder später aufstehe. Häufig lasse ich die Lampen auch einfach nur nachts brennen, damit sie mich tagsüber – je nachdem, an welchem Standort sie stehen – nicht stören.

Ein weiterer Vorteil dieser Lampen ist, dass ich meine Pflänzchen nicht auf Fensterbretter zu quetschen brauche, sondern sie bequem in den verschiedensten Räumen, in Regalen, unter der Treppe oder auch im Keller aufstellen bzw. -hängen kann und somit meinen Pflanzen die für sie beste Temperatur biete. Denn besonders in einem sonnigen Frühling kann es auf den Fensterbänken schnell zu warm werden, sodass die jungen Pflänzchen zu schnell in die Höhe wachsen oder sogar einen Sonnenbrand bekommen. Und zu schnell gewachsene oder auch geschwächte Pflanzen sind anfälliger für Krankheiten, wie z. B. Läuse oder Weiße Fliegen.

Geschwächt werden Pflanzen, wenn sie sich an ihrem Standort nicht wohlfühlen und Stress haben. Stressfaktoren können die falsche Temperatur sein, zu wenig Licht, zu viel oder zu wenig Wasser und Dünger- bzw. Nährstoffmangel. Denn auch Pflanzen brauchen Nahrung, um gesund und kräftig heranzuwachsen. Ich habe z. B. festgestellt, dass meine unter den LED-Lampen groß gewordenen Pflanzen ein wesentlich besser entwickeltes Wurzelsystem haben als Pflanzen, die ich später im Jahr ohne Pflanzenlampen großgezogen habe. Ein gutes Wurzelsystem ist nicht nur für die Nährstoffaufnahme, sondern auch für die bessere Standfestigkeit extrem wichtig.

Der Abstand der Lampen zu den Pflanzen sollte möglichst gering sein. So hänge ich die Lampen am Anfang ca. 15 cm über den Aussaatgefäßen auf und vergrößere den Abstand langsam – je größer die Pflanzen werden – auf bis zu 40 cm. Je höher die Lampen hängen, desto größer ist der Strahlungswin-

Auch in dunklen Ecken findet sich dank LED-Lampen Platz für Tische oder Regale für die Anzucht.

Perfekt entwickelte Wurzeln bei einem Chinakohl: Zeit für einen größeren Topf mit mehr Platz und Nahrung.

kel der Lampe und desto mehr Pflanzen kann ich unter eine Lampe stellen. Normalerweise lasse ich die Lampen für 12 Stunden brennen, Tomaten vertragen auch 14 Stunden. Lediglich Kohl, Salat, Rucola und asiatischer Kohl bekommen bei mir nur für 10 Stunden Licht, da sie bei längerer Bestrahlung leicht in Blüte gehen.

Auch die Temperatur hat einen Einfluss darauf, wie sich die Pflänzchen der verschiedenen Gemüsearten unter den LED-Lampen entwickeln. Tomaten stehen nach der Entwicklung ihrer Keimblätter am besten kühl, bei 16–18 °C, sonst wachsen sie einfach zu schnell und werden dünn und lang. Sie stehen bei mir mit den Lampen deshalb im Keller oder im Schlafzimmer.

Paprika mögen es auch nach der Keimung noch gerne 21–23 °C warm, sie bleiben also unter den Lampen im Wohnzimmer, wobei ich jedoch darauf achte, dass sie keinem direkten Sonnenlicht ausgesetzt sind, da dies häufig zu starkem Läusebefall führt. Kohl- und Salatpflanzen kommen von Anfang an in den Keller und wachsen bei kühlen Temperaturen zu kompakten Pflänzchen heran.

Zum Aufhängen der Pflanzenlampen nutze ich meistens Tapeziertische, unter denen sich die Lampen mit einem Brett problemlos aufhängen lassen. Außerdem gewinnt man sehr viel Platz, wenn man zwei dieser Tische übereinanderstellt. Bei der Auswahl geeigneter Regale und Stellplätze sind der Fantasie keine Grenzen gesetzt.

Obwohl ich schon wirklich viele Pflanzen über die Jahre ausgesät und aufgezogen habe, hat meine Faszination für dieses Wunder noch nicht nachgelassen und ich besuche jeden Morgen nach dem Frühstück meine diversen kleinen Keimlinge und schaue, wie viel sie wieder gewachsen sind.

Welche Gemüse ich noch unter LED aussäe

Neben Salaten, Kohl und Tomaten hat sich die zeitige Aussaat unter LED-Lampen noch bei zahlreichen weiteren Gemüsearten bewährt.

PHYSALIS AUSSÄEN

So säe ich ebenfalls Anfang Januar ein paar Physalis aus. Diese kleinen gelben zuckersüßen Beeren mit der transparenten Hülle sieht man oft auf dem Dessertteller. Ich verwende regelmäßig die Sorte 'Schönbrunner Gold'. Die Samen säe ich in eine kleine Schale mit Aussaaterde, bedecke sie nur ganz leicht mit Erde und stelle sie warm. Nach der Keimung kommen sie so schnell wie möglich unter eine Pflanzenlampe und werden etwas kühler bei ca. 18 °C gestellt, damit sie nicht zu schnell wachsen. Ich säe nur fünf bis sechs Samen aus, da die Pflan-

Die Physalis wachsen dank der Pflanzenlampen zu kleinen und knubbeligen Pflanzen heran.

Die Aubergine 'Rotonda Bianca Sfumata' ist eine sehr leckere und klein bleibende Sorte.

zen, wenn sie nach den Eisheiligen in den Garten kommen, recht viel Platz benötigen. Ich habe auch schon den Versuch gemacht, sie ins Gewächshaus zu pflanzen. Weil sie viel Wärme brauchen, um ab August Früchte zu tragen, dachte ich, dass dies ein geeigneter Ort wäre. Die Pflanze hatte auch relativ früh viele Früchte, wucherte aber enorm, sodass sie meine übrigen Pflanzen etwas zu stark in die Ecke gedrängt hat. Dafür ist mir der begrenzte Platz im Gewächshaus jedoch zu wertvoll. In Zukunft werde ich sie deshalb wieder ins Freiland oder in einen Kübel auf die Terrasse pflanzen, auch wenn ich dann eventuell weniger Früchte ernten kann.

AUBERGINEN AUSSÄEN

Mitte Januar säe ich Auberginen aus. Auch diese wärmeliebende Pflanze hat eine lange Entwicklungszeit, und damit ich im Sommer genügend Früchte ernten kann, pflanze ich Mitte Mai gerne schon stattliche Pflanzen aus.

Für die Aussaat fülle ich eine Plastikschale, z. B. von Champignons, mit Aussaaterde. Joghurtbecher mit durchsichtigem Deckel eignen sich auch sehr gut. Man füllt sie mit 4–5 cm Erde, drückt die Samen hinein, gießt sie an und verschließt den Becher. Sind die Samen gekeimt, schneidet man den oberen Teil des Bechers einfach ab.

Ich baue gerne kleine, ungewöhnlich geformte Auberginen an. Mir scheint, dass die kleinen Sorten bei uns besser reifen als die dunkellila Keulen, die wir aus dem Supermarkt gewöhnt sind. Außerdem schmecken sie viel intensiver und es macht Spaß, ungewöhnliche Sorten und Formen auszuprobieren.

Der eigentliche Grund, warum ich Auberginen anbaue, ist jedoch ihre Blüte. Ich bin verliebt in diese feinen blasslila Blüten mit den gelben Stempeln und den samtigen moosgrünen Blättern. Für mich eine absolute Augenweide und daher auch ein Prachtstück für die Terrasse!

Die Samen werden mit handwarmem Wasser angegossen, mit einem Stück Folie oder dem Deckel der Schale abgedeckt und kommen auf die warme Heizung. So haben sie leicht die empfohlenen 26 °C, die sie zum Keimen benötigen. Nach 3–4 Tagen muss ich täglich schauen, ob sich die ersten Spitzen zeigen, dann sollten sie nämlich schleunigst unter eine Pflanzenlampe, damit die Sämlinge nicht lang und dünn werden. Nach der Keimung stehen sie am besten bei ca. 22 °C. Wenn die Sämlinge kräftig sind und sicher stehen, entferne ich den Deckel. Nun muss ich jedoch die Feuchtigkeit im Blick behalten und eventuell vorsichtig gießen. Wenn die Auberginen drei bis vier Blätter haben, was meist Anfang bis Mitte Februar der Fall ist, pikiere ich sie in kleine Töpfe. Dann jedoch in Blumen- oder Komposterde, da sie nun einen kräftigen Energieschub benötigen.

PAPRIKA AUSSÄEN

Gegen Ende Januar ist es endlich so weit, ich kann meine ersten Paprika aussäen. Für mich immer ein Zeichen, dass der Frühling näher rückt. Früher habe ich mit der Aussaat bis Ende Februar gewartet. Ohne Pflanzenlampen ist das ein dringender Rat. Gehen die Samen Anfang Februar auf, gibt es einfach noch zu wenig Tageslicht. Anfang März sieht das dann schon ganz anders aus, obwohl auch dann die Pflanzenlampen noch sehr von Vorteil sind.

Paprika säe ich wie die Auberginen in Schalen mit Aussaaterde aus, bedecke die Samen jedoch nicht mit Erde. Sie werden vorsichtig angegossen, beschriftet, mit Folie oder einem Deckel abgedeckt und auf die warme Heizung gestellt. Paprika sind keine Lichtkeimer, d. h., man könnte sie auch mit

Die Paprika stehen auch nach der Keimung noch gern bei 22 °C und unter den Pflanzenlampen.

Wenn ich meine Chilis zu Pulver vermahle, verwende ich auch die Kerne. So wird das Pulver schärfer.

Erde bedecken. Nach meiner Erfahrung keimen sie jedoch besser, wenn sie nicht mit Erde bedeckt sind. Paprika brauchen 1–2 Wochen zum Keimen. Sobald die ersten grünen Spitzen zu sehen sind, stelle ich sie unter die Pflanzenlampe an einen warmen Ort. Dort dürfen sie drei bis vier Blätter entwickeln, bis ich sie gegen Ende Februar pikiere und mit Blumen- oder Komposterde in einzelne Töpfe setze. Danach müssen sie alle 3–4 Wochen flüssig gedüngt werden, bevor ich sie im April ein weiteres Mal umtopfe. Da Paprika es immer moderat warm haben möchten, bevorzuge ich es, Mitte Mai schon große und kräftige Pflanzen auszupflanzen. Den meisten Erfolg habe ich mit ihnen, wenn ich sie im Sommer in großen Kübeln vor der warmen Hauswand ziehe (→ Tipp). Ins Gewächshaus pflanze ich nur spezielle Gewächshaussorten, da Paprika leicht die Blüten abwerfen, wenn es ihnen zu warm und zu stickig wird.

Mitte/Ende Mai, je nach Witterung, pflanze ich die Paprika dann in die Kübel und mulche mit Rasenschnitt, damit die Erde nicht so leicht austrocknet. Mit dem Auspflanzen warte ich aber wirklich so lange, bis auch die Nachttemperaturen über 10 °C liegen. Wird es noch einmal kälter, hören sie nämlich für 2–3 Wochen auf zu wachsen, egal wie warm es tagsüber ist. Im Herbst scheinen ihnen kühlere Nächte dagegen nichts anzuhaben. Oft habe ich meine Paprika bis Anfang November im Kübel stehen und ernte die letzten Früchte wirklich erst, bevor es das erste Mal frieren soll. Zusätzlich schütze ich sie in den ersten Tagen noch mit einem Vlies, das ich locker vor die Kübel hänge. Dies ist sehr wichtig, damit die Blätter durch die Sonneneinstrahlung nicht verbrennen. Mehr dazu im Kapitel Mai (→ Seite 86).

Weil es so viele Sorten gibt, lohnt sich ein Blick auf die Sortenbeschreibungen. Sorten, die spät tragen oder nur in besonders warmen Jahren eine ausreichende Ernte hervorbringen, säe ich generell nicht aus. Ich achte auf einen frühen Erntebeginn sowie auf die Freilandtauglichkeit und ich bevorzuge Sorten mit kleinen Früchten. Sie reifen schneller als großfruchtige und können dadurch mehrere Male Früchte ansetzen. Außerdem sind sie zuckersüß. In richtig warmen Sommern hatte ich schon bis zu vier Blütendurchgänge und damit eine Menge Früchte. Ich baue auch gerne ein paar scharfe Paprika oder Chili an, die ich dann trockne und im Mixer zu scharfem Pulver vermahle. So bekomme ich wunderbar fruchtiges und scharfes Paprikapulver.

PFLANZKÜBEL VORBEREITEN

Tomaten, Paprika und Co. gedeihen nach meiner Erfahrung am besten in großen Maurerkübeln, in deren Böden ich ein paar Löcher bohre, damit das Gießwasser abfließen kann. Diese Kübel bereite ich schon zwischen Januar und April vor, indem ich sie nicht nur mit Erde, sondern auch mit Hasenmist, Kompost und vor allem mit Bokashi fülle. Denn im Winter weiß ich sonst oft nicht, wohin ich mit dem Bokashi soll. So ist er gut verwertet und die Kübel sind zur Pflanzzeit fertig und machen dann keine Arbeit mehr.

Vor dem ersten starken Frost: Winteraussaat im Gewächshaus und im Freien

So mache ich es!

Mitte Januar kommt dann meistens doch noch der Frost, obwohl ich bis dahin immer von einem ganz milden Winter ausgegangen bin. Ich meine nicht 1–2 °C minus in der Nacht für 2 Tage, sondern richtige Frostnächte und oft auch frostige Tage, eventuell gepaart mit Schnee. Schnee ist bei Frost immer besser, da er die Erde und die noch vorhandenen Pflanzen wie mit einer wärmenden Decke schützt und wesentlich mehr Pflanzen überleben. Bei uns in Norddeutschland ist Schnee aber selten.

Kann ich eine solche Wetterprognose erkennen, mache ich zwei Dinge: Ich säe noch schnell Möhren aus, bevor der Boden gefroren ist, und ich ernte alle nicht wirklich frostfesten Gemüse.

EINFACH BESTECHEND: DIE WINTERAUSSAAT VON MÖHREN

Die Möhrenaussaat dauert ca. 5 Minuten und ich kann dann sehr früh – schon ab Mitte Mai – knackige und zarte Möhren ernten, ohne dass ich mich bis dahin groß um sie kümmern muss.

Wichtig ist die Sortenwahl. Es gibt Winter- und Sommermöhren, d. h. langsam wachsende und schnell wachsende Sorten. Ich wähle für die Winteraussaat eine schnell wachsende Sorte, wie z. B. 'Nantaise' mit einer Entwicklungszeit von etwa 90 Tagen. Im Gewächshaus habe ich zu der Zeit meist schon einen freien Platz vom abgeernteten Salat. Diese Fläche hacke ich kurz durch, verbessere sie mit Kompost oder Bokashi und streue die Möhrensamen in Reihen aus. Zwischen den Reihen lasse ich 8–10 cm Abstand. Die Samen arbeite ich nur ganz vorsichtig mit der Hacke ein und gieße sie ganz wenig mit der Brause der Gießkanne an. Oft befeuchte ich auch nur die Erde etwas, bevor ich die Möhren aussäe. Wenn der Boden nämlich zu nass ist und es ordentlich friert, würden die Samen Schaden nehmen.

Die Samen bleiben jetzt so lange in der Erde, bis es warm genug ist, um zu keimen. Sie liegen sozu-

Räuber Hotzenplotz und Frau Holle lieben frisches Grün aus dem Garten und wandeln es in Mist um.

sagen »auf der Lauer«. Die Möhrensamen können nämlich selber viel besser entscheiden als wir, wann es Zeit zum Keimen ist, und durch diese Art der Aussaat kann ich mit der Ernte gut 2–3 Wochen eher anfangen, als wenn ich auf günstiges Wetter im März warte und erst dann mit der Aussaat beginne. Bei der frühen Aussaat muss ich nur darauf achten, dass die Erde nicht austrocknet.

Dann ist Geduld gefragt. Möhrensamen haben auch im Sommer eine ungefähre Keimdauer von 3 Wochen. Wundern Sie sich also nicht, wenn sich am Anfang gar nichts tut, selbst wenn es gar keinen richtigen Winter gibt.

Man kann die frühe Aussaat der Möhren aber nicht beliebig vorziehen. Würde ich diese Arbeit nicht erst vor den ersten starken Frösten machen, sondern schon z. B. im Herbst, könnten die Samen zu früh keimen und zu Pflänzchen heranwachsen, die dann bei einer längeren Frostperiode erfrieren würden. Darum erledige ich diese Arbeit nicht vor Mitte oder Ende Januar. Rechnet man ein Minimum von 3–4 Wochen für die Keimung, ist man schon bei Ende Februar oder Anfang März, bevor sie überhaupt loslegen. Dann droht kaum noch Gefahr, denn zu dieser Zeit sind im Normalfall die tiefsten Wintertemperaturen bereits überstanden.

Das Gleiche mache ich in einem Palettenrahmen-Beet im Freiland. Hier muss ich zum Schutz vor Vögeln, Katzen, Wind und Regen unbedingt ein Vlies auf die frisch ausgesäten Möhren auflegen. Im Freiland werden sie natürlich 3-4 Wochen später zu ernten sein. Doch mit diesen beiden Aussaaten erreiche ich, dass sich die frühe Möhrenernte über ein paar Wochen hinzieht.

Das ist für uns wichtig, denn wir brauchen immer Möhren und haben nahezu nie genug davon, egal wie viele Kilogramm ich anbaue. Möhren kann man in so gut wie jeder Mahlzeit unterbringen oder zwischendurch naschen. Außerdem freuen sich meine Meerschweinchen und Zwergkaninchen über das frische Möhrengrün. Letzteres schätzen auch wir:

Den größten Teil meines Kohls für die Herbsternte säe ich bereits im Winter im kalten Gewächshaus aus.

Ein bis zwei Stängel des jungen Grüns im Smoothie sind sehr lecker und versorgen den Körper mit zusätzlichen Vitaminen. Ein Pesto aus dem frischen Grün schmeckt ebenfalls köstlich.

WAS SICH NOCH FÜR DIE WINTERAUSSAAT EIGNET

Das Grundprinzip von Winteraussaaten habe ich anhand der Möhren beschrieben. Das Thema ist aber noch viel breiter. Es gibt viele weitere Gemüsearten, die ich schon im Winter bei frostigen Temperaturen in meiner warmen Küche in die Erde bringe. Für mich haben Winteraussaaten den enormen Vorteil, dass ich im Frühjahr, wenn es mit den anderen Gartenarbeiten endlich richtig losgeht, wertvolle Zeit gespart habe, weil diese Arbeit schon erledigt ist. Wichtig ist jedoch, wirklich bis zu einer längeren Frostperiode zu warten, da die Samen sonst zu schnell keimen würden und erfrieren, wenn doch noch tiefer Frost kommt. Außerdem helfen mir die Winteraussaaten sehr dabei, den manchmal doch recht tristen Januar zu überstehen. Wenn ich schon nicht draußen in der Erde buddeln darf, kann ich wenigstens meine Finger in Blumenerde vergraben.

Unter Winteraussaaten verstehe ich Aussaaten von Pflanzen, deren Samen Kälte vertragen und die

Säe ich im Januar schon bunte Kosmeen für den Sommer aus, habe ich im Frühling weniger Arbeit.

während der kalten Zeit des Winters ausgesät werden und nicht erst im Frühjahr, wenn es wärmer wird. Die Samen liegen in der kalten Erde und warten darauf zu keimen. Den richtigen Zeitpunkt dafür können sie viel besser bestimmen als wir. Es schadet den Samen auch nicht, wenn sie ein paarmal richtig durchfrieren, bevor sie anfangen zu keimen. Wenn das Wetter wieder wärmer wird und das Licht zurückkommt, beginnen sie zu keimen und wachsen zu kräftigen, gut abgehärteten Jungpflanzen heran. So bekomme ich nicht nur superabgehärtete Jungpflanzen, diese Pflänzchen werden auch sehr kompakt und vital. Auch ein paar frostige Nächte im späten Frühjahr können ihnen nichts anhaben.

Zur Auswahl stehen neben den Möhren alle Kohlarten und Salate, Mangold, Spinat, Petersilie, Dill und viele Sommerblumen wie z. B. Sonnenblumen, Kosmeen, Malven und Zinnien.

Ich bereite große Aussaatpaletten mit Kokoserde vor und säe eine Menge verschiedener Kohlarten aus – von Spitzkohl über Rosenkohl bis Weiß- und Rotkohl, außerdem Salat und Mangold. Auch Petersilie und Kohlrabi kommen in die Erde. Alle Aussaaten werden leicht angegossen – bitte von unten, sonst besteht die Gefahr, dass die kleinen Samen verschwemmt werden! Dann werden sie mit einer Folie abgedeckt, um sie feucht zu halten, und ziehen ins ungeheizte Gewächshaus. Dort warten sie, bis das Wetter wärmer wird, und wachsen dann fröhlich los. Auch hier gilt wieder, wie bei den Möhren, dass die Erde nicht zu feucht sein darf, damit die Samen bei starken Frösten keinen Schaden nehmen. Wenn es dann wieder wärmer wird und die Sonne das Gewächshaus aufheizt, muss ich aber regelmäßig gießen, damit die Sämlinge nicht austrocknen.

Die erste wirkliche Arbeit habe ich mit diesen Pflanzen dann erst wieder im April, wenn ich sie in größere Töpfe umpflanze.

Gerne säe ich ein paar Salat- und Kohlrabisamen extra in eine Schale und stelle sie ins Freiland, so habe ich ein paar Pflänzchen, die zeitlich versetzt heranreifen, weil sie draußen später keimen werden. Bei Salat macht es Sinn, nicht zu viele Pflanzen auf einmal zu haben. Ich säe meist nur sechs bis zehn Samen aus, schließlich braucht kein Mensch 25 Salatköpfe zur gleichen Zeit.

Auch Sommerblumen wie z. B. Zinnien, Malven, Schmuckkörbchen oder Sonnenblumen kann man auf diese Weise hervorragend auf den Weg bringen. Diese säe ich jedoch in flache Schalen aus und stelle sie nicht ins Gewächshaus, sondern an eine schattige geschützte Stelle ins Freiland. Im Gewächshaus würden sie zu früh keimen. Sobald man die ersten kleinen Sämlinge sieht, müssen die Schalen an einen helleren Ort gebracht werden, damit die Pflänzchen nicht lang und dünn werden. Bei steigenden Temperaturen entfernt man rechtzeitig die Deckel, damit die Pflanzen Luft und Licht bekommen und sich an die Umgebungstemperatur gewöhnen, die ja kühler ist als unter der schützenden Haube. Diese Arten von Sommerblumen werden erst nach den letzten Frösten ausgepflanzt. Ich habe einfach nicht genug Platz im Gewächshaus, um sie vorher dort beherbergen zu können.

Bei einem sehr milden und kurzen Winter können die Sämlinge der Sommerblumen allerdings schon mal zu früh zu groß werden, weil sie schon Ende Februar angefangen haben zu wachsen. Dann säe ich Anfang April einfach noch einmal neue aus.

Zeit zum Pläneschmieden

Eine ganz wichtige Aufgabe im Januar ist natürlich auch das Pläneschmieden für die kommende Saison! Oft fange ich schon zwischen Weihnachten und Neujahr an, wenn die ersten Saatgutkataloge ins Haus trudeln. Ich kann mich stundenlang zwischen den Seiten verlieren, Pflanzenbeschreibungen lesen, vergleichen und davon träumen, was alles möglich ist. Und jedes Jahr bin ich der festen Überzeugung, dass das kommende Jahr das beste aller Zeiten wird!

Natürlich ist mir klar, dass es meistens doch anders kommt, aber warum sollte ich mir die Freude nehmen lassen? Wenn ich die kommende Saison plane und von ihr träume, habe ich in diesen Träumen auch immer genug Zeit für all die Dinge, die da kommen werden. In der Saison sieht es dann meistens etwas anders aus, aber bisher habe ich noch immer alles geschafft. Und wenn mal etwas nicht erledigt werden kann, dann ist es eben so. Stress mache ich mir deswegen nicht. Aber im Vorfeld schon Abstriche mache ich auch nicht. Vielleicht klappt es ja doch! Nur so kann ich alle Möglichkeiten ausschöpfen und schaffe meistens auch alles, was ich mir vornehme. Jedes Jahr ist anders, aber am Ende wird immer alles gut. Mal gibt es Massen von Tomaten, im nächsten Jahr Schubkarren voller Kürbisse. Gerade das macht die Faszination des Gärtnerns aus.

Ich muss mich immer wieder auf neue Gegebenheiten einstellen und häufig Plan B und C aus der

Saatgutkataloge halten mich im Januar über Wasser und ich träume von großen Ernten im Sommer.

Manchmal hilft ein Blick aus einer anderen Perspektive, um neue Lösungen zu finden.

Tasche holen, weil Plan A von den Wühlmäusen gefressen oder völlig verregnet ist. Ja und? Misserfolge gehören dazu. Wichtig ist nur, daraus zu lernen und es in Zukunft besser zu machen. Außerdem habe ich so gelernt, mich immer wieder auf neue Situationen einzustellen und nicht lange herumzuplanen, sondern einfach die Ärmel hochzukrempeln und weiterzumachen, egal was passiert ist. Beim Gärtnern ist man den Launen der Natur und Witterung ausgeliefert, da kommt es darauf an, mit der Natur zu gärtnern und nicht gegen sie.

EIGENE ERFAHRUNGEN FESTHALTEN

Ich habe ein Notizbuch, in das ich alle gartenrelevanten Dinge schreibe, auch nach fast 20 Jahren noch. Wann ich was aussäe, welche Plätze besonders geeignet sind und – ganz wichtig: Ich mache eine Skizze meines Gartens, eine Extraskizze meiner Beete und ich mache Anbaupläne. So kann ich in Ruhe auf dem Papier überlegen, wo ich was anbauen möchte, und habe bei der Gesamtsicht auf meinen Garten einen besseren Blick für das große Ganze. Häufig entdecke ich noch eine Ecke, die sich besser gestalten ließe oder wo ich vielleicht noch einen Beerenbusch oder ein kleines Beet integrieren könnte. Der Nachteil ist natürlich, dass man auch größere Veränderungen auf dem Papier relativ schnell und einfach mit Bleistift und Radiergummi erledigen kann, während es im Garten mit Schaufel und Schubkarre schon erheblich länger dauert. In diesen Momenten stoppt mich mein Mann meistens und sorgt dafür, dass ich nicht total in einen Planungsrausch verfalle.

Da mein Garten relativ klein ist, zumindest für die Menge an Gemüse, die ich anbauen möchte, ist es wichtig, auf die verschiedenen Fruchtfolgen zu achten und zu bedenken, ob sich Nachbarkulturen vielleicht gegenseitig beschatten oder anderweitig behindern. Auch gibt es Gemüsearten, die nicht optimal nebeneinander gedeihen oder sich umgekehrt begünstigen (→ Seite 188, Tabelle). All diese Dinge notiere ich in meinem kleinen Buch und habe sie jederzeit zur Hand. Wüsste ich sonst noch, was vor 2 Jahren an welcher Stelle gewachsen ist?

Durch meinen Anbauplan bekomme ich auch eine Vorstellung davon, welche Mengen ich von welchem Gemüse anbauen möchte, wie viel Saatgut ich bestellen muss und ob ich auch wirklich an alles gedacht habe, was ich anbauen möchte. Meistens bestelle ich jedoch alle Samen, die mich interessieren. Ich habe keine teuren Hobbys, da können ein paar Saatguttütchen mehr nicht schaden. Im Gegenteil, ich bekomme ja auch noch tolles Gemüse dafür.

Ist der Anbauplan im zeitigen Frühjahr wirklich fertig – häufig kommen mir in der Zeit bis dahin noch bessere Ideen und ich schmeiße wieder alles um bzw. radiere alles weg –, übertrage ich ihn auf ein großes Blatt Papier, das ich an die Schuppentür hänge, damit ich auch draußen jederzeit den Überblick habe, an welche Stelle welches Gemüse kommt (→ Seite 30, Beetplanung).

IM PARADIES IST ALLES ANDERS

Eine Ausnahme von dieser genauen Anbauplanung mache ich im Paradies. Die Fläche dort habe ich einfach in vier 10 × 12 m große Bereiche unterteilt, die jährlich rotieren. Ein Bereich für Kartoffeln, einer für Möhren, Zwiebeln und Rote Bete, einer für Kohl und einer für Kürbisse. Bohnen, Zucchini, Paprika.

Blumen und Tomaten pflanze ich je nach Platz und geeigneter Nachbarschaft dazwischen. Gerne habe ich dort auch einen Polykultur-Bereich, der mich immer wieder sehr begeistert und überzeugt. In diesem großen Beet pflanze ich alles zusammen, was sich positiv beeinflusst. Ich setze z. B. Kohl zwischen meine Tomaten, da der starke Geruch der Tomatenpflanzen die Kohlweißlinge abhält. Dazwischen habe ich noch Buschbohnen gepflanzt, weil Bohnen den Stickstoff aus der Luft in den Knöllchenbakterien in ihren Wurzeln speichern und somit den Boden düngen. So bekommen die Kohlpflanzen noch eine zusätzliche Düngergabe.

Außerdem wachsen Ringelblumen, Sonnenblumen, Kamille und Phacelia zwischen den Gemüsepflanzen, die mit ihren Blüten die Insekten anziehen. So habe ich auf dem Polykultur-Beet kaum Schädlingsbefall und einen ziemlich hohen Ertrag, verglichen mit einem normalen Beet, auf dem ich nur Kohl anpflanze.

Ein weiteres Beispiel für eine geschickte Zusammenstellung ist das Inka-Beet, auch als »Drei Schwestern« bekannt. Hier wachsen Kürbisse neben Mais und Bohnen. Die Kürbisse beschatten mit ihren großen Blättern den Boden, der Mais dient den Stangenbohnen als Stütze und die Bohnen versorgen Mais und Kürbisse mit zusätzlichem Stickstoff. Wer möchte, kann noch eine vierte Komponente dazupflanzen, nämlich Sonnenblumen oder andere Blumen, die mit ihren Blüten Insekten anziehen, die die Kürbisblüten bestäuben. Schon die Inkas haben diese Art der Mischkultur für sich entdeckt.

Kohl, Tomaten und viele Sommerblumen – ein Paradies nicht nur für Bienen und andere Insekten.

Was sonst noch los ist im …

Januar

Trotz des kalten Wetters habe ich noch reichlich Endiviensalat, Radicchio, Rucola, Mangold, Rosenkohl, Grünkohl und Palmkohl, Winterpostelein und Feldsalat in meinen Beeten und im Gewächshaus stehen. Außerdem lagern genügend Möhren, Gelbe und Rote Bete in meiner Erdmiete, im Vorratskeller gibt es Kartoffeln, Kürbisse und Äpfel, und auch die Gefrierschränke sind noch mit den Schätzen des Sommers gefüllt. Auf der Fensterbank wachsen außerdem Sprossen, Microgreens und Weizengras (→ Seite 180).

Droht Mitte Januar starker Frost, ernte ich zunächst alle nicht wirklich frostfesten Gemüse. Meistens ernte ich auch meine letzten Möhren und Rote Bete, bevor wir längeren Frost bekommen. Sie würden gut abgedeckt die kalten Temperaturen zwar überstehen, aber wenn der Boden erst einmal durchgefroren ist, wird es für mich schwierig, sie zu ernten. Ich müsste dann im schlimmsten Fall bis zum Frühjahr warten. Von den Brokkoli- und Romanescopflanzen ernte ich auch die kleineren und mittleren Blätter. Sie lassen sich wie jeder andere Kohl hervorragend verwerten und ich bekomme so noch ein paar Extramahlzeiten. Auch im Smoothie sind die Blätter stets willkommen. Die Reste der Brokkolipflanzen lasse ich stehen, da sich oft im zeitigen Frühjahr noch ein paar Seitentriebe mit Blüten entwickeln, wenn der Winter nicht zu kalt war. Beim Rosenkohl sollte man nicht versäumen, auch das oberste Röschen, das meistens wie ein kleiner offener Kohlkopf aussieht, mit zu ernten. Man kann die Blätter klein schneiden und in eine Gemüsepfanne geben oder in den Smoothie oder sehr fein geschnitten in den Salat. Ich liebe den leicht süßlichen Geschmack von Kohl, der Frost bekommen hat.

Kopfkohl verträgt ein paar leichte Frostgrade meist ohne Probleme. Was ihm eher zu schaffen macht, ist die Feuchtigkeit. Ein regennasser Kohl, der ein paarmal friert und wieder auftaut, fängt zwangsläufig irgendwann an zu faulen. Kommt dann erst einmal Dauerfrost, ernte ich die letzten Schätze, bevor es zu spät ist.

Im Gewächshaus schützt bei starkem Frost der Tunnel aus Gartenvlies meine Salate.

WER HÄLT WIE VIEL FROST AUS?

Kohlrabi	bis ca. -1 °C
Brokkoli	bis ca. -3 °C
Kopfkohl	bis ca. -5 °C
Mangold	bis ca. -5 °C
Palmkohl	bis ca. -5 °C
Grün- und Rosenkohl	bis -20 °C
Feldsalat	bis -20 °C

Palmkohl hält leichten Frost aus und liefert auch noch im Januar köstliche, knackige Blätter.

Die Salaternte benötigt allerdings ein bisschen Planung, sobald die Temperaturen auch tagsüber unter dem Gefrierpunkt liegen. Gefrorenen Salat kann ich nicht ernten, sondern ich muss warten, bis er wieder aufgetaut ist. Dies ist an sonnigen Tagen meistens in der Mittagszeit der Fall. Also ernte ich ihn bei Frost nicht immer frisch, sondern ein paar Tage im Voraus und bewahre ihn im Kühlschrank auf.

FOLIENTUNNEL IM GEWÄCHSHAUS

Meine Beete im Gewächshaus habe ich zusätzlich mit einem Folientunnel überbaut. Dazu stecke ich halbrunde Drahtbögen mit 50 cm Abstand in die Erde und spanne Vlies darüber, das ich mit Wäscheklammern befestige. Wenn es richtig kalt wird, kommt darüber noch eine Lage Folie. So habe ich unter dem Tunnel immer noch 2–3 °C mehr als im übrigen Gewächshaus. Das macht oft schon einen Unterschied von 5–6 °C zur Außentemperatur. Der Boden ist also meist frostfrei, zumindest in 2–3 cm Tiefe. Die Folien- oder Vliesabdeckung darf die Blätter jedoch nicht berühren, da diese sonst durch das Kondenswasser an der Folie oder am Vlies festfrieren können. Und diese Blätter sind dann ungenießbar. Die doppelte Abdeckung sollte wirklich nur bei Temperaturen unter -5 °C zum Einsatz kommen. Ansonsten reicht im Gewächshaus ein einfaches Gartenvlies aus, das über die Bögen gespannt wird. An frostfreien Tagen lüfte ich das Gewächshaus regelmäßig und entferne auch die Vliesabdeckung, damit die Pflanzen eine gute Portion Sonne und vor allem Licht bekommen. Je dünner und heller das Vlies ist, das ich zur Abdeckung verwende, desto mehr Licht bekommen die Pflanzen und desto mehr erwärmt sich der Boden tagsüber. Das hat wiederum zur Folge, dass er nachts nicht so tief durchfriert.

LÖWENZAHNPULVER SELBST GEMACHT

Meinen täglichen grünen Smoothie bereichere ich mit viel Weizengras und Grünkohl. Außerdem mixe ich gern 1 Esslöffel Löwenzahnpulver hinzu. Das hilft mir, die Geister des Winters zu vertreiben. Natürlich sind es keine Geister, aber der Löwenzahn ist eine von mir sehr geschätzte Pflanze, weil er viele positive Eigenschaften hat und z. B. zur Entgiftung des menschlichen Organismus beiträgt.

Das Pulver bereite ich im Frühling zu, indem ich saftige Löwenzahnblätter und vor allem auch Blüten (so wird es etwas süßer) sammle, sie trockne und im Mixer vermahle. Für mich ist das eine einfache und schnelle Methode, die Kraft des Löwenzahns auch im Winter oder Spätwinter zu genießen. Natürlich gibt es Löwenzahnpulver auch zu kaufen, zu stolzen Preisen und in Plastik verpackt. Aber warum sollte ich für etwas Geld ausgeben, was bei mir direkt vor der Haustür wächst und schnell zu machen ist? Mit einer halben Stunde Arbeit im Frühling erfreue ich mich noch im tiefsten Januar daran.

Grundlage guter Ernten: die Beetplanung

Gärtnern nach Lust und Laune ist schön, aber mit einer klugen Planung ist die Ernte meist besser. Das ist jedenfalls meine Erfahrung.

Wer über das Versuch-und-Irrtum-Stadium beim Gärtnern hinauskommen möchte, sollte sich unbedingt ein bisschen mit der Beetplanung beschäftigen. Das mag vielleicht im ersten Moment ein recht schwieriges Thema sein, ich kann aber versprechen, dass es sich sehr positiv auf den Ertrag auswirken wird und zudem noch eine Menge Spaß macht. Ist es nicht schön, wenn man seinen Garten schon im Winter planen und sich auf die schönen Momente im kommenden Frühjahr und Sommer freuen kann?

Ich liebe es jedenfalls, meine Beetplanung zu machen! Ich möchte die bestmöglichen Pflanzkombinationen unter Berücksichtigung der Beetlage und der besten Ausnutzung des Platzes in meinem Garten finden. Was sich erst einmal kompliziert anhört, ist es in Wirklichkeit gar nicht. Mit geschickter Planung kann ich meine Pflanzen so platzieren, dass sie in guter Nachbarschaft zueinander stehen, sich gegenseitig begünstigen und ich meine Fläche optimal ausnutzen kann. Natürlich wird sich während der Saison noch einiges ändern. Aber das ist kein Problem, schließlich habe ich mit der Beetplanung schon mal einen roten Faden gesponnen, an dem entlang ich pflanzen und an dem ich mich orientieren kann.

Mache ich im Winter eine gute Beetplanung, habe ich im Frühjahr und Sommer weniger Sorgen und weiß, dass ich meine zur Verfügung stehende Beetfläche wirklich maximal ausnutzen kann. Außerdem reizt es mich jedes Jahr aufs Neue, andere Pflanzkombinationen zu finden und auszuprobieren, damit sich die Pflanzen gegenseitig positiv unterstützen können. Für mich ist die Beetplanung eines der größten Highlights im Winter.

Da ich aus meinen Kursen jedoch weiß, dass sich viele Gärtner damit ein wenig schwertun, habe ich hier alle Schritte ausführlich an erprobten Beispielbeeten aufgeführt. Alles, was man für eine gute Beetplanung braucht, ist ein Blatt Papier, ein Bleistift und ein Radiergummi.

Meine Liste der Must-have-Gemüse wird Jahr für Jahr länger. Nur so kann ich sicher sein, nichts zu vergessen.

PLANUNG SCHRITT FÜR SCHRITT

Als Erstes messe ich meine Beete aus und male die Umrisse auf ein Stück Papier auf. Hierfür brauche ich keine maßstabsgetreue Zeichnung, wenn ich mir die Maße der Beete an die Ränder schreibe. Als Zweites erstelle ich eine Liste von all den Gemüsearten und -sorten, die ich gerne anbauen möchte. Dahinter kommt ein Zeichen für viel oder wenig. Möchte ich z. B. viele Erbsen anbauen, um sie auch für den Wintervorrat einfrieren zu können, oder reichen mir ein paar Erbsen zum Naschen? Möchte ich frühe und späte Möhren anbauen oder reicht es, wenn ich im Sommer an ein paar Möhren knabbern kann? Diese Überlegungen im Vorfeld helfen mir, den ungefähren Platzbedarf zu ermitteln.

Als Nächstes zeichne ich ein paar Hauptkulturen probehalber auf meinem Plan ein. Drum herum werden dann die anderen Gemüsearten platziert. Dann prüfe ich bzw. schlage nach, in welchen Monaten und wie lange die verschiedenen Gemüse die Beete belegen und ob ich vielleicht noch eine Vor- oder Nachkultur auf dem gleichen Beet unterbringen kann. Dafür ist es hilfreich, den Plan mit den Beetumrissen zu vervielfältigen und für jeden Monat von März bis September in jeweils ein Blatt einzutragen, was gerade auf jedem Beet wächst. So bekomme ich einen besseren Überblick, wann und wo es noch Lücken gibt. Habe ich z. B. ein Beet mit frühem Spinat, weiß ich, dass es ab spätestens Mitte Mai frei ist. Oder ich weiß, dass die Zuckerschoten ab Juli abgeerntet sind und diese Beetfläche dann wieder zur Verfügung steht und ich sie noch sinnvoll nutzen kann. Und weil ich weiß, dass dieses Beet ab Juli frei ist, kann ich mich darauf vorbereiten und rechtzeitig eine Folgekultur in Töpfen vorziehen, die ich dann nur noch auszupflanzen brauche. So bekomme ich einen Erntevorsprung von 2-4 Wochen (je nach Kultur), weil die Pflanzen ja schon gekeimt sind und sich zu kleinen Pflänzchen entwickelt haben, wenn das Beet frei wird. Auch hier zeigt sich wieder, wie wichtig es ist, immer ein

Ich bin ein großer Fan des Gemüsevorziehens. So kann ich schnell reagieren und jedes Plätzchen ausnutzen.

paar Pflanzen auf Halde zu haben, um auf ein wieder frei gewordenes Stückchen Beet noch etwas pflanzen zu können.

Außerdem ist es sehr hilfreich, sich eine Liste mit den ungefähren Aussaatterminen zu machen, damit man während des Jahres weiß, was man wann aussäen muss, damit keine Lücken im Beet entstehen.

Bis auf die Möhren, den Spinat und den Rucola habe ich alle Gemüse vorgezogen und dann in den jeweiligen Monaten ausgepflanzt. Je nach Region können die angegebenen Zeiten etwas variieren. Wer also in einer wärmeren Region wohnt, kann die Herbstbepflanzungen 1–2 Wochen hinauszögern, wer in einer kälteren Region wohnt, pflanzt besser 1–2 Wochen eher. Das sind aber alles Erfah-

Mit meinen vorgezogenen Buschbohnen kann ich entstandene Lücken rasch füllen.

rungswerte, die aufgrund der Witterung von Jahr zu Jahr etwas variieren können.

NACH DEM ERNTEN DÜNGEN

Habe ich eine Kultur abgeerntet, vergrabe ich etwa 1 Eimer voll Bokashi in dem jeweiligen Beet. Sollte zu wenig Erde im Beet sein, fülle ich es zusätzlich noch mit etwas Kompost auf. Besonders wenn man nur einen 20 cm hohen Palettenrahmen zum Bepflanzen zur Verfügung hat, ist es wichtig, darauf zu achten, dass die Pflanzen ausreichend Erdvolumen haben, damit sie genügend Nahrung aufnehmen können und sich die Wurzeln gut entwickeln. Nur so bekomme ich gesunde und ertragreiche Pflanzen, an denen ich den ganzen Sommer lang Freude habe. Natürlich kann man auch regelmäßig die Pflanzen mit flüssigen Jauchen oder Dünger nachdüngen. Für mich hat es sich jedoch als einfacher erwiesen, gleich am Anfang den Boden mit genügend Dünger zu versorgen, da ich dann nicht alle 1–2 Wochen nachdüngen muss.

Außerdem mulche ich alle Beete regelmäßig – überwiegend mit Rasenschnitt, später im Jahr auch mit Laub und Hasenmist –, damit sie die Feuchtigkeit besser halten und um den Boden mit organischem Material anzureichern. Nur die Beete, in die ich direkt säe, werden am Anfang nicht gemulcht. Ich decke sie nach der Aussaat mit einem Gartenvlies ab. Das hilft, die Feuchtigkeit zu speichern und die Saaten vor Vögeln und Mäusen zu schützen. Sind die Pflanzen dann ungefähr 5 cm hoch, entferne ich das Vlies und mulche zwischen den Pflanzen.

LÜCKEN FÜLLEN

Oft habe ich während der Saison noch ein paar vorgezogene Gemüsepflanzen oder Blumen übrig. Dann schaue ich immer nach eventuellen Lücken in meinen Beeten und pflanze sie dazwischen. Besonders für Tagetes oder Ringelblumen ist meistens noch ein Plätzchen frei, und sei es am Rand eines Beets. Beide Blumen üben einen guten Einfluss auf die Bodengesundheit und auf die Nachbarpflanzen aus. Allerdings sollte man vor dem Einpflanzen bedenken, dass die Pflanzen mit der Zeit größer werden und etwas mehr Platz brauchen als am Anfang der Saison.

In einem Jahr hatte ich ein paar klein bleibende Sonnenblumen (ca. 80 cm), die ich zwischen meinen Palmkohl gesetzt habe. Das sah wunderschön aus. Als es dem Kohl gegen Ende der Saison dann doch etwas eng wurde, waren die Sonnenblumen schon verblüht, sodass ich sie bodennah abgeschnitten habe. So hatte der Palmkohl wieder mehr Platz und konnte seine langen Blätter in alle Richtungen strecken. Aber auch einzelne Salate oder Rote-Bete-Pflanzen lassen sich meistens noch irgendwo dazwischen setzen. Notfalls werden sie eben kleiner geerntet.

Mein im Herbst frisch angelegtes 9er-Beet: Da ich nicht genug Erde hatte, habe ich die leeren Beete mit Laub, abgestorbenen Pflanzen und dem Inhalt der Regenrinnen gefüllt. Im Frühjahr habe ich dann noch Kompost dazugegeben.

MIT NEUN BEETEN DURCH DAS JAHR

Als Beispiel habe ich meinen 9er-Block Palettenrahmen gewählt, da diese neun Beete alle gleich groß sind und zusammen eine Größe haben, die man gut auch in kleineren Gärten integrieren kann. Ein Palettenrahmen misst 1,2 × 0,8 m. Zwischen den Längsseiten der Beete habe ich 0,3 m breite Wege angelegt. So hat der ganze Block eine Größe von ungefähr 3,6 × 3 m.

Dieses Beispiel lässt sich letztendlich auf alle anderen Anbauflächen übertragen. Es geht mir hier darum zu zeigen, wie ich meine Anbauplanung gestalte. Natürlich gibt es tausend andere Möglichkeiten, Beete zu bepflanzen. Dabei kommt es auch immer auf die eigenen Vorlieben an. Wer keine Möhren mag, wird auch keine anbauen, sondern wählt vielleicht Dicke Bohnen und Rotkohl oder Kartoffeln und Mais. Deshalb ist es wichtig, sich, wie oben beschrieben, eine Liste mit den Gemüsearten und -sorten anzulegen, die man anbauen möchte.

In den Skizzen sind die Monate März bis September dargestellt, da in ihnen die meisten Hauptkulturen ausgesät bzw. gepflanzt werden. Tatsächlich geht es aber schon viel früher mit dem Aussäen und dem Anbau los.

In **Beet ❶** säe ich Ende Januar oder Anfang Februar vor einer längeren Frostperiode Spinat aus. (→ Seite 22, Winteraussaaten). Die Samen warten auf geeignete Temperaturen, um zu keimen. Spinat keimt meistens schon bei Temperaturen um 4 °C, daher ist es wichtig, ihn nicht zu früh auszusäen, sondern wirklich zu warten, bis es für längere Zeit

März

1 Spinat (Winteraussaat)	2 Grünkohl vom Vorjahr	3 Kohl & Mangold vom Vorjahr
4 Palmkohl vom Vorjahr	5 Sommermöhren	6 Radieschen Salat
7 —	8 —	9 —

April

1 Spinat	2 Grünkohl vom Vorjahr	3 Kohl & Mangold vom Vorjahr
4 Palmkohl vom Vorjahr	5 Sommermöhren	6 Radieschen Salat
7 Zwiebeln (1–2 Reihen)	8 Palmkohl (3x) Salat (5x)	9 —

■ Diese Kultur kommt in diesem Monat neu aufs Beet.

kalt bleibt. Ist der Spinat dann Mitte oder Ende Mai abgeerntet – durch die Wärme und die langen Tage fängt er dann an zu schießen–, kann ich Lagermöhren säen. Diese säe ich lieber erst im späten Mai, da sie ansonsten leicht in die Blütenbildung gehen, wenn es doch noch einmal richtig kalt wird. Anfang oder Mitte September werden diese Möhren geerntet, sodass ich hier noch asiatischen Kohl pflanzen kann. Er wächst auch bei kalten Temperaturen und wenig Tageslicht noch sehr gut, sodass ich hoffentlich noch den ganzen Winter über davon ernten kann. Lediglich bei Temperaturen unter -12 °C schwächelt er etwas.

Beet 2 und 3 sind am Anfang des Jahres noch mit den verschiedenen Kulturen aus dem Vorjahr bepflanzt. Daher kann ich dort noch kein frühes Gemüse anbauen. Lasse ich den Kohl vom Vorjahr jedoch bis Mai stehen, kann ich ab April oder ab dem Zeitpunkt, wenn er in Blüte geht, noch Kohlsprossen ernten, die wie Brokkoli schmecken

Mai

1 Lagermöhren (ab Mitte/Ende Mai)	2 Rote Bete (ab Anfang Mai)	3 Lagermöhren (ab Mitte/Ende Mai)
4 Tomate (1), Sellerie (3), Buschbohnen (5 Horste)	5 Sommermöhren	6 Salat
7 Zwiebeln Gurken (2–3), dazwischen Dill	8 Palmkohl (3) Salat (5)	9 Tomate (1), Sellerie (3), Buschbohnen (5 Horste)

Juni

1 Lagermöhren	2 Rote Bete	3 Lagermöhren
4 Tomate, Sellerie, Buschbohnen	5 Sommermöhren	6 Rote Bete (ab Ende Juni)
7 Zwiebeln Gurken, Dill	8 Palmkohl Rote Bete (ab Ende Juni)	9 Tomate, Sellerie, Buschbohnen

■ Diese Kultur kommt in diesem Monat neu aufs Beet.

und meinen Speisezettel im Frühjahr bereichern. Das Gleiche gilt für Beet 4, in dem noch Palmkohl vom Vorjahr steht. Hier kann ich, wenn der Winter nicht zu kalt war, auch noch ein paar junge Blätter ernten, die der Palmkohl ab dem zeitigen Frühjahr produziert. Palmkohl verträgt Temperaturen bis ungefähr -5 °C. Wird es jedoch kälter, erfriert er meistens. Im Mai entsorge ich schließlich die alten Kohlpflanzen und pflanze oder säe die diversen neuen Gemüse – Rote Bete und Lagermöhren.

Wenn diese beiden Gemüse Anfang September geerntet werden, kann ich die beiden Beete noch mit vorgezogenem Endiviensalat und Feldsalat bepflanzen (→ Seite 36). Auch hier macht es wieder Sinn, die Pflanzen vorzuziehen, da es ansonsten zu spät für eine Herbst- bzw. Winterernte wäre, würde ich sie erst jetzt aussäen.

Beet 4 und 9 bepflanze ich mit jeweils einer Tomate, drei Knollenselleriepflanzen und fünf Horsten mit Buschbohnen. Jeder Horst besteht aus

Juli/August

❶ Lagermöhren	❷ Rote Bete	❸ Lagermöhren
❹ Tomate, Sellerie, Buschbohnen	❺ Zuckerschoten	❻ Rote Bete
❼ Gurken, Dill Radicchio (ab Ende Mai)	❽ Palmkohl Rote Bete	❾ Tomate, Sellerie, Buschbohnen

September

❶ Asiatischer Kohl	❷ Endiviensalat	❸ Feldsalat
❹ Tomate, Sellerie, Buschbohnen	❺ Chinakohl (ab Anfang September)	❻ Feldsalat
❼ Rucola Radicchio	❽ Palmkohl Endiviensalat	❾ Tomate, Sellerie, Buschbohnen

■ Diese Kultur kommt in diesem Monat neu aufs Beet.

fünf bis sechs Buschbohnen (→ Seite 102). Diese Mischung hat sich als sehr positiv erwiesen. Tomaten und Sellerie brauchen beide viel Nahrung und ausreichend Wasser. Wenn ich also die Tomate gieße und eventuell flüssig nachdünge, bekommt der Sellerie ebenfalls Wasser und Dünger. Die Buschbohnen nehmen den Stickstoff aus der Luft auf und speichern ihn mithilfe der Knöllchenbakterien in ihren Wurzeln. So gelangt zusätzlicher Stickstoff in die Erde, der wiederum von den Wurzeln des Sellerie und der Tomate aufgenommen werden kann. Sie bekommen also noch eine zusätzliche Düngergabe.

In **Beet ❺** säe ich im März Sommermöhren, sobald der Erdboden aufgetaut und von der Sonne etwas abgetrocknet ist, sodass ich ihn bearbeiten kann, ohne im Schlamm stecken zu bleiben. Die Sommermöhren haben eine Entwicklungszeit von 90–100 Tagen und versorgen mich dann gegen Ende Juni mit leckeren Möhren. Sind sie im Juli abgeerntet, kann ich das Beet mit Zuckerschoten bepflanzen. Zwischen die Zuckerschoten stecke ich ein paar Reiser, an denen sie emporranken können. Ich säe die Zuckerschoten ca. 3 Wochen eher aus und ziehe sie vor. So kann ich früher ernten, als wenn ich sie direkt aussäe, und ich kann das Beet noch für eine weitere Kultur nutzen. Anfang September pflanze ich noch fünf bis sieben Chinakohlsetzlinge, die ich 4–5 Wochen vorher ausgesät habe.

Ebenfalls im März, wenn ich die Sommermöhren in Beet 5 säe, säe ich Radieschen in **Beet 6**, und zwar zwei bis drei Reihen auf eine Seite des Beets. Radieschen wachsen recht schnell und unkompliziert. Ich stelle sicher, dass ich eine Sorte für die frühe Aussaat verwende. Anfang April pflanze ich ein paar vorgezogene Salatpflanzen in den restlichen Teil des Beets. Je nach Salathunger kann man schon 2–3 Wochen nach der Pflanzung die ersten äußeren Blätter der Salate ernten und so die Erntedauer etwas ausdehnen, da die Salate von innen her weiterwachsen, wenn das Herz nicht beschädigt wird. Gegen Ende Juni sollten die Salate abgeerntet sein, die Radieschen sind meist schon nach 6–8 Wochen geerntet, sodass ich das Beet mit vorgezogenen Roten Beten bepflanzen kann. Sie werden nach Bedarf, spätestens jedoch Anfang September geerntet, damit ich meinen im August vorgezogenen Feldsalat auspflanzen kann. Er braucht immer recht lange zum Keimen, man sollte mit ca. 4 Wochen rechnen, bis die Pflänzchen so weit sind.

Beet 7 bepflanze ich im hinteren Teil mit zwei bis drei Gurkenpflanzen und mit Dill. Blüht der Dill erst einmal, wird er zum Magneten für viele Insekten. Diese Insekten bestäuben gleichzeitig auch meine Gurkenblüten, sodass ich auf eine gute Ernte hoffen kann. Für die Gurken baue ich ein Rankgerüst, an dem sie emporklettern können. Hierfür kauft man entweder eine fertige Kletterhilfe oder baut eine aus Ästen. Ich finde, dass die selbst gebauten und mit Schnur zusammengebundenen Rankhilfen mehr Charme haben – aber das ist Geschmackssache. Im vorderen Teil von Beet 7 baue ich Zwiebeln an. Im Nachbarbeet, im Beet Nr. 8, stehen Rote Bete. Zwiebeln und Rote Bete sind schlechte Nachbarn. Allerdings pflanze ich die Roten Bete erst gegen Ende Juni und die Zwiebeln werden meist schon in der ersten Augustwoche geerntet. Die beiden Kulturen begegnen sich also nicht lange und können somit auch keinen negativen Einfluss aufeinander ausüben. Ende Juli oder Anfang August kommen auf die abgeernteten Zwiebelreihen Radicchiopflanzen. Im September, wenn es für die Gurken schon zu kalt wird – sie tragen nicht mehr und bekommen Mehltau –, säe ich noch Rucola für die Herbsternte aus. Rucola wächst sehr schnell, sodass ich oft schon 3–4 Wochen nach der Aussaat die ersten Blättchen ernten kann.

Auf **Beet 8** kommen im April drei Palmkohl- und fünf Salatpflanzen. Ist der Salat Ende Juni abgeerntet, pflanze ich Rote Bete. Sie werden spätestens Anfang September ebenfalls geerntet, sodass ich zum Palmkohl noch ein paar Endiviensalate pflanzen kann. Sie überstehen auch leicht Frostgrade, sodass ich, wenn ich blattweise ernte, die Ernte bis in den Januar ausdehnen kann. Statt Roten Beten könnte man hier auch noch Buschbohnen setzen, die man 2–3 Wochen vorher in Töpfen ausgesät hat.

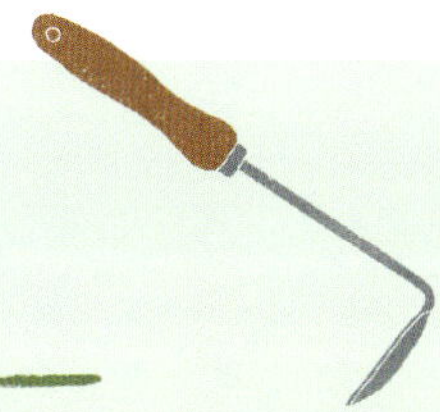

KOHL ALS DAUERLIEFERANT

Wer den Platz hat, kann eine Kohlpflanze – am besten eignet sich Grünkohl oder Palmkohl – mehrjährig ziehen. Ich schneide dann einfach die Blütentriebe heraus und lasse sie stehen. Der Kohl wächst weiter und spätestens zum Herbst hin hat er wieder viele neue große Blätter entwickelt. Ich hatte schon drei- oder vierjährige Kohlpflanzen, die mich kontinuierlich mit vielen leckeren Blättern versorgt haben.

ZWISCHEN WINTER UND FRÜHLING

Langsam ist der Frühling zu spüren. Im Haus läuft die Anzucht meiner Gemüsepflanzen auf Hochtouren.

Zwischen Winter und Frühling

Februar

WAS DIESEN MONAT ANSTEHT

- Jungpflanzen aus dem Januar pikieren, 3 Wochen später düngen
- Tomaten-Kübel mit Bokashi vorbereiten
- erste Beetbearbeitung, wenn möglich
- Dicke Bohnen in Töpfe aussäen
- Gewächshaus an frostfreien Tagen lüften und eventuell gießen
- erste Wildkräuter genießen
- Salat aussäen
- Steckzwiebeln in Aussaatpaletten stecken

Im Februar kommt plötzlich das Licht zurück. Selbst an verregneten, grauen Tagen ist es nun heller als noch ein paar Wochen zuvor und das Herz einer jeden Gärtnerin und eines jeden Gärtners erahnt den nahenden Frühling in den kleinen Dingen. Das können die ersten blühenden Schneeglöckchen sein, das Anschwellen der Johannisbeerknospen oder der erste Austrieb der Brennnesseln. Auch wenn die Zeichen noch sehr verhalten sind und es noch richtig tiefen Frost und reichlich Schnee geben kann, ist zu spüren, dass eine Veränderung in der Luft liegt. Die Tage werden länger und das ist ganz deutlich wahrzunehmen: Anfang Februar haben wir hier in Norddeutschland fast 90 Minuten mehr Tageslicht als noch zur Wintersonnenwende im Dezember.

Im Haus pikiere ich jetzt Paprika, Auberginen, Salat und Kohl am laufenden Band. Außerdem säe ich weitere Salat- und Kohlpflanzen aus.

Ich esse Mengen an eingefrorenen Beeren und gebe getrocknete Gänseblümchen mit in meine Kräutertees, um die Entgiftung des Körpers anzukurbeln. Alle Zeichen stehen nun auf Vorfrühling!

Die Sämlinge pikieren und düngen

Anfang bis Mitte Februar pikiere ich meine Auberginen und Paprika. Stehen sie bisher noch alle in einer Schale mit nur ein paar Zentimeter Erde, so bekommen sie nun ihr eigenes Töpfchen, um anständige Wurzeln zu bilden.

Wenn die kleinen Sämlinge das vierte Blatt entwickelt haben, ist es an der Zeit, sie zu pikieren. Dann sind die Pflanzenhälse meist dünn und lang und ich setze die Sämlinge bis zum ersten Blattpaar in die Erde. Dazu dringe ich mit einem Essstäbchen vorsichtig neben der Pflanze in die Erde ein und versuche, sie nach oben zu hebeln. Ich gehe sehr gefühlvoll vor, damit ich die zarten Stiele und Wurzeln nicht beschädige. Habe ich den Sämling in der Hand, wird er behutsam in einen Topf mit Blumen- oder Komposterde gepflanzt.

Der Topf sollte einen Durchmesser von ca. 5 cm haben, größer darf er im Moment noch nicht sein. Habe ich viele Sämlinge von einer Gemüseart, verwende ich gern die großen Anzuchtpaletten mit

Die im Winter ausgesäten Salatpflanzen müssen jetzt pikiert werden.

Im größeren Topf können die Wurzeln der Paprika wachsen und sie wird zu einer stattlichen Pflanze.

über 50 Töpfen. Ansonsten eignen sich ausgediente Hyazinthentöpfchen oder kleine Joghurtbecher mit Loch im Boden oder die 10er-Paletten, in denen oft Hornveilchen oder Tagetes angeboten werden. Es lohnt sich, solche Töpfe zu sammeln oder etwas Geld in Aussaatpaletten zu investieren, möchte man Jungpflanzen im größeren Stil vorziehen.

Sind alle Sämlinge pikiert, werden sie beschriftet und vorsichtig angegossen. Dann kommen sie wieder unter die Pflanzenlampe.

Nach 3–4 Wochen dünge ich die Pflanzen mit flüssigem Dünger nach. Besonders im Anfangsstadium benötigen sie eine Menge Energie und Nahrung. Da ich im zeitigen Frühjahr noch keine Brennnesseljauche zur Hand habe und den Geruch im Haus auch nicht als angenehm empfinde, brauche ich eine Alternative. Ich nehme entweder frischen Urin, den ich 1:10 verdünne, oder die Flüssigkeit, die sich im unteren Bokashi-Eimer sammelt (→ Seite 119). Sie wird jedoch 1:100 verdünnt.

DÜNGEN MIT URIN

Ob man mit Urin düngen möchte oder nicht, muss jeder für sich selber entscheiden. Der im Urin enthaltene Harnstoff besteht zu fast 50 % aus Stickstoff. Urin ist also ein hoch konzentrierter Stickstoffdünger. Zudem enthält er Phosphor, Kalium, Kalzium, Vitamine und Spurenelemente – also genau das, was wir unseren Pflanzen mit auf den Weg geben möchten, damit sie uns mit einer reichen Ernte versorgen. Urin kann natürlich auch Medikamentenrückstände, Hormone und eine beträchtliche Menge an Kochsalz aufweisen, je nachdem, wie wir uns ernähren.

Ich für meinen Teil habe beschlossen, meinen Urin zum zeitweisen Düngen der Jungpflanzen im Frühjahr zu nehmen, da ich weder Medikamente noch Hormone einnehme und mich rein pflanzlich ernähre. Aber das sollte jeder für sich selber entscheiden. Und keine Sorge, die Paprika schmecken hinterher nicht nach Pipi …

Wichtig ist jedoch, dass man nur frischen Urin verwendet. Sammelt man Urin, vermehren sich in ihm Keime, die wir dann mit an unsere Pflanzen geben. Außerdem ist die Geruchsbelästigung schon nach einem Tag recht groß. Frisch verdünnt und vergossen ist Urin jedoch geruchsneutral. Für mich stellt das Düngen mit Urin einfach eine unkomplizierte Düngemethode im zeitigen Frühjahr dar, wenn meine Pflanzen einen guten Start ins Leben brauchen und ich noch keine fertigen Pflanzenjauchen zur Hand habe. Natürlich kann man auch auf Flüssigdünger aus der Gärtnerei zurückgreifen.

Damit meine Kohlpflanzen kräftig und gesund werden, dünge ich die Pflanzen regelmäßig nach.

Mein Lieblingsgerät: der Sauzahn

Die meisten Arbeiten im Garten führe ich mit einem Sauzahn aus. Und da ich gerne in der Hocke arbeite, habe ich einem Hand-Sauzahn. Natürlich kann man genauso gut mit einem Sauzahn mit langem Stiel arbeiten, wenn man sich nicht bücken möchte oder kann. So oder so ist der Sauzahn ein tolles Gerät. Er liegt gut in der Hand, ich kann den Boden damit prima lockern und belüften und die Wurzeln der Wildkräuter bekomme ich mit ihm auch sehr gut aus dem Boden.

Irgendwann im Februar ist es immer so weit und ich muss wirklich raus in den Garten. Nicht nur, um Bokashi in Kübel zu füllen oder um Kohl zu ernten, sondern richtig. Ich brauche das Gefühl, richtige Gartenarbeit zu machen. Wenigstens für eine halbe Stunde, für länger ist es meistens noch zu kalt, nass und windig.

DEN BODEN BEHUTSAM LOCKERN

Ich fange immer mit meinen niedrigen Hochbeeten an, die ich von allen Seiten aus bearbeiten kann, ohne auf die Beete treten zu müssen. Denn dafür ist der Boden im Februar einfach noch zu nass. Nicht nur, dass ich in der Erde versinken würde, ich würde die oberen Erdschichten auch unnötig verdichten.

Nun lockere ich alle umrandeten Beete mit dem Sauzahn etwas auf. Dabei stelle ich immer wieder mit Erstaunen fest, wie wenig von meiner im Herbst sorgfältig aufgebrachten Mulchschicht noch übrig geblieben ist.

Ich mulche meine Beete im Herbst bestimmt 10–15 cm dick mit den verschiedensten organischen Materialien (→ Seite 174). Von dieser Mulchschicht sind jetzt nur noch ca. 5 cm übrig geblieben. Der Rest ist von fleißigen Regenwürmern und den vielen Bodenorganismen schon zu wertvollem Humus verarbeitet worden.

Beim Auflockern der Beete ziehe ich gleich ein paar unerwünschte Wildkräuter mit aus dem Boden. Die bleiben einfach auf der Oberfläche liegen und werden so mit der Zeit zu neuem Kompost. Ausnahmen sind natürlich Wurzelunkräuter wie Giersch, Quecke oder Ackerwinde. Die grabe ich sorgfältig aus und sie kommen dann in den Grünschnitt. Auf den Kompost dürfen sie auf keinen Fall.

Mit dem Sauzahn kann ich die Wildkräuter von unten mit den Wurzeln aus der Erde ziehen.

Beete mehrfach nutzen

Wenn man einen kleinen Garten hat, macht es Sinn, die Beete mehrfach zu nutzen, um seine Anbaufläche zu erweitern. Aber auch bei viel Platz ist dies zu empfehlen, denn solange Gemüse auf einem Beet wächst, können sich nicht so viele Wildkräuter ansiedeln.

Um Beete erfolgreich mehrfach nutzen zu können, ist jedoch ein wenig gedankliche Vorarbeit und Planung wichtig (→ Seite 30, Beetplanung). Dazu überlege ich mir, wie lange die einzelnen Gemüse auf dem Beet verbleiben. Ein paar Beispiele:

- Zucchini beispielsweise stehen die ganze Saison über – von Mai bis zum ersten Frost – auf ihrem Platz. Dieses Beet kann ich also nicht ein zweites Mal nutzen, es sein denn, ich habe vom Vorjahr noch Feldsalat auf dem Beet stehen. Der ist jedoch bis spätestens Mitte Mai abgeerntet. Mein Tipp: Unbedingt ein paar Pflanzen zum Selbstaussäen stehen lassen!
- Möchte ich Zuckerschoten oder Erbsen anpflanzen, weiß ich, dass das Beet spätestens Mitte Juli wieder frei wird. Hier könnte ich nun noch Möhren säen oder Sommersalat oder Radicchio pflanzen. Bei Dicken Bohnen wird das Beet ebenfalls spätestens im Juli frei. Hier könnte ich späten Kohl, Buschbohnen oder Kohlrabi setzen oder Anfang Juli noch eine Zucchini auspflanzen, die dann ab August reichhaltig bis zum ersten Frost trägt.
- Ernte ich Kartoffeln im August, kann ich auf dem neu gewonnenen Platz Wintersalate pflanzen oder Massen an Feldsalat aussäen. Der Feldsalat bleibt dann unter Umständen im nächsten Jahr etwas länger stehen, sodass ich keine frühen Möhren an die Stelle säen kann – es sei denn, ich esse den Feldsalat schnell auf.

FÜR PFLANZENNACHSCHUB SORGEN

Wenn ich immer ein paar vorgezogene Pflanzen in Töpfen habe, kann ich jederzeit frei gewordene Lücken in den Beeten schließen und habe einen Zeitvorsprung von mindestens 2–3 Wochen, da ich die Pflanzen nicht erst aussäen muss, wenn ich die Vorkultur abgeerntet habe. Die Buschbohnen säe ich Mitte Juni aus, damit ich sie, wenn ich die frühen Möhren ernte, auf das Beet pflanzen kann. Die Kohlrabi brauchen im Sommer etwa 6 Wochen, bis ich sie pflanzen kann. Auch ein paar Rote Bete – 3 Wochen vorher aussäen! – lassen sich immer noch irgendwo unterbringen. Mehr dazu in den einzelnen Monatskapiteln.

Um genug Pflanzennachschub zu haben, säe ich fast jede Woche, von Januar bis Ende Oktober, etwas aus. Das sind dann manchmal nur fünf Salatpflanzen und es dauert nur 5 Minuten, macht aber bei der gesamten Gemüsemenge einen großen Unterschied.

Rote Bete sind prima Lückenfüller für meine Beete. Deshalb ziehe ich sie mehrfach nach.

Warum ich Gemüse so früh anbaue

Bei altgedienten Gärtnern stoße ich oft auf Unverständnis, wenn ich erzähle, dass ich so früh Gemüse vorziehe. In ihren Augen ist es einfach zu viel Arbeit, zumal das Gemüse viel schneller und einfacher wächst, wenn man es ein paar Wochen oder Monate später aussät. Dann braucht man keine Aussaatpaletten oder Pflanzenlampen, sondern kann warten, bis sich der Erdboden anständig erwärmt hat, und dann gleich in die Erde säen.

Nun, ich bin einfach verwöhnt! Verwöhnt von Monaten mit eigenem Gemüse, in denen ich aus dem Vollen schöpfen kann. Ich habe schlichtweg keine Lust mehr auf Supermarktgemüse. Ganz abgesehen davon, dass es geschmacklich um Längen hinter meinem eigenen liegt. Selbst ein schrumpeliger Apfel aus dem Garten schmeckt mir noch immer besser als ein auf Hochglanz polierter Apfel aus Neuseeland. Beim Gemüse ist es ähnlich.

Und das ist der Hauptantrieb, warum ich im Januar und auch im Februar meine halbe Küche in ein Chaos verwandle und Salat und Kohl aussäe und meine Stromrechnung bestimmt drei Monate lang mit unzähligen Pflanzenlampen in die Höhe treibe: Ich möchte mich einfach so lange wie möglich und so früh wie möglich aus dem eigenen Garten versorgen können. Spätestens im Frühling sind die Vorräte vom Vorjahr aufgebraucht und ich müsste viel Gemüse zukaufen, wenn ich erst ab Juni oder Juli wieder eigenes Gemüse ernten kann. Das meiste frühe Gemüse wie Erbsen, Dicke Bohnen, Spinat und Möhren könnte ich – ohne meine »Früh-Anbau-Methode« – erst ab Mitte Juni ernten.

Noch etwas spricht für den Früh-Anbau: Besonders in der Zeit von März bis Mai ist Gemüse recht teuer, da es noch kein so großes Angebot gibt und alles aus Spanien oder Nordafrika importiert werden muss. Wenn ich aber schon ab April oder Mai frisches Gemüse ernten kann, habe ich die Zeit, in der ich etwas zukaufen muss, sehr reduziert. Salate z. B. kaufe ich sogar nie, denn sie sind mit wenig Aufwand immer in meinem Garten verfügbar.

Manchmal muss ich im späten Frühjahr Kartoffeln kaufen, da meine vom Vorjahr nicht reichen. Oder ein paar Zwiebeln, wenn ich noch kein frisches Zwiebelgrün habe, das ich anstelle von Zwiebeln

Purer Luxus: Fast das ganze Jahr kann ich frisches Gemüse ernten oder aus der Erdmiete holen.

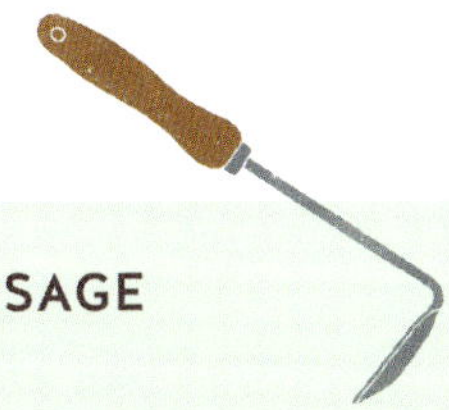

KLIMAZONEN UND WETTERVORHERSAGE

Es ist etwas schwierig, genaue Aussaat- oder Pflanztermine für alle Regionen anzugeben. Selbst an einem Ort kann es unterschiedliche Mikroklimazonen geben. Unser »Paradies« z. B. ist nur ca. 500 m Luftlinie von unserem Garten entfernt, trotzdem gibt es dort viel eher und länger Frost, da es zwischen freien Feldern liegt und der kalte Wind ungeschützt drüber hinwegwehen kann. Wer sich die Klimazonenkarte Deutschlands im Internet ansieht, kann eine grobe Einordnung seiner Lage vornehmen. Mein Garten liegt in der Zone 7b auf ungefähr 100 m Höhe.

Sehr nützlich ist auch eine gute Wetter-App für die eigene Region. Auch wenn sich das Wetter ständig ändert und diese Vorhersagen manchmal etwas ungenau sind, kann man immerhin eine Tendenz absehen – vor allem für die nächsten 2 Wochen. Wenn sich die Temperaturen dann noch um ein paar Grad ändern, ist das nicht so schlimm, aber ich kann abschätzen, ob eine Schönwetterlage bevorsteht oder ob es noch einmal richtig kalt wird. Eine solche App weist auch auf späte oder frühe Fröste hin, sodass man nicht überrascht wird.

verwenden kann. Aber ansonsten kann ich die Male, an denen ich Gemüse kaufe, an einer Hand abzählen. So spare ich Geld, Transport, Verpackung und habe zusätzlich auch bei der Sortenwahl eine große Auswahl. Es gibt so viele verschiedene Gemüsesorten. Diese Vielfalt kann ich nur auskosten, wenn ich mein Gemüse selber anbaue, im Supermarkt bekomme ich dieses breite Angebot an Sorten nicht. Darum vermeide ich es auch, Jungpflanzen aus dem Gartencenter zu kaufen, und säe nach Möglichkeit lieber selber welche aus. Das passt viel besser zu meiner Art des Gärtnerns. Denn Ende Februar bekomme ich noch keine Salatpflanzen, die ich ins Gewächshaus pflanzen kann, und wenn es dann Anfang März die ersten Pflanzen zu kaufen gibt, sind sie häufig noch wesentlich kleiner und weniger gut entwickelt als meine im Januar vorgezogenen. Da hilft nur selber aussäen! Natürlich kaufe ich in der Saison auch mal etwas, wenn ich eine Lücke habe, doch das ist wirklich eine Ausnahme.

DICKE BOHNEN

Je nach Witterung säe ich die ersten Dicken Bohnen schon Ende Februar vor. Der schlimmste Frost sollte dann überstanden sein. Ich richte mich immer nach der 14-Tage-Wettervorhersage. Sagt diese keine Nachtfröste unter -5 °C und keinen Schnee mehr an, kann es losgehen, sonst warte ich noch 1–2 Wochen.

Dicke Bohnen gehören nicht zu den Bohnengewächsen, sondern zu den Wicken. Temperaturen bis -5 °C verkraften sie ohne Probleme. Sie sehen nach einer Frostnacht zwar etwas mitgenommen aus, tauen aber im Lauf des Tages wieder auf.

Ich weiche die Samen über Nacht in kaltem Kamillentee ein, so keimen sie schneller. Außerdem wirkt der Tee als Fungizid. Dann drücke ich sie tief in 5-cm-Töpfe einer Aussaatpalette und stelle sie an einen kühlen, hellen Ort im Haus, bis sie gekeimt sind. Dann kommen sie ins Gewächshaus, bis sie das erste richtige Blattpaar entwickelt haben, danach pflanze ich sie in Doppelreihen aus.

Dicke Bohnen haben eine recht feste Schale und brauchen einige Zeit zum Keimen. Deshalb weiche ich sie gern ein und ziehe sie im zeitigen Frühjahr vor. Bei späteren Aussaaten ist das Vorziehen nicht mehr ganz so wichtig. Bei frühen Aussaaten im Freien habe ich dagegen aus Erfahrung immer Angst, dass die Samen in der kalten Erde verfaulen oder von hungrigen Mäusen gefressen werden. Andererseits werden frühe Aussaaten nicht so stark von der schwarzen Blattlaus befallen, die spätestens im Juni auftritt. Deshalb macht es Sinn, die Dicken Bohnen so früh wie möglich zu säen. Außerdem sind sie eines der ersten frischen Gemüse. Eine Nudel- oder Reispfanne mit Dicken Bohnen, jungen Zwiebeln, Mangold und Bärlauchpesto ist eine Delikatesse!

In den Knöllchen ihrer Wurzeln binden spezielle Bakterien Stickstoff. Daher ist die Dicke Bohne eine prima Vorkultur für Herbstkohl. Sind die Bohnen Ende Juni geerntet, schneide ich die Stiele kurz über dem Boden ab und lasse ihre Wurzeln in der Erde, damit sie den Stickstoff abgeben können. Den Kohl pflanze ich einfach drum herum.

Steckzwiebeln vorziehen

Beim Zwiebelanbau hat man zwei Möglichkeiten. Entweder man sät Saatzwiebeln – das kann man jetzt schon im Haus machen und sie dann kühl und hell stellen – oder man steckt Steckzwiebeln. Ihr Vorteil ist, dass man eine frühere und größere Ernte bekommt. Auch sind die geernteten Zwiebeln meist größer. Allerdings hat man beim Zwiebelsaatgut mehr Sortenvielfalt.

Beide Methoden haben ihren Charme. Steckzwiebeln sind wesentlich teurer als Zwiebelsaatgut. Trotzdem greife ich meistens auf die Steckzwiebeln zurück. Da das Frühjahr bei uns aber meist ziemlich trocken ist und die Steckzwiebeln, bis sie Wurzeln haben, viel Wasser benötigen, habe ich eine Methode entwickelt, wie sie einen besseren Start ins Leben bekommen und weniger Wasser brauchen. Ich stecke Ende Februar oder Anfang März Steckzwiebeln in mit Erde gefüllten Töpfchen in Aussaatpaletten, gieße gut an und stelle sie ins Gewächshaus. Dort entwickeln sie Wurzeln und die ersten Zentimeter Zwiebelgrün, bis ich sie gegen Ende März ins Beet pflanze. Der Vorteil: Die Anzahl derer, die nicht austreiben, ist sehr gering. Zum Pflanzen bohre ich mit einem Zwiebelpflanzer ein Loch in den Boden und setze die Zwiebeln samt Erdballen hinein, sodass sie noch zu einem Drittel herausschauen. Dann werden sie etwas angedrückt, angegossen und gemulcht.

Steckzwiebeln in Aussaatpaletten vorzuziehen spart viel Arbeit, besonders in einem trockenen Frühjahr.

Zeit haben und finden

Wie oft am Tag bekomme ich zu hören, dass jemand keine Zeit hat? Dabei hat jeder täglich 24 Stunden zur Verfügung. Doch was machen wir damit?

Ich gehe davon aus, dass ich sehr effektiv arbeite und eine Menge schaffe. Trotzdem kenne ich einige Menschen, die meiner Meinung nach viel mehr erledigen als ich. Dieser Eindruck ist jedoch subjektiv. Jeder Mensch priorisiert andere Dinge und sich mit anderen zu vergleichen ist nicht zielführend.

Oft werde ich auch gefragt, wie ich es schaffe, so viel Gemüse anzubauen, und wie viele Stunden am Tag ich im Garten arbeite. Die nächste Frage ist dann meistens, ob ich meinen Garten hauptberuflich bestelle. Nein, ich habe noch andere Jobs und ich weiß einfach nicht, wie lange ich im Garten arbeite, da ich diese Arbeit nicht als Arbeit, die getan werden muss, ansehe, sondern als Arbeit, die mir Freude macht und die mir guttut. Für mich gibt es keinen Feierabend, wenn ich an Gartenarbeit denke. Denn was kann ich meinem Körper Besseres geben als tägliche Bewegung an der frischen Luft und das gesündeste und frischeste Gemüse, das es gibt? Mein Garten ist mein Fitnessstudio und Wellnessbereich.

GUTE, EINFACHE LÖSUNGEN FINDEN

Nur wie schaffe ich nun wirklich all diese Arbeiten im Garten? Denn dass es viel ist, muss ich nicht betonen, 800 m^2 sind 800 m^2. Die Lösung: Ich versuche, Dinge zu vereinfachen. Ich schau mir an, für welche Arbeiten ich enorm viel Zeit benötige und ob es dafür nicht eine bessere Alternative gibt.

- Früher habe ich z. B. im Sommer nahezu 2 Stunden jeden Abend gebraucht, um alle meine Tomaten- und Kübelpflanzen zu gießen. Inzwischen habe ich zumindest für die Tomaten eine Bewässerungsanlage. So bin ich mit dem Gießen in ca. 20 Minuten fertig – eine enorme Erleichterung!
- Früher habe ich im Winter meine Anzuchttöpfchen aus Zeitungspapier gefaltet. Die waren sehr gut, da man die Pflanzen wurzelschonend samt Topf in die Erde setzen konnte. Das Falten brauchte allerdings sehr viel Zeit. Bei der Menge an Töpfen, die ich für die Saison benötige, wurde diese Arbeit irgendwann zu einem Fluch. Heute besitze ich Aussaatpaletten mit je 54 oder 150 Töpfen, je nach Größe. Sie mit Erde zu befüllen dauert 1 Minute, wenn ich einen Eimer mit Erde darauf kippe und sie mit den Händen verteile. Außerdem kann ich sie immer wieder verwenden. Solche Anschaffungen machen in meinen Augen Sinn.

MINUTEN NUTZEN

Außerdem habe ich gelernt, zeitliche Lücken sinnvoll zu nutzen. Manche Dinge bereite ich einfach vor, wenn ich gerade mal 10 Minuten Leerlauf habe. Dann befülle ich schon mal ein paar Aussaatschalen, auch wenn ich erst in der Woche darauf etwas aussä-

Nie wieder Gießkannenschleppen: Die Tröpfchenbewässerung senkt zudem den Wasserverbrauch.

Das Beste am Gärtnern ist das Ernten – auch wenn einen die Tagesernte schon mal überfordern kann.

en möchte. Warte ich auf Besuch, zupfe ich ein paar Beikräuter oder schneide ein paar verwelkte Blumen ab. Ich versuche also regelmäßig ein bisschen etwas zu machen. Manchmal sind es nur 5 oder 10 Minuten, die aufs Ganze gesehen aber einen großen Unterschied ausmachen. Ein paar Salatsamen in eine Schale streuen, angießen und zum Keimen wegstellen dauert wirklich nicht mehr als 5 Minuten, wenn ich meine Samentüten geordnet in einer Dose aufbewahre und nur hineingreifen muss. Um zehn Salatpflanzen zu pikieren oder zu pflanzen, brauche ich höchstens 10-15 Minuten. Das ist keine Arbeit, sondern eine willkommene Abwechslung im Alltag.

Wenn es lange hell ist, gehe ich nach dem Abendessen oft noch kurz in den Garten. Ein bisschen Bewegung nach dem Essen, ein paar Wildkräuter gezupft, etwas abgeschnitten oder ein paar Erdbeeren fürs Frühstück geerntet – das fühlt sich nicht nach Arbeit an. Im Gegenteil: Ich kann meinen Gedanken freien Lauf lassen und entspannen.

Ein weiterer Faktor ist die Erfahrung: Mit jeder Saison wird es einfacher, weil man sicherer wird und sich an die Abläufe gewöhnt. Man weiß nach ein paar Jahren einfach, was getan werden muss, und braucht nicht mehr groß darüber nachzudenken.

VERSCHIEDENE ARBEITEN BÜNDELN

Wirklich zeitintensiv ist im Sommer die Verarbeitung des Gemüses. Hier versuche ich, die Arbeiten zu bündeln und mir 2 Stunden am Nachmittag oder Abend dafür zu reservieren. Dann erledige ich sehr viele Dinge auf einmal. Wenn der Ofen an ist, weil es abends Gemüseauflauf gibt, schiebe ich anschließend noch Kekse oder Brötchen hinein. Oder wenn ich Bohnen zum Einfrieren blanchiere, gibt es zum Abendessen ein Gericht mit Bohnen. So schaffe ich in relativ kurzer Zeit viele verschiedene Dinge, die einzeln angegangen viel länger dauern würden.

ENTSPANNT BLEIBEN

Perfektionismus im Garten habe ich mir abgewöhnt. Ich versuche erst gar nicht, superdurchgestaltete Beete anzulegen und alle freien Flächen wildkrautfrei zu bekommen. Ich brauche keine akkuraten Rasenkanten und keine Wohnzimmerordnung im Garten. Für mich ist wichtig, dass ich viel Freude am Tun habe und viel Gemüse ernten kann. Endet dann wirklich mal alles im Chaos, weil mir mein Gemüse im wahrsten Sinn des Wortes über den Kopf wächst, »so what«! Dann bleibe ich entspannt, genieße die Sonne und meine Ernten und weiß, dass nächstes Jahr alles besser wird. Oder zumindest anders. Denn ein wirkliches Problem ist das nicht. Solange ich etwas zu essen auf den Tisch bringe, ist alles andere nicht so wichtig. Mit dieser Einstellung nehme ich mir den Druck, alles schaffen zu müssen. Denn wer sagt denn, was alles getan werden muss? Nur ich selber, und das kann ich ändern, indem ich meine Ansprüche herunterschraube und meine eigenen Prioritäten setze. Das heißt nicht, dass ich alles schleifen lasse. Ich versuche nur, entspannt zu bleiben und, wenn ich doch mal an meine Grenzen komme, meine Energien sinnvoll einzusetzen.

Mit jeder Saison und mit jeder neuen Erfahrung geht die Arbeit im Garten leichter von der Hand. In meinen Augen ist es wichtig, überhaupt erst einmal anzufangen und nicht gleich zu sagen, dass man keine Zeit hat. Woher will ich wissen, dass ich es nicht schaffe, wenn ich es nicht wenigstens probiere?

Was sonst noch los ist im …

Februar

Grünkohl mit Pinkel – dieses für Norddeutschland so typische Gericht mag ich gar nicht. Aber ich liebe Grünkohl! Wenn er erst ein paarmal Frost bekommen hat, wird er so richtig gut. Er ist knackig, süß und einfach unwiderstehlich. Ich mag ihn entweder ganz fein geschnitten mit geriebenem Apfel und Möhre in einem Senfdressing oder aber mit Zwiebeln und fein geschnittener Gelben Bete in der Pfanne gebraten. Nur mit Öl und etwas selbst gemachtem Tomatensalz und Pfeffer. Ein Gedicht!

Ansonsten erfreue ich mich an den Vorfrühlingsanzeichen, wie dem beginnenden Vogelgezwitscher, den längeren Tagen und der Kraft, die die Sonne plötzlich wieder hat, wenn sie mal scheint.

Im Gewächshaus habe ich an sonnigen Tagen locker schon 17 °C gemessen, obwohl draußen ein kalter Wind wehte und wir gerade mal 5 °C hatten. Ganz wichtig ist es jetzt, ausreichend zu lüften und auch zu gießen, wenn die Erde zu sehr austrocknet.

Die Folienabdeckung im Gewächshaus habe ich zur Seite gerollt. Bleibt es nachts bei Plusgraden, ist sie nicht mehr nötig. Da wir aber sicher noch einmal Nächte mit Minusgraden bekommen, packe ich sie jetzt noch nicht weg.

Meine Salat- und Kohlaussaaten von Anfang Januar topfe ich Ende des Monats ein zweites Mal um, damit ich sie als kompakte Pflanze spätestens im März, wenn die Temperaturen über 5 °C liegen, auspflanzen kann. Man sollte die Kohlpflanzen aber trotz des Umtopfens noch ein- bis zweimal flüssig nachdüngen. Denn sie brauchen viel Nahrung, damit sie sich später zu großen, stattlichen Pflanzen entwickeln können.

Meine Speisekammer ist auch um diese Zeit noch gut mit Möhren, Beten, Kürbissen, Kartoffeln und Äpfeln gefüllt. Ansonsten werden die Gefrierschränke leer gegessen und ich ernte noch wunderbar frischen Grün- und Rosenkohl von den Beeten und verschiedene Salate aus dem Gewächshaus. Der pure Luxus!

Die ersten Brennnesselaustriebe wandern mit in meinen grünen Smoothie und geben mir einen kräftigen Energieschub. Jetzt heißt es nur noch den Rest des Winters zu überstehen, bis es dann im März hoffentlich richtig mit dem Frühling losgeht.

Bei den im zeitigen Januar ausgesäten Kohlrabi lässt sich schon eine kleine Knolle erahnen.

DIESEN MONAT WIRD ES FRÜHLING

Der März ist der arbeitsreichste Monat. Genug Kraft bekomme ich von der Sonne und viel frischem Grün.

Diesen Monat wird es Frühling

März

WAS DIESEN MONAT ANSTEHT

- neue Beete anlegen
- Tomaten aussäen
- Jungpflanzen pikieren und umtopfen
- Kartoffeln vorkeimen
- Kompost vorbereiten
- Radieschen, Erbsen und Zuckerschoten aussäen
- Salate, Kohlrabi und Kohl ins Gewächshaus pflanzen
- Gewächshaus lüften und gießen
- Dicke Bohnen pflanzen und nachsäen
- verschiedene Aufräumarbeiten
- Johannisbeeren vermehren

Die Vögel zwitschern, die Tage werden länger, Krokusse und erste Narzissen sprießen und fangen an zu blühen. An warmen und sonnigen Tagen riecht es plötzlich nach Frühling, auch wenn der Winter seine eisige Hand oft noch nicht lockern will. Jetzt geht es mit dem Gärtnern auch draußen endlich wieder richtig los. Zumindest in der Theorie. In der Praxis fällt man nach den ersten längeren Praxiseinsätzen erst einmal in eine Art Tiefschlaf, das ist zumindest meine Erfahrung. So viel Sauerstoff, Sonne und Bewegung an der frischen Luft ist der Körper nach einem langen Winter nicht mehr gewohnt. Hat man diese Phase aber überstanden, spürt man, wie die Energie und die Lebensgeister wieder erwachen! Ich liebe diese Zeit des Neubeginns und sage mir jedes Jahr: Wenn ich genug frisches Frühlingsgrün esse und meinem Körper einen Boost an Vitaminen und Nährstoffen aus jungen Wildkräutern gebe, kann mich die Frühjahrsmüdigkeit nicht befallen. Zumindest in der Theorie klappt das prima, in der Praxis leider nur meistens.

Beete anlegen: vom flachen Beet über Hochbeete zum Palettenrahmen-Beet

Die beste Zeit, um neue Beete anzulegen, ist der Herbst. So lautet zumindest eine alte Gärtnerregel. Der Erdboden ist trocken genug, dass man nicht bis zu den Knöcheln einsinkt, wie es nach einem nassen Winter der Fall ist, und ein neu umgegrabenes Beet kann den Winter über ruhen, bevor man es im Frühjahr bepflanzt. Der Frost hinterlässt die frisch umgegrabenen Erdschollen schön feinkrümelig.

Die Beetflächen in meinem Paradies haben wir pflügen und fräsen lassen. Das war aber auch das letzte Mal, dass ich auf diese Art und Weise ein Beet angelegt habe. Es war damals eine schnelle und einfache Lösung und wir konnten fast sofort mit dem Bestellen loslegen. Allerdings mussten wir in mühevoller Handarbeit alle Queckenwurzeln ausgraben und entfernen – eine Menge schweißtreibender Arbeit! Inzwischen haben wir dort immer noch eine echte Unkrautwüste, obwohl wir kontinuierlich jäten und mulchen. Wir kommen gegen die Beikräuter einfach nicht an. Ganz im Gegensatz zu meinem

Meine lila Beetumrahmungen bringen auch im Winter ein bisschen Farbe in meinen Garten.

Mit ein paar Rahmen und etwas Fantasie kann man die künftige Struktur des Gartens schon erahnen.

Garten am Haus: Dort bin ich im Frühjahr nach höchstens einer Stunde mit dem Jäten fertig. Es gibt ein englisches Sprichwort »One year of tilling means seven years of weeding.« Also: »Ein Jahr umgraben bedeutet 7 Jahre Unkraut zupfen.« Dass das wahr ist, habe ich im Paradies selber erlebt.

Man bringt durch Umgraben nicht nur die Bodenschichten durcheinander und tötet viele Regenwürmer und andere Bodenorganismen, weil sie plötzlich in einer Bodenschicht landen, die nicht ihrem gewohnten Lebensraum entspricht, sondern man bringt auch Unkrautsamen an die Oberfläche, die jahrzehntelang in der Tiefe geschlummert haben und jetzt endlich wieder Licht zum Keimen haben. Es gibt Unkrautsamen, die 20–30 Jahre in der Erde liegen und nur darauf warten, dass sie endlich an die Oberfläche kommen, um dort zu keimen.

Noch etwas spricht gegen Umgraben: Danach hat man zwar in den ersten 1–2 Jahren erst einmal einen sehr guten Ertrag, da alle Nährstoffe, die in den verschiedensten Bodenschichten gespeichert waren, nun nach oben befördert wurden. Aber spätestens im dritten Jahr muss man viel für die Bodenfruchtbarkeit tun, da sonst der Ertrag spürbar abnimmt (→ Seite 106, Düngen).

Außerdem verbinden sich durch das Umgraben organische Kohlenstoffverbindungen, die sich im Boden befinden, mit dem Sauerstoff der Luft. Es entsteht Kohlendioxid, das an die Atmosphäre abgegeben wird. Auch das wollen wir nicht. Ganz davon abgesehen, dass Umgraben richtig harte Arbeit ist.

BEETE OHNE UMGRABEN

Wenn man ein Beet anlegen möchte, ohne umzugraben, fällt die Wahl oft auf ein Hochbeet. Zudem kann man am Hochbeet rückenschonend arbeiten. Heute verbreitet sich auch immer mehr eine niedrigere Variante, die einfach nur eine Umrahmung aus Holz hat und auf der Erde aufliegt. Und dann gibt es noch ebenerdige Gartenbeete, die nicht umgegraben, sondern von oben aufgebaut werden.

Die Wahl des Beettyps hängt ein bisschen von der Beschaffenheit des Erdbodens, dem Standort und dem Arbeitseinsatz ab, den man bereit ist zu leisten. Anlegen kann man jedes dieser Beete jedoch zu fast jeder Jahreszeit. Das finde ich sehr praktisch, weil mir oft im Sommer oder späten Frühjahr noch eine Idee für ein neues Beet kommt. Manchmal brauche ich auch einfach ganz schnell noch ein bisschen Beetfläche. Da ist es schön, wenn ich eine Lösung habe, die ich schnell umsetzen kann.

Gemüsepflanzen brauchen Sonne. Die beste Ausrichtung für ein Gemüsebeet ist deshalb eine vollsonnige Lage von Ost nach West, sodass die Pflanzen so viel Sonne wie möglich bekommen. In meinem Garten habe ich Bereiche, die nur stundenweise von der Sonne verwöhnt werden. Früher war ich der Meinung, dass dort eigentlich auch alles wachsen würde. Wenn ich jedoch heute den Vergleich mit meinen Beeten im Paradies ziehe – dort steht die Sonne von frühmorgens bis spätabends auf den Beeten –, ist der Unterschied schon eklatant. Die meisten Pflanzen auf den vollsonnigen Beeten sind viel kräftiger, kompakter und vor allem auch ertragreicher. Denn ein Großteil der Gemüsepflanzen möchte den ganzen Tag Sonne haben, um perfekt wachsen zu können. Allerdings kann man sich, besonders in den neuerdings sehr heißen und trockenen Sommern, den Umstand, dass Beete teilweise im Schatten liegen, auch zunutze machen. So habe ich z. B. meine Sommersalate und Mangold gern auf Beeten stehen, die nur den halben Tag Sonne bekommen, da diese Kulturen bei zu viel Hitze und Sonne im Sommer leicht schlappmachen.

Verschiedene Hochbeettypen

Bei einem **hohen Hochbeet**, das man aus Brettern baut oder als Bausatz fertig kauft, wird unten engmaschiger Hasendraht eingezogen und an den Rändern befestigt, damit die Wühlmäuse es sich dort nicht gemütlich machen können (→ Seite 72). Innen wird das Beet mit Teichfolie ausgekleidet, damit die Erde nicht mit dem Holz in Berührung kommt, sodass es trocken bleibt und länger hält. Die Höhe passt man je nach Vorlieben und Körpergröße an, üblich sind 70–90 cm. Steht das Grundgerüst, füllt man Mengen – und ich meine wirklich Mengen – von organischen Gartenabfällen von Strauchschnitt über Laub bis Grassoden und zum Schluss Kompost ein. Gröbere Teile wie Äste und Strauchschnitt kommen nach unten, die feineren nach oben.

Aufgrund des Hochbeetvolumens und der Menge an verschiedenen Materialien, die man zum Befüllen braucht, macht es meist mehr Sinn, ein solches Hochbeet im Herbst zu bauen, da man zu dieser Zeit eher genügend Material zur Hand hat als zu anderen Jahreszeiten. Es ist wirklich erstaunlich, welche Massen an Füllmaterial so ein Beet fasst. Zudem muss jedes Jahr Erde oder Kompost nachgefüllt werden, da durch den Verrottungsprozess im Inneren des Hochbeets die Erde absackt.

Diese Art von Hochbeet bietet sich an, wenn man sich nicht so viel bücken möchte oder kann. Auch bei Böden von schlechter Qualität ist es eine gute Lösung. Durch den kompostähnlichen Charakter der Füllung werden viele Nährstoffe freigesetzt und die Pflanzen gedeihen sehr gut. Außerdem erwärmt sich durch den Holzrahmen die Erde im Frühjahr schneller und man kann eher pflanzen. Man kann auch einen kleinen Folientunnel auf dem Beet errichten und so die Ernte verfrühen. Solche Hochbeete trocknen jedoch besonders im Sommer schneller aus, sodass man häufiger gießen muss.

Übrigens: Dass man im Hochbeet schneckenfrei gärtnern kann, ist ein Gerücht, die Schnecken brauchen nur etwa einen Tag länger, um an die köstlichen Salatpflanzen zu kommen.

Eine andere Variante sind **flache Hochbeete**. Sie lassen sich noch einfacher bauen. Man legt eine dicke Schicht Karton oder Wellpappe auf den Boden, um dem Gras oder Beikraut ganz sicher das Licht zu nehmen und sie zum Absterben zu bringen. Außerdem werden durch die Pappe viele Regenwürmer und andere Bodenlebewesen angezogen. Darauf

Wäscheklammern und Gartenvlies sind die Allroundtalente in meinem Garten.

stellt man einen Holzrahmen, den man ebenfalls mit engmaschigem Hasendraht auslegt (→ Seite 72). Nun füllt man das Ganze mit guter Gartenerde oder Kompost auf. Zur Not geht auch Blumenerde, nur sollte man sie mit etwas lehmhaltiger Gartenerde mischen, da diese das Wasser besser speichert als feine Blumenerde. Bevor man die Erde einfüllt, kann man ein wenig Mist oder altes Laub in das Beet geben, auch Rasenschnitt ist möglich. So entsteht eine Art Minikompost, der nach und nach verrottet und Nährstoffe abgibt. Außerdem benötigt man weniger Erde zum Auffüllen. Dafür habe ich immer ein paar Säcke mit Rasenschnitt oder Laub im Garten stehen.

Ein solches Beet kann man ganz schnell an einem halben Vormittag anlegen. Wer es im Herbst anlegt, kann unten auch eine dünne Schicht gröberen Strauchschnitt mit hineingeben. Allerdings sollte man im ersten Jahr auf tief wurzelnde Gemüse verzichten, da die Erdschicht anfangs nur bis zur Pappe reicht. Salate, Erbsen, Bohnen, Rote Bete, Zwiebeln etc. lassen sich ohne Probleme anbauen. Nach 1 Jahr ist die Grasnarbe so weit abgestorben und die Pappe verrottet, dass man auch Kohl pflanzen kann, die Wurzeln schieben sich durch den Draht.

Eine Alternative, falls man den Rahmen für ein Hochbeet nicht selber bauen will, sind **Palettenrahmen**. Es gibt sie relativ günstig zu kaufen, man bekommt sie auch gebraucht. Sie sind 80 × 120 cm groß und ca. 20 cm hoch. Man klappt die Rahmen auf und stellt sie auf den Gartenboden oder Rasen. Da man sie beliebig aufeinanderstapeln kann, lassen sich Beete in gewünschter Höhe bauen.

Ein für mich sehr wichtiger Vorteil von Beeten mit Holzumrandung ist, dass man relativ einfach ein Vlies oder Netz über die Beete spannen kann: Ich muss die Enden des Vlieses nicht einbuddeln wie bei normalen Gartenbeeten, sondern kann das Vlies mit Wäscheklammern am Holzrahmen befestigen.

Egal für welche Variante man sich entscheidet, sollte man immer die **Beetbreite** bedenken. Ich lege meine Beete maximal 1,2 m breit an, da ich sie sonst

Seht das Beet an seinem Platz, wird es mit engmaschigem Draht ausgekleidet, um Wühlmäuse abzuhalten.

In höheren Beeten ist unten Platz für dickere Zweige und Äste. Sie zersetzen sich innerhalb der nächsten 2–3 Jahre.

Darauf kommen Laub und Grünabfälle aus dem Garten. So entsteht im neuen Beet ein Minikompost.

nicht bearbeiten kann, ohne auf das Beet zu treten. Selbst bei meinem Fliegengewicht verdichtet sich der Boden und ich müsste dann ab und zu umgraben. Die **Beetlänge** spielt keine Rolle. Auch hier ist die günstigste Ausrichtung wieder eine vollsonnige Lage von Ost nach West. Ich habe aus Platzmangel auch Beete in Nord-Süd-Lage. Das funktioniert, nur muss man die unterschiedlichen Höhen der Pflanzen im Blick haben. Stangenbohnen oder Mais kann ich nur im Nordteil des Beets anbauen, da sonst die anderen Pflanzen nicht genug Licht bekommen.

Die Füllung aller Hochbeete sackt nach einer Saison etwas zusammen. Da ist es gut, wenn man im Frühjahr ein paar Schubkarren voll Komposterde nachfüllen kann. Oder man mulcht während der Saison ausgiebig, sodass durch die Verrottung des neuen Materials die Beetfüllung ihr Volumen behält.

Das No-Dig-Beet

Eine interessante Variante ist das No-Dig-Beet, wie es der englische Gärtner und Schriftsteller Charles Dowding in seinen Büchern beschreibt. Diese Beete werden nicht umgegraben, sondern von oben regelmäßig mit frischem Kompost versorgt. Auch in der Permakultur ist diese Variante sehr beliebt. Hier ist es allerdings wie bei vielen Dingen: Jeder entwickelt seine eigene Methode. Auch ich habe in jahrelangen Versuchen meine Variante eines No-Dig-Beets entwickelt, die für meine Bedürfnisse am besten ist. Als Erstes belüfte ich den Erdboden etwas, indem ich in 20 cm Abständen eine Grabgabel oder Doppelforke in die Erde stecke und ein bisschen hin und her bewege. Darauf verteile ich großflächig eine dünne Schicht Meerschweinchenmist und ein paar Kannen verdünnter Brennnesseljauche. Dann wird der Boden mit großen Pappen abgedeckt, wobei es wichtig ist, dass sich die einzelnen Pappstücke mindestens 15–20 cm überlappen. Dies dient wieder als Schutz gegen Wildkräuter. Ich wässere die Pappe

Große Pappen bekommt man in Fahrrad- oder Musikgeschäften. Sie dürfen nur nicht farbig bedruckt sein.

Ein Beerenbeet, angelegt an einem Vormittag – ohne Umgraben. Am Anfang regelmäßig gießen!

ausgiebig, damit sie sich an die Unebenheiten des Untergrunds anpasst und gleich genügend Feuchtigkeit in den Boden kommt. Auf der Pappe verteile ich 20 cm Komposterde, in die ich sofort säen oder pflanzen kann. Nachdem ich alles noch einmal gut gewässert habe, mulche ich die Beete mit Rasenschnitt, damit die Feuchtigkeit erhalten bleibt. Nach einer Saison ist die Pappe verrottet und die Beikräuter sind durch den Lichtmangel abgestorben.

Möchte man schnell eine große Fläche urbar machen und hat aber nicht genügend Komposterde, um alles abzudecken, kann man den Untergrund wie oben beschrieben vorbereiten, ebenfalls mit Pappe abdecken und die Enden mit Latten oder Steinen beschweren, damit die Pappe nicht wegfliegt. Dann schneidet man in geeigneten Abständen Löcher in die Pappe und setzt dort z. B. Kürbisse oder Zucchinipflanzen ein. Zuvor sollte man die Erde in den Löchern mit Mist und Komposterde anreichern, damit die Pflanzen genügend Nährstoffe bekommen. Nun kann man die Pappe mit Grasschnitt oder Heu mulchen oder man wartet, bis die Kürbisranken über die Pappe wachsen. Nach einer Saison ist der Bewuchs unter der Pappe abgestorben und die Pappe zum größten Teil verrottet. Im nächsten Frühjahr braucht man die Erde nur noch etwas aufzulockern und mit frischem Kompost anzureichern. Allerdings können bei dieser Methode doch noch vereinzelt Wildkräuter wachsen, wenn die Pappe beschädigt wird oder sich Beikräuter zwischen den Pappen emporschieben. Das lässt sich aber leicht beheben. So vergrößere ich jedes Jahr meine Beetfläche im Paradies ein wenig, ohne umgraben zu müssen.

Da ich meine Beete das ganze Jahr über stark mulche, bevorzuge ich inzwischen niedrige Hochbeete. Durch das Mulchen werden die Beete immer höher, da man Mulchen auch als eine Art Flächenkompostierung ansehen kann. Ich erhöhe damit die Humusschicht und versorge meine Pflanzen gleich an Ort und Stelle mit wichtigen Nährstoffen. Ein weiterer Vorteil ist, dass die Feuchtigkeit besser gespeichert wird als in Beeten ohne eine schützende Mulchdecke. Und durch die Umrandung bleibt der Mulch an Ort und Stelle (→ Seite 92).

Von hohen Hochbeeten bin ich inzwischen ganz abgekommen. Sie trocknen in den immer trockeneren Sommern zu schnell aus. Für meine Beete verwende ich deshalb nur noch einfache niedrige Umrahmungen oder Palettenrahmen. Auch auf diesen Beeten kann man kleine Folientunnel errichten, nur erwärmt sich die Erde in diesen Beeten im Frühjahr nicht ganz so schnell wie in den hohen Hochbeeten. Für die ganz frühen Aussaaten nutze ich deshalb mein Gewächshaus.

BEERENBEETE OHNE UMGRABEN

Einen Beerengarten kann man genauso anlegen: Man deckt den Boden dick mit Pappe ab, wässert sie, schneidet Löcher hinein und pflanzt Beerensträucher. Nur decke ich hier die Pappe nach dem Wässern mit einer 10–15 cm dicken Schicht Holzhäcksel statt Komposterde ab.

Tomaten aussäen

Eines meiner Highlights im März ist die Tomatenaussaat. Ich säe immer in der ersten Märzwoche aus. Tomaten brauchen bis zum Auspflanzen 7–8 Wochen, d. h., ich kann sie Mitte Mai auspflanzen, auf jeden Fall jedoch nach den letzten kalten Nächten.

Was Tomaten anbelangt, bin ich ein bisschen verrückt. Ich möchte immer mehr haben und kann mir einfach nicht vorstellen, dass ich jemals zu viele anbauen könnte. Sie sind einfach lecker und man kann so viel mit ihnen machen: sie zu Soße kochen, einwecken, dörren, naschen oder einfach frisch essen. In einem Jahr habe ich mich jedoch bei der Anbaumenge, was das Verhältnis von Kirschtomaten zu Fleischtomaten betrifft, etwas verschätzt. Ende August habe ich dann ein paar Wochen lang täglich 1,5–2 kg Kirschtomaten geerntet – wir haben sie wie Weintrauben gegessen! Damals habe ich gelernt, dass Kirschtomaten ganz toll sind, es aber Sinn macht, im Zweifel lieber mehr Fleischtomaten anzubauen, weil sie sich vielfältiger verarbeiten lassen.

Meinen Tomatensoßenvorrat für das ganze Jahr koche ich im Sommer ein. Ich brauche mindestens 30 l, um durch das Jahr zu kommen. Das erscheint viel, aber wenn man die Mengen auf 52 oder gar nur 40 Wochen herunterbricht, weil man im Sommer ja viele Tomaten frisch isst, ist das weniger als 1 Liter pro Woche. Wir brauchen Tomatensoße für Pizza, Chili, Currys, Nudeln mit Tomatensoße, Aufläufe und vieles mehr. Da kommt einiges zusammen.

Die meisten Tomaten lassen sich vier Kategorien zuteilen: Kirschtomaten, mittelgroße Salattomaten, birnenförmige oder Flaschentomaten (auch Romatomaten genannt) und große Fleischtomaten.

- Kirschtomaten sind klein und süß und relativ krankheitsresistent.
- Flaschentomaten haben festes Fruchtfleisch, können eventuell sogar etwas mehlig sein und sind hervorragend für Soßen geeignet. Allerdings neigen sie bei Kalziummangel leicht zu Blütenendfäule, was man aber durch Zugabe von Algenkalk leicht verhindern kann.
- Salattomaten sind rund oder gerippt, teilweise etwas krankheitsanfälliger, tragen in der Regel reich, platzen bei zu viel Regen aber leicht.
- Fleischtomaten sind sehr groß, haben viel Fruchtfleisch und sehr wenig Kerne. Sie sind nicht so süß

Besonders alte und samenfeste Tomatensorten bieten eine unglaubliche Vielfalt an Früchten.

TYP	MEINE LIEBLINGS-SORTEN
Kirschtomaten	'Black Cherry', 'Dorada', 'Primabella', 'Primavera', 'Ruhtje'
Salattomaten	'Matina', 'Sibirische Frühe', 'Wladiwostok'
Flaschentomaten	'Amish Paste', 'San Marzano', 'Roma'
Fleischtomaten	'Ananastomate', 'Berner Rose', 'Classic Beefsteak', 'Costoluto Genovese', 'Marmande', 'Moskvich', 'Oma Rosa'

wie Kirschtomaten, haben geschmacklich aber dennoch viel zu bieten und eignen sich ebenfalls hervorragend für Tomatensoße.

DIE SORTENWAHL

Generell verwende ich nur alte Sorten, also keine F1-Hybriden, damit ich selber Saatgut ernten kann. Der Ertrag der alten Sorten ist zwar manchmal nicht ganz so hoch wie bei Hybridsorten, dafür sind ihre Formen- und Farbenvielfalt sowie der Geschmack einzigartig. Falls ich kein eigenes Saatgut habe, kaufe ich nur Bio-Saatgut.

Als Nächstes achte ich bei der Sortenwahl auf Freilandtauglichkeit. Gewächshaussorten fallen für mich weg, da ich in meinem Gewächshaus keinen Platz für Tomaten habe und es für diese Sorten im Freien hier in Norddeutschland nicht warm genug ist. Man sollte nie vergessen, dass Tomaten aus Süd- und Mittelamerika stammen. Natürlich gibt es inzwischen Sorten, die an unsere klimatischen Verhältnisse gut angepasst sind. Die Grundbedürfnisse der Tomaten sind jedoch gleich geblieben: Sie mögen es warm und sonnig, möchten ihre Wurzeln in tiefgründigen und nährstoffreichen Boden schieben und schätzen eine regelmäßige Wasserversorgung.

Drittens sollte man bei der Sortenwahl auf die Wuchshöhe achten. Auf einem Balkon machen Sorten, die 2–3 m hoch werden, keinen Sinn. Hier bieten sich eher Buschtomaten oder kompakt wachsende Flaschentomaten an. Es gibt auch viele klein bleibende Sorten – das Internet oder Saatgutkataloge geben Auskunft darüber.

VERSCHIEDENE WUCHSFORMEN

Bei Tomaten unterscheidet man zwei Wuchsformen. Indeterminante Tomaten wachsen quasi unbegrenzt und setzen auch im Herbst noch ständig neue Blüten an. Bei ihnen sollte man spätestens im September die neuen Fruchtansätze kappen, damit die verbliebenen Tomaten noch ausreifen können. Die Ernte erstreckt sich über einen langen Zeitraum, die Früchte reifen eher spät.

Sorten mit determinanter Wuchsform hören nach der Bildung einer bestimmten Anzahl von Fruchtansätzen auf, neue zu bilden. Sie tragen nur etwa 4–6 Wochen Früchte. Auch werden die Pflanzen maximale nur 1,5 m hoch. Zu den determinanten Wuchsformen gehören unter anderem alte Tomatensorten.

Braunfäule: Alle betroffenen Pflanzenteile rigoros entfernen und die Pflanze täglich auf neue Stellen prüfen.

AUSSAAT UND ANZUCHT

Ähnlich wie Paprika säe ich Tomatensamen in flache Behälter mit Aussaaterde, bedecke sie ein wenig mit Erde, verschließe die Behälter und stelle sie zum Keimen auf oder dicht vor die Heizung. Tomatensamen keimen meistens schon nach 3–4 Tagen, also kontrolliere ich sie einmal am Tag, damit sie nicht durch Lichtmangel lang und dünn werden.

Erscheinen die ersten Blättchen, stelle ich die Sämlinge an einen kühleren Platz bei 16–18 °C und verwöhne sie mit Pflanzenlampen. So entwickeln sie sich prächtig und ich kann sie gegen Ende des Monats, wenn sie vier Blätter haben, in Töpfe mit 5 cm Durchmesser pikieren. Sollten die Sämlinge etwas lang geworden sein, kann man sie gut bis zum ersten Blattpaar einpflanzen. So bilden sie neue Wurzeln längs des eingepflanzten Stiels.

Wenn man das erste Mal Tomaten unter Pflanzenlampen großzieht und sie zudem an einen kühlen Platz stellt, darf man sich nicht wundern, wenn sie nach dem ersten Pikieren scheinbar nicht richtig wachsen. Ich habe festgestellt, dass sie unter den Pflanzenlampen zuerst ein gutes Wurzelsystem entwickeln, bevor sie in die Höhe wachsen. Dies ist sehr wichtig, da sie so mehr Nährstoffe aufnehmen können und einen sicheren Stand haben.

Im Anfangsstadium nehmen die Pflanzen wenig Platz weg. Man sollte jedoch darauf achten, dass sie, wenn sie größer werden und spätestens ab Mitte April in größeren Töpfen stehen, nicht zu eng stehen. Feuchte Blätter können sonst nicht abtrocknen, was zu ersten Anzeichen von Braunfäule führen kann.

Für das zweite Umtopfen Mitte April nehme ich Töpfe mit 9–10 cm Durchmesser oder, wenn die Pflanzen nicht unter Pflanzenlampen standen und sehr langstielig geworden sind, Tetrapaks, die ich oben abschneide. Hier kann ich die Tomaten so tief setzen, dass nur noch die Blätter aus der Erde gucken. Damit sich die Tomatenpflänzchen gut entwickeln, dünge ich sie nach dem Pikieren etwa alle 4 Wochen mit verdünnter Brennnesseljauche, Bokashi-Wasser oder Urin.

Unser Haus verwandelt sich zu dieser Zeit immer in einen wahren Dschungel, da ich nicht nur bis zu 100 Tomatenpflanzen habe, sondern außerdem auch ca. 50 Paprikapflanzen und einige Auberginen. Irgendwann kommen noch Gurken, Kürbisse und Zucchini dazu. Aber so viele Pflanzen muss ja nicht jeder anbauen. Es reicht auch, nur fünf Tomaten vorzuziehen.

VORSICHT: KRAUT- UND BRAUNFÄULE

Ein Problem beim Tomatenanbau ist die Kraut- und Braunfäule, die in nassen Sommern innerhalb weniger Tage ganze Pflanzen vernichten kann. Die Erreger können im Boden und an den Tomatenstangen verbleiben und dort sogar überwintern. Weil ich meine Tomaten in Kübeln unter einem Dachvorsprung am Haus und nicht im Freiland anbaue, habe ich aber selten Schwierigkeiten mit dieser Krankheit.

Die Kraut- und Braunfäule ist eine Pilzkrankheit, die Sporen können durch den Wind oder durch

Regentropfen übertragen werden. Sie wird durch warmes und feuchtes Klima begünstigt, wenn die Pflanzen nicht abtrocknen können. Das kann bei schlechter Luftzirkulation auch im Gewächshaus passieren. Hier hilft es nur, auf weite Pflanzabstände zu achten und Gießwasserspritzer so gut wie möglich zu vermeiden. Ist das Blattwerk sehr dicht, hilft es auch, ein paar Blätter zu entfernen.

Auch Kartoffeln können von dieser Krankheit befallen werden. Baut man sie im Garten biologisch an, bekommen sie fast immer Anzeichen der Krautfäule. Bei früheren Sorten, die man meist bis Mitte August erntet, ist dies nicht weiter schlimm, da sie bis dahin noch nicht stark befallen sind.

Pflanzt man jedoch Tomaten und Kartoffeln dicht nebeneinander, ist es für die Pilzsporen ein Leichtes, von einer Kartoffelpflanze auf eine Tomate zu wechseln. Da viele Tomaten erst ab August anfangen zu reifen, fällt der Ertrag dann sehr spärlich aus. Zuerst sind Blätter und Stängel betroffen, später auch die Tomaten. Wichtig ist es, bei den ersten Anzeichen sofort alle befallenen Blätter zu entfernen und in der Mülltonne zu entsorgen. Sie dürfen auf keinen Fall auf den Kompost.

Am besten achtet man auf die richtige Sortenwahl und pflanzt die Tomaten unter einen kleinen Überstand. In trockenen Sommern kann man robuste, früh tragende Sorten auch ins Beet pflanzen. Allerdings weiß man vorher nicht, wie der Sommer wird. Ich probiere es trotzdem immer wieder aus, wenn ich noch Pflanzen übrig habe und alle Kübel schon bepflanzt sind.

Die Pflanzen in der Mitte standen direkt unter der LED-Lampe: Sie sind dunkler und kräftiger.

Kartoffeln vorkeimen

Ende März, etwa 4 Wochen bevor ich sie auspflanzen möchte, lasse ich meine Pflanzkartoffeln vorkeimen. Das mache ich, um ihnen einen guten Start und einen Erntevorsprung zu geben. Ich nehme große, flache Schalen und fülle sie 2–3 cm hoch mit Kokos- oder Gartenerde. Darauf setze ich meine Pflanzkartoffeln, sodass die Triebe bzw. Augen nach oben sehen. Wichtig ist es, die Kartoffeln nicht zu dicht zu legen, sonst würde man zu viele Wurzeln beschädigen, wenn man sie später zum Pflanzen auseinanderreißen muss. Die Kartoffeln liegen nur auf der Erde auf und die Erde wird vorsichtig etwas angegossen. Dann stelle ich sie an einen kühlen und hellen Platz, bis sie Ende April oder Anfang Mai ausgepflanzt werden. Sie haben bis dahin grüne Triebe und schon ein paar Wurzeln entwickelt. Wenn ich nicht genügend Schalen zur Verfügung habe, stelle ich die Kartoffeln (ohne Erde) senkrecht in einen offenen Eierkarton. Auf diese Art bilden sich auch Keime, aber sie entwickeln noch keine Wurzeln. Ich habe die Kartoffeln jahrelang nur in Eierkartons vorgekeimt, finde aber inzwischen die Methode mit der Erde besser, da die Kartoffeln durch die bereits entwickelten Wurzeln einen Wachstumsvorsprung haben.

Ähnlich wie bei Tomaten gibt es auch bei Kartoffeln verschiedene Typen: festkochende, vorwiegend festkochende und mehligkochende. Die Sortenvielfalt ist schier unendlich. Es gibt richtige Erntebringer, mit deren Hilfe man sich locker den ganzen Winter versorgen kann. Es gibt aber auch besondere Feinschmeckerkartoffeln, bei denen der Ertrag nicht so hoch ist, deren Geschmack aber heraussticht. Sie sind in keinem Supermarkt zu finden. Bei der Sortenwahl kommt es also auf die persönlichen Vorlieben an. Ich pflanze am liebsten festkochende und mehligkochende Sorten und möchte einen guten bis sehr guten Ertrag, damit wir genug Kartoffeln für das ganze Jahr haben und ich keine kaufen muss. Meine Lieblingssorten sind Cilena, Hansa (beide festkochend), Granola (vorwiegend festkochend), Sentanta und Afra (beide mehlig).

Bei der Sortenwahl achte ich zudem auf den Erntezeitpunkt und die Lagereigenschaft. Ich wähle nur

Nichts für Feng-Shui-Fans: Meine Kartoffeln stehen zum Vorkeimen im kühlen, hellen Schlafzimmer.

Einzeln zum Vorkeimen im kleinen Topf entwickeln Kartoffeln ein hervorragendes Wurzelsystem.

Kartoffeln, die ich spätestens im August ernten kann, da sich ab dann meist die Braunfäule meldet. Auch werden die Wühlmäuse gegen Ende des Sommers immer hungriger und fressen mir sonst einfach zu viele Kartoffeln weg. Späte Sorten kann man zu dem Zeitpunkt natürlich auch schon ernten, nur sind ihre Knollen dann noch nicht so weit entwickelt, sodass der Ertrag kleiner ausfällt und sie unter Umständen nicht so gut lagerfähig sind.

Pro Pflanzkartoffel rechnet man mit einer Ernte von 0,5–1 kg Kartoffeln. Hat man einen sehr guten Boden, ein gutes Kartoffeljahr und keine Wühlmäuse, können es auch schon mal 1,5 kg sein. In unserem ersten Jahr im Paradies habe ich mit 7,5 kg Pflanzkartoffeln 150 kg Kartoffeln geerntet. Ein Wahnsinnsergebnis, das aber nur unter den besten Bedingungen und mit sehr gutem Boden zu erreichen ist. Dass das nicht immer funktioniert, musste ich auch lernen: Ich hatte mit 7,5 kg Pflanzkartoffeln auch schon mal eine Ernte von nur 50 kg Kartoffeln.

Übrigens: Man muss nicht jedes Jahr Pflanzkartoffeln kaufen, sondern kann auch Kartoffeln vom letzten Jahr nehmen oder Bio-Speisekartoffeln. Kartoffeln aus konventionellem Anbau sind meist mit keimhemmenden Mitteln besprüht, sodass sie gar nicht oder nur sehr schlecht austreiben. Zu lange sollte man seine eigenen Kartoffeln jedoch nicht vermehren, da sie sonst leicht anfälliger für Krankheiten und Viren werden.

Erbsen und Zuckerschoten aussäen

Gegen Ende März säe ich Erbsen und Zuckerschoten. Auch dabei kommt es wieder auf die Witterung an. Haben wir immer noch Frostnächte, säe ich beide in Aussaatpaletten vor, nachdem ich sie über Nacht in kalten Kamillentee eingeweicht habe (→ Seite 45). Ich wähle eine Palette mit 4–5 cm großen Töpfen und lege je vier bis fünf Erbsen in einen Topf. Die Aussaatpalette lasse ich für 3–4 Tage im Haus stehen, damit sie schneller keimen, und stelle sie dann ins Gewächshaus. Dort herrschen etwas mildere Temperaturen als im Freiland. Zuckerschoten und Erbsen werden ausgepflanzt, wenn sie ca. 5 cm groß sind und keine schlimmen Fröste mehr zu erwarten sind. Sie brauchen im zeitigen Frühjahr 3–4 Wochen bis zum Auspflanzen. 1–2 Minusgrade können ihnen nichts anhaben, ansonsten spannt man ein Vlies mit ein paar Drahtbügeln über die Reihen. Ich pflanze die Töpfe mit jeweils vier bis fünf Pflänzchen im Abstand von ca. 10 cm in Doppelreihen. In den Reihen pflanze ich um jeweils 5 cm versetzt, sodass die Pflanzen sich nicht direkt gegenüberstehen, sondern leicht zueinander versetzt sind. Zwischen den Doppelreihen sollte ca. 40 cm Abstand sein. Der Platz zwischen den Doppelreihen

Selbst geerntete Kamille zum Vorquellen der Erbsen und Zuckerschoten – ich liebe es, Kreisläufe zu schließen!

Die Erbsen wachsen hervorragend in den kleinen Töpfen und stützen sich schon im Jungstadium gegenseitig.

hängt auch davon ab, wie komfortabel man ernten möchte. Da mein Garten klein ist, pflanze ich sehr eng und muss oft in einer sehr unbequemen Haltung ernten. Das kann man bei genug Platz natürlich bequemer gestalten.

Die Doppelreihen haben den Vorteil, dass die Pflanzen sich gegenseitig stützen können und weniger Platz brauchen als in Einzelreihen. Trotzdem ist es sinnvoll, Schnüre zu spannen oder Reisig in den Boden zu stecken, an denen die Pflanzen emporranken können. Besonders bei höheren Sorten ist dies ein Muss. Die Rankhilfen bringe ich erst an, wenn die Frostgefahr vorüber ist, da ich die Pflänzchen sonst nicht mehr mit einem Vlies abdecken kann. Spätestens ab einer Höhe von 15 cm sollte man den Pflanzen jedoch Rankhilfen anbieten.

Das Vorsäen macht etwas Arbeit, lohnt sich aber, da die Samen schneller und zuverlässiger keimen. Besonders wenn die Erde noch sehr kalt ist, gibt es sonst Startschwierigkeiten. Das Vorsäen hat noch einen Vorteil: Pflanze ich Erbsen bzw. Zuckerschoten, anstatt sie ins Freiland zu säen, haben sie den richtigen Abstand und ich muss nicht nachsäen, wenn in den Reihen nicht alle Samen aufgegangen sind.

Sowohl Erbsen als auch Zuckerschoten säe und pflanze ich die nächsten 6–8 Wochen am laufenden Band nach, gerade so viel, wie ich Platz habe. Ich finde es schön, sie über einen langen Zeitraum hinweg ernten zu können.

GUT ZUM EINFRIEREN

Zuckerschoten esse ich am liebsten frisch, friere Überschüsse aber auch ein. Die Erbsen wandern bis auf die »Nascherbsen« meistens alle in den Gefrierschrank. Es gibt kaum ein Gemüse, das sich so einfach und bei gleichbleibender Qualität einfrieren lässt. Egal wie viele Erbsen ich anbaue, ich habe jedes Jahr das Gefühl, dass ich viel zu wenig hatte. Natürlich kann man tiefgefrorene Erbsen auch sehr günstig kaufen. Ich baue sie trotzdem selber an, da ich den Geschmack von frischen Erbsen – ich nasche ziemlich viele beim Pulen und wenn ich durch den Garten gehe – über alles liebe! Außerdem kann man im Frühsommer wunderbar in der Sonne sitzen und Erbsen pulen. Gibt es einen besseren Vorwand, um sich von der Sonne verwöhnen zu lassen?

Steckzwiebeln auspflanzen

Jetzt wird es Zeit, meine im Februar vorgezogenen Steckzwiebeln ins Freiland zu bringen. Oft ist das schon nach 2–3 Wochen möglich, nachdem ich sie zum Vorziehen in Palettentöpfchen ins Gewächshaus gestellt habe (→ Seite 46).

Eine alte Gärtnerregel sagt, dass Möhren und Zwiebeln gut zusammen wachsen. Ich habe allerdings keinen nennenswerten Unterschied feststellen können, egal ob sie im Beet nebeneinanderstehen oder nicht. Eher im Gegenteil. Von daher ziehe ich es vor, meine Steckzwiebeln in Blöcken zu pflanzen. Da ich die Reihen leicht versetzt anlege, brauche ich nur einen Reihenabstand von ca. 15 cm. Mit einem Pflanzholz oder einem dickeren Stock drücke ich Löcher in die Erde und stecke die Zwiebel samt Wurzeln und Erdballen hinein. Dann noch gut angießen und mulchen, fertig. Ich denke nicht, dass der Arbeitsaufwand bei meiner Methode, die Steckzwiebeln vorzuziehen, wesentlich größer ist, da das regelmäßige Gießen des Beets entfällt. Ich habe auch festgestellt, dass die Zwiebeln bei dieser Methode besser anwachsen und größer werden.

Meine Kompost-Methode

Der Kompost ist die Schatzkammer eines jeden Gärtners! Ohne einen gut gelungenen Kompost kann man seine Beete nicht düngen, hat keine feine, natürlich gedüngte Erde, um Pflanzkübel zu befüllen, und man müsste das ganze wertvolle organische Material, das ständig im Garten anfällt, ungenutzt abtransportieren. Wie viel besser ist da doch ein clever angelegter Kompost, er macht auch nicht viel Arbeit.

Ich habe in der hintersten Ecke meines Gartens fünf Holzkomposter stehen. Es sind einfache Bausätze zum Zusammenstecken aus dem Baumarkt. Sie haben den Vorteil, dass man sie zum Entleeren des Komposts einfach auseinandernehmen kann und schnell an die gute Komposterde kommt. Faulen die unteren Bretter irgendwann weg, kann man aus zwei alten Kompost-Bausätzen immer noch einen neuen zusammensetzen.

Bis auf aussamende Wildkräuter, Wurzelunkräuter (Winde, Giersch etc.) und groben Baumschnitt kommen bei mir alle Gartenabfälle auf den Kompost. Außerdem vermische ich die Gartenabfälle mit rohen Küchenabfällen, Hasenmist und Laub. Auch Vertikutiergut und Rasenschnitt von ungedüngten Rasenflächen kommen mit auf den Kompost.

Da ich möglichst gute und nährstoffreiche Erde möchte, versuche ich so unterschiedliche Materialien wie nur möglich auf den Kompost zu geben, um viele verschiedene »Informationen« an die zukünftige Erde zu geben. Auch unbedruckte Wellpappe oder benutztes Küchenpapier darf in Maßen und in dünnen Lagen mit auf den Kompost. Die Wellpappe hat den Vorteil, dass sie die Feuchtigkeit im Kompost hält und die Kompostwürmer anzieht. Diese kurzen, schlanken dunkelroten Würmer sind sehr fleißige Arbeiter, die bei der faszinierenden Umwandlung von organischem Abfall in Komposterde beteiligt sind. Sie zersetzen das organische Material, indem sie es fressen und in Form von wunderbarem organischem Dünger wieder ausscheiden. Ich muss sie nur mit unterschiedlichen Leckerbissen füttern.

MEIN SCHICHTSYSTEM

Das Jahr über befülle ich drei meiner fünf Kompostmieten, während zwei vom Vorjahr ruhen. Wichtig ist es, die grünen und braunen Schichten – also frisches Material sowie Laub, Mist und Pappe – abwechselnd auf den Kompost zu geben, d. h., ich vermeide es, Material eines Typs in einer dicken Schicht auf nur einen Kompost zu werfen. Deshalb habe ich drei Kompostmieten: So werden die einzelnen Schichten nicht zu dick, weil ich das Material auf drei Mieten verteilen kann. Wer nicht genug Platz für drei Mieten hat, kann das Material natürlich auch auf einem Haufen neben dem Kompost lagern und es dann nach und nach einschichten.

Im Winter gebe ich nur die wenigen Küchenabfälle und ein bisschen Meerschweinchenmist auf den Kompost, ansonsten ruhen die drei Mieten. Im Frühjahr verteile ich den kleinsten Kompost auf die beiden anderen. Wenn die Freilandsaison beginnt, entleere ich die zwei reifen Mieten vom Vorjahr und habe für die neue Saison wieder drei leere Mieten zur Verfügung. Im nächsten Frühjahr kann ich dann wieder zwei reife Komposte vom Vorjahr entleeren. Meine Komposte ruhen also nur 1 Jahr.

Landläufig heißt es, dass ein Kompost 3 Jahre ruhen soll. Hat man ihn aber gut aufgebaut und kommt genug Luft an ihn, ist die Erde bereits nach einem Jahr schön feinkrümelig. Ein Indiz für einen reifen Kompost ist, wenn man beim vorsichtigen Graben keine Kompostwürmer mehr findet.

Anfangs habe ich mir jedes Frühjahr die Arbeit gemacht und meinen Kompost gesiebt. Doch seit vielen Jahren tue ich das nicht mehr. Grobe Teile

Perfekter Kreislauf: Der Anblick feinkrümeliger, nährstoffreicher Komposterde macht mich glücklich.

Über das blaue Gestell wuchsen Kürbisranken, so war der ruhende Kompost im Sommer beschattet.

werden einfach aussortiert und kommen auf den neuen Kompost, wo sie weiter verrotten dürfen, der Rest kommt auf die Beete und in die Kübel. Für die Pflanzen macht es keinen großen Unterschied, ob die Komposterde feinkrümelig ist oder noch etwas gröber. Nur für die Aussaaten sollte man Komposterde sieben. Besonders kleine Samen keimen schlechter, wenn sie ihre zarten Wurzeln erst durch oder an groben Stücken vorbeischieben müssen.

WIE ICH MEINEN KOMPOST PFLEGE

Es begeistert mich jedes Jahr aufs Neue, wenn ich im Frühjahr sehe, in welch feinkrümelige, dunkle und nährstoffreiche Erde sich meine Gartenabfälle verwandelt haben. Dafür ist es aber wirklich essenziell, dass ich meinen Kompost gut vorbereite und abwechslungsreich befülle. Kommen nur Rasenschnitt und verwelkte Blumen auf den Kompost, wird er zum einen nach einem Jahr Ruhezeit nicht fertig sein, zum anderen ist seine Düngewirkung nicht hoch. Rasenschnitt z. B. klebt in dicken Schichten einfach zu stark zusammen, als dass er gut verrotten könnte. Außerdem bevorzugen die Kompostwürmer einen etwas abwechslungsreicheren Speisezettel. Hat man nicht genug verschiedenes Material, kann man ab und zu einen Eimer Bokashi im Kompost vergraben und so die Düngewirkung der künftigen Komposterde erhöhen. Dadurch werden noch mehr Kompostwürmer angelockt, da sie Bokashi lieben. Außerdem geht der gesamte Verrottungsprozess schneller vonstatten (→ Seite 116, Bokashi).

In sehr trockenen Sommern ist es sinnvoll, den Kompost ab und zu mit etwas Regenwasser zu gießen, da er sonst zu sehr austrocknet und die Kompostwürmer mit ihrer Arbeit nicht nachkommen. Dann kann man auch etwas Wellpappe auf den Kompost geben, die die Feuchtigkeit hält. Auch ein paar großzügige Schlucke vergorener Brennnesseljauche – übers Jahr verteilt– tun dem Kompost gut.

Mein Ziel ist es, so viel Kompost wie möglich zu produzieren, damit ich außer für die Aussaaten im zeitigen Frühjahr keine Erde kaufen muss. Es hat ein paar Jahre gedauert, bis ich mich mit Erde selbst versorgen konnte, aber es lohnt sich! Denn warum soll ich für Erde in Säcken bezahlen, die oft auch noch mit Torf versetzt ist, wenn ich meine Gartenabfälle in Erde und Dünger verwandeln kann? Für mich ist es ein schönes Gefühl, dass ich nicht mehr auf die Erde in Säcken angewiesen bin und sehe, dass der Kreislauf der Kompostierung funktioniert.

KÜRBISSE UND CO.: AB IN DEN EIMER!

Viele Gärtnerinnen und Gärtner pflanzen Kürbisse oder Zucchini auf den ruhenden Kompost. Für mich ist dies eine zweischneidige Sache.

Auf der einen Seite beschatten die Pflanzen den ruhenden Kompost, was von Vorteil ist. Auf der anderen Seite entziehen sie der Komposterde aber viele Nährstoffe, sodass die Düngewirkung, wenn die Erde im Jahr darauf auf die Beete ausgebracht wird, nicht mehr so hoch ist. Ich decke meinen ruhenden Kompost deshalb einfach mit einer dicken Lage Laub oder Rasenschnitt ab. Auch Pappe, die ich mit Steinen beschwere, damit sie nicht wegfliegt, eignet sich hervorragend. So bleibt die Feuchtigkeit im Kompost enthalten.

Alternativ stelle ich vor den ruhenden Kompost einen alten Eimer mit Löchern im Boden und setze eine Kürbispflanze hinein. Die Wurzeln wachsen

dann durch die Löcher in den Boden. In der Erde vor dem Kompost bekommen sie einen gewaltigen Nährstoffschub, weil die Erde sehr gut gedüngt ist. Mit dieser Methode werden dem Kompost nicht jetzt schon Nährstoffe entzogen. Wächst der Kürbis, kann man die Ranken über den ruhenden Kompost legen, sodass er beschattet wird. Man sollte nur ein Auge auf die Schnecken haben.

Ich empfehle dringend, wirklich Löcher in den Eimerboden zu machen und nicht einen Eimer ohne Boden zu verwenden. Ansonsten können Wühlmäuse, die sich im Kompost sehr wohlfühlen, einfach die Wurzeln abfressen. Mit ist das einmal mit einem gut tragenden Hokkaido-Kürbis passiert und die Pflanze ging ein. Gut bewährt hat sich auch ein zusätzliches Stück engmaschiger Hasendraht unter dem Eimer, um wirklich sicher zu sein, dass Wühlmäuse die Pflanze nicht erreichen können.

THERMOKOMPOSTER

Ist in einem kleinen Gärten kein Platz für Komposthaufen, sind Thermokomposter eine Alternative. Die viereckigen Tonnen mit einem Deckel und Lüftungsschlitzen an den Seiten haben unten an einer Seite eine Klappe, durch die man den fertigen Kompost entnehmen kann. Man befüllt diese Komposter von oben, muss aber drauf achten, alles Material wirklich klein zu schneiden und die Schichten gut zu mischen. Durch das Kunststoffgehäuse wird es im Inneren sehr warm und der Kompostierungsprozess geht schneller vonstatten. Da oben ein Deckel aufliegt und es nicht hineinregnen kann, sollte man den Kompost regelmäßig gießen, sonst wird er zu tro-

Auch Obstbäume und Beerensträucher freuen sich über eine Kompostgabe im zeitigen Frühjahr.

cken und der Verrottungsprozess gerät ins Stocken. Bereits nach ca. 9 Monaten kann man den ersten fertigen Kompost entnehmen. Der unfertige Kompost rutscht dann nach unten. Weil der Thermokomposter unten offen ist, ist es wichtig, ein Mäusegitter darunter zu legen. In dem ansonsten geschlossenen Behälter fühlen sich Mäuse sonst sehr wohl. Auch ich habe einen Thermokomposter im Garten und befülle ihn zusätzlich zu meinen offenen Kompostmieten. Für kleine Gärten ist das sicher eine interessante Lösung, Ich persönlich finde es jedoch recht mühsam, den fertigen Kompost durch die kleine Klappe herauszuschaufeln.

Die kleinen roten Knollen machen Hoffnung und die Vorfreude auf erste Radieschen wächst mit jedem Tag.

Was sonst noch los ist im …

März

Anfang des Monats säe ich ein paar Radieschen auf frei gewordene Stellen im Gewächshaus. Sind die Temperaturen im Plusbereich, keimen sie meistens schon nach ein paar Tagen. Mitte des Monats kann ich sie auch draußen säen, falls der Boden schon ausreichend aufgetaut ist. Gern decke ich die Aussaat noch mit einem Vlies ab. So entsteht ein günstigeres Kleinklima und die Aussaat wächst schneller. Bei der frühen Radieschen-Aussaat ist die Sortenwahl wichtig, denn nicht alle Sorten kommen mit den kalten Frühlingstemperaturen zurecht.

Haben wir einen sonnigen und eventuell auch warmen März, explodiert die Temperatur in meinem Gewächshaus förmlich. Durch die Sonneneinstrahlung erwärmt es sich tagsüber schon auf bis zu 30 °C, auch wenn wir draußen noch einstellige Temperaturen haben. Da ist tägliches Lüften und regelmäßiges Gießen ein absolutes Muss. Über Nacht kühlt es dann wieder ab, aber normalerweise nicht mehr ganz so stark wie draußen.

Die im Gewächshaus überwinterten Salate, Mangold- und Kohlpflanzen treiben alle durch und man sieht frisches, helles Grün in jeder Ecke.

JETZT WIRD GEPFLANZT!

Die ersten Salat- und Kohlrabipflanzen, die ich im Januar vorgezogen habe, pflanze ich auf abgeerntete Stellen ins Gewächshaus und kann schon 2–3 Wochen später ein paar der äußeren Blätter ernten. Salat benötigt ungefähr 20 cm Platz um sich herum, Kohlrabipflänzchen 30 cm. Salat muss nicht extra gedüngt werden, er kommt mit der guten Erde im Gewächshaus klar. Die Kohlrabipflanzen dünge ich mit ein wenig Mist und Kompost.

Beim Pflanzen von Salat ist es wichtig, ihn nicht zu tief zu setzen, da er sonst fault. Die Salatpflanze hat unten einen kleinen Knubbel, von dem die Blätter aus wachsen. Dieser muss über der Erde liegen. Auch vom Kohl, den ich im Januar im Haus ausgesät habe, kann ich jetzt die ersten Pflänzchen auspflanzen. Dazu müssen sie mindestens 10 cm groß sein und vier bis sechs Blätter haben, Keimblätter nicht

mitgerechnet. Ich warte damit aber, bis keine starken Nachtfröste mehr drohen. Minus 1–2 °C machen jedoch nichts aus. Beim Pflanzen bekommt der Kohl gleich noch eine ordentliche Düngerportion mit ins Pflanzloch: ein paar Pferdeäpfel oder Hasenmist oder reifen Kompost. Außerdem gebe ich beim Angießen einen Schluck verdünnte Brennnesseljauche ins Gießwasser. Das alles sorgt für einen guten Start. Und ich spanne über die Kohlpflänzchen ein Vlies oder errichte einen Folientunnel, damit sie geschützter wachsen und vor allem nicht gleich von der ersten Frühlingssonne verbrannt werden.

Ich freue mich auch über frische Wildkräuter, die sich im Gewächshaus angesiedelt haben, wie etwa Löwenzahn, Vogelmiere oder Behaartes Schaumkraut. Sie sind eine willkommene Bereicherung für meinen Salat und ich kann eventuelle Salatengpässe mit ihnen ein wenig ausgleichen. Auch die ersten jungen Gierschblätter – den habe ich glücklicherweise nicht im Gewächshaus – sind eine Delikatesse für den Salat oder einen grünen Smoothie.

Je nach Größe und Witterung pflanze ich jetzt auch meine im Februar vorgesäten Dicken Bohnen aus. Ich setze sie in Doppelreihen mit ca. 10 cm Abstand in die Erde und häufele sie etwas an. Zwischen den Doppelreihen bleibt mindestens 50 cm Platz. Die Pflanzen sollten etwa 10 cm groß sein und es dürfen keine starken Nachtfröste mehr drohen. Temperaturen bis -5 °C überstehen sie aber problemlos. Zwar sehen sie nach einer solchen Frostnacht ziemlich mitgenommen aus, rappeln sich aber im Lauf des Tages wieder auf. Ein Vlies hilft, dass sie die kalten Nächte noch besser überstehen, und gibt ihnen einen weiteren Wachstumsvorsprung.

Auch für eine zweite Aussaat von Dicken Bohnen ist es jetzt höchste Zeit. Ich kann sie nun direkt in den Gartenboden säen. Auch hier weiche ich die Samen wieder über Nacht oder auch etwas länger in kalten Kamillentee ein (→ Seite 45).

Die überwinterten Gemüsepflanzen treiben jetzt kräftig durch und versorgen mich mit frischem Grün.

FRÜHJAHRSPUTZ

In diesem Monat erledige ich auch ein bisschen Frühjahrsputz im Garten. Abgestorbene Sommerblumen vom Vorjahr wandern auf den Kompost oder bleiben klein geschnitten als Mulch auf den Beeten liegen. Restliches Laub, das sich in windgeschützten Ecken gesammelt hat, kommt ebenfalls auf den Kompost oder zum Mulchen auf die Beete.

Wenn nötig, beschneide ich meine Beerensträucher. Die Zweige stelle ich in die Vase oder meine Kaninchen freuen sich über die Knabbereien.

Besonders Johannisbeeren bekommen in der Vase schon nach ein paar Wochen Wurzeln. So kann man leicht Stecklinge ziehen. Ich habe die meisten meiner Johannisbeersträucher auf diese Weise vermehrt. Die bewurzelten Zweige pflanze ich in Töpfe und nach etwa einem halben Jahr kommen sie an ihren endgültigen Platz. Meist tragen sie schon nach 2–3 Jahren die ersten Früchte.

Jetzt ist auch ein guter Zeitpunkt für einen Gartenrundgang. Gibt es etwas zu reparieren? Ein morscher Zaunpfahl, eine kaputte Regentonne, eine vergammelte Beetumrahmung? Erledige ich das nicht jetzt, finde ich später keine Zeit mehr dafür und muss den ganzen Sommer mit einem Behelf leben.

Wie ich Wühlmäuse fernhalte

Früher haben mich Wühlmäuse fast wahnsinnig gemacht. Heute weiß ich, wie ich meine Pflanzen schützen kann, ohne den Tieren zu schaden.

In welchem Garten treiben sie nicht ihr Unwesen? Wer kennt nicht jemanden, der verzweifelt ist, weil ihm die Wühlmäuse die schönsten Ernten wegfressen? Im Lauf der letzten Jahre sind Wühlmäuse zu einer richtigen Plage geworden. Weil die Winter immer milder und die Landschaften immer karger werden und weniger Nahrung bieten, wandern die Wühlmäuse immer öfter in Wohngebiete und siedeln sich in Hausgärten an.

In den ersten Jahren meines Lebens als Gärtnerin waren mir Wühlmäuse völlig fremd. Ich hatte zwar von ihnen gehört und kannte auch ein paar Gärtner, die unter ihnen zu leiden hatten. Aber so richtig konnte ich mir nicht vorstellen, zu welch einem großen Problem sie werden können. Vor ungefähr 10 Jahren haben sie schließlich aber auch meinen Garten entdeckt und mich regelmäßig in den Wahnsinn getrieben. Ich habe fast alle verfügbaren Methoden ausprobiert, um meinen Garten wieder wühlmausfrei zu bekommen, aber eine langfristige Wirkung habe ich weder durch Fallen noch durch Vergrämungsgeräte oder Duftstoffe erzielt. Zeitweise war ich so verzweifelt, dass ich meinen Garten aufgeben wollte, da ich jeden Morgen Pflanzen fand, von denen nur noch die Spitzen aus dem Boden guckten, obwohl sie am Tag davor noch wunderschön und heil waren. Das war wirklich frustrierend! Weil ich aber nie lange den Kopf in den Sand stecke, habe ich mich auf die Suche nach ungewöhnlichen Lösungen gemacht, damit ich trotz der Wühlmäuse mein Gemüse ernten kann, ohne meinen Garten mit Giftködern zu bestücken. Denn das passt nicht zu meinem naturnahen Garten.

WÜHLMAUS ODER MAULWURF?

Aber woher weiß man eigentlich, dass man Wühlmäuse im Garten hat und nicht andere Nager? Die wenigsten von ihnen bekommt man nämlich zu Gesicht, weil sie es vorziehen, unter der Erde zu bleiben. Ein wichtiger Hinweis ist, dass Pflanzen oder Sträucher plötzlich schlapp aussehen oder vertrocknen und man sie gleich in der Hand hat, wenn

Wühlmausspuren: Meistens findet man Hügel, manchmal aber auch nur Löcher im Boden oder Rasen.

Von dieser Kartoffel haben die Wühlmäuse nur noch die äußere Schale übrig gelassen.

Wenn die Möhren im Beet plötzlich wackeln, frisst mit Sicherheit gerade eine Maus von unten.

man vorsichtig an ihnen zieht. Ihnen fehlen nämlich bereits ein Großteil oder sogar alle Wurzeln. Bei Sträuchern kann man an den Wurzelresten oft den Abdruck der scharfen Nagezähne finden. Ein weiteres Indiz für Wühlmäuse sind angefressene Wurzelgemüse oder Pflanzen, von denen nur noch die obersten Zentimeter aus dem Boden schauen und der Rest in einem Loch verschwunden ist.

Und dann gibt es noch die Löcher im Boden und natürlich die Hügel. Bei den Hügeln muss man unterscheiden, ob sie vom Maulwurf oder von der Wühlmaus stammen: Der Maulwurf gräbt mit seinen Schaufelarmen, d. h., das Loch ist in der Mitte des Hügels. Die Wühlmaus hingegen wühlt mit ihren Hinterbeinen, hier findet man das Loch irgendwo am Rand des Hügels. Oft ist es sogar gar nicht zu finden, dann hat sie es von unten verschlossen.

Im Winter wird mein Garten regelmäßig von einem Maulwurf besucht und bei seiner Suche nach Würmern und Insekten auch umgegraben. Der kann zwar etwas lästig sein, stört mich aber nicht weiter. Allerdings zieht er zum Frühling weiter und dann ziehen die Wühlmäuse bei mir ein. Der Maulwurf hat ihnen ein perfektes Gangsystem hinterlassen, das sie nur noch nach ihren Wünschen erweitern und ausbauen müssen. In kleinen Gärten trifft man selten beide Tiere gleichzeitig an, da Maulwürfe die Jungen der Wühlmäuse fressen. Wühlmäuse leben außer zur Paarung und bei der Aufzucht der Kleinen als Einzelgänger. Die Jungen lassen sich jedoch gern in der Nähe der Eltern nieder. Und weil Wühlmäuse zwischen März und Oktober drei bis vier Würfe mit durchschnittlich fünf Nachkommen haben, kann man sich vorstellen, dass man selten nur eine Wühlmaus im Garten hat.

MEINE LÖSUNG: MASCHENDRAHT UND KÖRBE

Es gibt viele verschiedene Möglichkeiten und Hausmittel, um gegen Wühlmäuse vorzugehen. Das reicht von Knoblauch über stinkende Terpentin- oder Buttersäurelappen in den Löchern, Tierhaare, Katzenpipi etc. über Lebend- oder Totfallen, Vergrämungsapparate bis hin zu Gift. Ich habe fast alle ausprobiert, mal mit mehr, mal mit weniger Erfolg. Manchmal hat es ein paar Wochen geholfen, dann waren sie wieder da. Aber all diese Methoden haben mich nicht befriedigt. Ich wollte die Tiere weder töten noch summende Geräte oder stinkende Lappen in meinem Garten haben. Es mag ja sein, dass Wühlmäuse eine feinere Wahrnehmung als Menschen haben, aber auch ich habe all diese wühlmausvertreibenden Dinge gehört und gerochen. Selbst die Kreuzblättrige Wolfsmilch in meinen Möhren- und Kartoffelbeeten hat die Wühlmäuse nicht davon abgehalten, vor mir zu ernten. Außerdem waren mir diese ganzen Methoden viel zu zeitaufwendig und anstrengend. Ich wollte mein Hauptaugenmerk im Garten nicht auf die Bekämpfung von Wühlmäusen legen. Daher habe ich angefangen, meine Beete mit engmaschigem, kunststoffummanteltem Maschendraht auszustatten. Als mir die Idee dazu kam, war ich gerade dabei, neun neue Palettenrahmen aufzustellen und mein Gewächshaus ebenfalls mit Palettenrahmen auszustatten. Es war ein Leichtes, den Boden dieser neuen Beete vor

In die Erde eingelassene Drahtkörbe schützen die Hauptwurzeln der Pflanzen. Der Aufwand lohnt sich.

dem Befüllen mit Draht auszukleiden. Ich war sofort begeistert, wie gut und problemlos meine Wurzelgemüse in diesen Beeten wuchsen. Also rüstete ich jedes Jahr ein paar weitere Beete nach. Das ist ziemlich viel Arbeit, muss doch das Beet ausgekoffert, der Draht eingebaut und die Erde wieder zurückgeschaufelt werden. Besonders für Verfechter des Nicht-Umgrabens ist das eine Herausforderung, weil man die Bodenschichten durcheinanderbringt, Kleinstlebewesen tötet und Unkrautsamen an die Oberfläche befördert. Aber es lohnt sich! Das Gärtnern ist so viel entspannter, wenn die erste Gartenrunde am Morgen ohne Schrecksekunden bleibt, weil man nicht mitansehen muss, welche Pflanzen den Wühlern wieder zum Opfer gefallen sind.

Der Maschendraht, den ich zum Auskleiden meiner Beete verwende, hat eine Maschenweite von 12 mm und ist 1,06 mm dick. Wichtig ist, dass er kunststoffummantelt ist, da verzinkter Draht zu schnell verrostet. Den Draht schneide ich etwas größer als das Beet zu, klappe ihn an den Seiten ein und befestige ihn mit Dachpappennägeln im Abstand von ca. 7 cm an den Innenseiten der Rahmen. Natürlich geht das nicht nur mit Palettenrahmen, sondern auch mit jeder anderen Art von Beetumrandung, sofern sie aus Holz besteht.

Diese Lösung mag zeit- und kostenintensiv erscheinen, hat aber meinen Seelenfrieden wiederhergestellt. Natürlich kann man diese Methode nicht überall anwenden. Im Paradies kann ich nicht 500 m² Beetfläche mit Draht auskleiden. Aus diesem Grund baue ich alle meine Möhren, Roten Beten und Pastinaken inzwischen in meinem Garten in den Palettenrahmen an. Alle anderen größeren wühlmausgefährdeten Pflanzen wie Kohl, Zucchini, Kürbisse etc. kommen in selbst gebaute Drahtkörbe. Diese schützen den Hauptwurzelballen vor den Angriffen der Wühlmäuse. Natürlich reicht die Größe des Korbs nicht für die kompletten Wurzeln aus, aber ich kann so einen Totalausfall der Pflanze verhindern. Das Bauen der Körbe macht natürlich

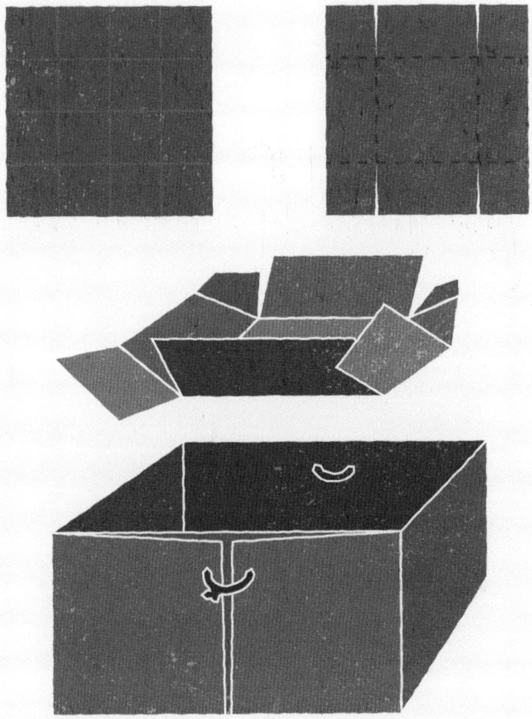

Anzeichnen, einschneiden, falten und mit etwas Draht fixieren: Fertig ist der Wühlmausschutz aus Drahtgitter.

etwas Arbeit. Da ich sie aber jedes Jahr wieder verwende, ist es eine einmalige Investition. Ich verwende dafür den gleichen Draht wie für die Beete. Ich schneide ein Viereck zu, klappe die Ecken ein und binde das Ganze mit Drahtstücken zusammen.

Mit diesen beiden Methoden kann ich die meisten Wühlmausschäden verhindern, ohne die Tiere zu töten. Vergrämen funktioniert, wenn überhaupt, nach meiner Erfahrung nur für eine kurze Zeit. Hat es ihnen in meinem Garten gefallen, kommen sie wieder, auch wenn sie für kurze Zeit das Weite suchen, weil es stinkt oder ein hoher Ton zu hören ist. Finden sie jedoch keine Nahrung mehr, weil das ganze leckere Gemüse hinter bzw. über Draht wächst, ziehen sie weiter auf der Suche nach einem besseren Platz mit genügend Nahrung, an dem sie ihre Jungen aufziehen können.

ZWISCHEN BÄRLAUCH UND LÖWENZAHN

Jede Menge Licht, jede Menge Grün und viele Blüten: Im April nimmt die Natur Fahrt auf!

Zwischen Bärlauch und Löwenzahn

April

WAS DIESEN MONAT ANSTEHT

- Jungpflanzen pikieren & umtopfen
- Kartoffeln legen
- Kohl auspflanzen
- Erdbeeren pflanzen
- Schnecken sammeln
- Rote Bete vorsäen
- Beete mulchen
- Platz im Gewächshaus optimieren, gießen und lüften
- Löwenzahn sammeln und trocknen
- Möhren, Salat, Kohlrabi, Gurken, Kürbisse, Zucchini aussäen
- Rhabarberkuchen backen
- Bärlauchpesto machen

Der April ist für mich der Monat der Wildkräuter. Ich liebe Wildkräuter! Sie peppen meine Salate und Gemüsepfannen auf, entgiften den Körper nach dem langen Winter und bringen jede Menge neuer Energie. Gibt es im März schon die ersten Spitzen der jungen Kräuter zu ernten, so stehen sie im April endlich in voller Pracht da. Allein der Gedanke an eine frische, sonnenwarme, süße Löwenzahnblüte lässt mich dahinschmelzen.

Diesen Monat blühen die Obstbäume und zur Hyazinthenblüte weht ein wunderbarer Duft durch meinen Garten. Es ist ein Monat für alle Sinne!

Und das absolut Beste am April ist, dass ich abends nun eine Stunde länger im Garten arbeiten kann, da Ende März die Uhr umgestellt wurde. Es bedeutet für mich einen sehr großen Zuwachs an Lebensqualität, wenn ich nach dem Abendbrot noch in den Garten gehen kann, ein bisschen zwischen meinen Beeten herumschlendere, ein paar Wildkräuter zupfe und bestaune, was tagsüber wieder alles gewachsen ist. Es ist so schön zuzusehen, wie plötzlich alles grün wird. Auch wenn die Nächte noch einmal kalt werden können, haben wir im April oft schon ein paar Tage, die sich wie Sommer anfühlen, und es ist absolut klar, dass der lange Winter endlich überstanden ist. Allein diese Gewissheit und die immer länger werdenden Tage geben mir einen kräftigen Energieschub.

Die Gewächshaussämlinge pikieren und umpflanzen

Alle Winteraussaaten, die ich Anfang des Jahres im Gewächshaus gemacht habe – von den Kohl- über die Salatpflänzchen bis zu den Sommerblumen –, müssen nun pikiert oder umgetopft werden, bevor ich sie im Mai ins Freie auspflanzen kann. Weil es im April meist schon warm genug ist, kann ich das im Garten erledigen und verwandle meine Küche nicht täglich in ein Gartenbeet. Fürs Umpflanzen habe ich mir eine Menge viereckiger Töpfe mit 7 cm Durchmesser gekauft. Sie sind aufgrund ihrer platzsparenden Form optimal. Früher habe ich dafür Töpfe von Primeln, Hornveilchen etc. gesammelt. Sie funktionieren genauso gut, nehmen aber mehr Platz weg, weil sie rund sind.

KOHL UM- UND AUSPFLANZEN

Die Kohlsämlinge sind nun bereit, in einzelne und vor allem größere Töpfe umzuziehen. Ist der April warm, stelle ich sie nach dem Umtopfen draußen an eine geschützte Stelle, da es im Gewächshaus für sie leicht zu warm wird. Spätestens ab jetzt müssen sie auch regelmäßig gedüngt werden. Dafür verwende ich – jeweils verdünnt mit Wasser – Brennnesseljauche (1:10), Urin (1:10) oder die Flüssigkeit aus dem Bokashi-Eimer (1:100).

Natürlich kann ich im April Kohlsämlinge aus dem Gewächshaus auch schon ins Freiland pflanzen, wenn sie groß genug sind. Meine Indoor-Kohlaussaaten aus dem Januar stehen ja schon seit März im Beet. Trotzdem warte ich lieber noch ein bisschen, bis die Pflanzen 10–15 cm groß sind und mindestens vier Blätter haben. Sie sind dann widerstandsfähiger und robuster. Den Boden bereite ich aber schon 2–3 Wochen vorher mit einer kräftigen Ladung Bokashi vor und arbeite Hasenmist ein.

Egal ob im Topf draußen oder schon im Beet – in jedem Fall schütze ich die Pflänzchen schon jetzt mit einem Insektenschutznetz. Denn sind die Kohlweißlinge erst einmal aktiv und legen an den zarten Pflanzen ihre Eier ab, dauert es meistens nicht lange, bis die kleinen grünen Raupen schlüpfen und an den Pflanzen fressen. Über Pflanzen in Töpfchen lege ich einfach ein Netz. Sind sie im Beet, nehme ich entweder hohe Drahtbögen oder stecke vier Pflanzstäbe in

Ich pflanze Kohl am liebsten erst in dieser Größe aus, denn diese Pflanzen sind wesentlich robuster.

Um kräftige Tomatenpflanzen zu bekommen, spielt die richtige Topfgröße eine wichtige Rolle.

die Erde. Über Letztere stülpe ich umgedrehte Joghurtbecher, damit sich die Stäbe nicht durch das Netz bohren, spanne das Netz darüber und beschwere es an den Seiten und Enden mit Erde. Tipp: Eine preisgünstige Alternative ist die Gardine Lill von dem großen schwedischen Möbelhaus. Sie ist sehr lang und für eine größere Fläche kann man zwei Gardinen an den Längsseiten zusammennähen. Am Saisonende kommen sie in die Waschmaschine, werden gegebenenfalls geflickt und sind dann wieder einsatzbereit. Allerdings ist die Lebenserwartung von Insektenschutznetzen wesentlich höher.

TOMATEN UMTOPFEN

Die Tomaten topfe ich im April schon zum zweiten Mal um. Natürlich könnten sie auch in den Töpfchen bleiben, in die ich sie pikiert habe. Einen kräftigeren Wurzelballen entwickeln sie jedoch, wenn sie ein zweites Mal umgetopft werden. Pflanze ich die Tomaten beim ersten Umtopfen der Einfachheit halber gleich in einen großen Topf, entwickeln sie sich nicht so gut, weil die Wurzeln zu viel Platz haben. Für eine gute Wurzelentwicklung sollte der Topf nur ein wenig größer als der Wurzelballen sein.

Ich wähle einen Topf mit 11 cm Durchmesser oder, wenn die Tomaten schon recht langstielig sind, oben abgeschnittene Tetrapaks. Dort kann ich sie locker bis zum ersten Blattpaar in die Erde setzen. Sie bilden dann am Stängel neue Seitenwurzeln und haben einen besseren Stand. Auch die Tomaten dünge ich zwischen dem zweiten Umtopfen und Auspflanzen im Mai mindestens einmal flüssig.

Habe ich genug Platz, lasse ich die Tomaten noch unter den Pflanzenlampen stehen, und zwar in einem Raum mit niedrigerer Temperatur (16–18 °C), sodass sie kräftig und kompakt heranwachsen. Wichtig ist, sie nicht zu dicht zu stellen und die Lampe auch hoch genug zu hängen – mindestens 15–20 cm über dem oberen Blattpaar –, weil sich sonst leicht Kondenswasser auf den Blättern bildet.

SOMMERBLUMEN PIKIEREN

Die Sommerblumen, die ich mit dem Kohl im Januar ausgesät habe, kann ich nun in kleine Töpfe pikieren. Dann stelle ich sie dicht an die Hauswand und decke sie über Nacht mit einem Vlies ab, sollte es doch noch Nachtfrost geben. Damit ich nicht alle Töpfchen einzeln gießen muss, stelle ich sie in flache Schalen, sodass ich einfach Wasser in die Schale gießen und später überflüssiges Wasser wieder abgießen kann. Dies ist eine enorme Zeitersparnis.

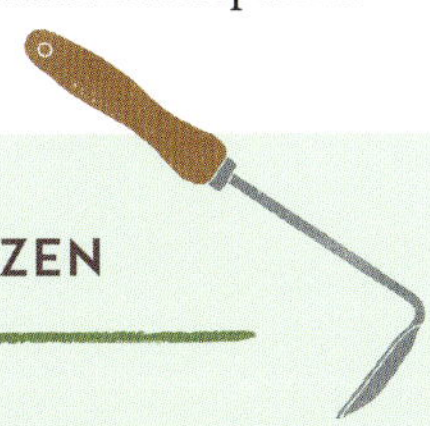

KOHL AUSPFLANZEN

Kohl ist ein Starkzehrer und braucht die ganze Saison kräftig Futter. Ich setze die Pflanzen mit 50 cm Abstand zueinander. Ins Pflanzloch gebe ich ein paar Pferdeäpfel, fülle darauf etwas Erde, damit die Wurzeln den Pferdemist nicht sofort erreichen und verbrennen. Dann setze ich die Kohlpflanze ins Loch und fülle es mit reifer Komposterde auf. Nun gieße ich an und mulche mit Rasenschnitt oder Heu.

Jetzt ist Zeit für die Direkt-Aussaat im Freien

Im April fange ich an, direkt in die Beete zu säen. Dafür bereite ich sie erst einmal vor. Ich harke die Mulchschicht zur Seite und belüfte den Boden mit meinem Hand-Sauzahn oder einer kleinen Hacke. Wildkräuter entferne ich samt Wurzel und ich ziehe die feinkrümelige Erde glatt. Zum Markieren der Reihen stecke ich kleine Stöcke am Anfang und Ende der Reihe in den Boden. Dann ziehe ich mit einem Stock eine schmale Rinne, in die ich die Samen lege. Die Rinne fülle ich wieder mit Erde und gieße an. Zusätzlich lege ich ein Vlies über die Aussaat, zumindest, bis die ersten Spitzen der Pflanzen zu sehen sind. Es hält die Feuchtigkeit im Boden und hindert Katzen und Vögel daran, in den Aussaaten zu wühlen oder picken. Sät man verschiedene Sorten von ein und derselben Gemüseart aus, sollte man in die Reihen Etiketten mit dem Sortennamen stecken.

MÖHREN

Ich hatte es schon im Januar erwähnt, dass man zwischen Winter- und Sommermöhren unterscheidet.

Wenn Herr Kater gerade nicht schläft, bewacht er meine Beete mit den Jungpflanzen.

Die Wintermöhren haben eine Entwicklungszeit von mehr als 120 Tagen, eignen sich gut zum Lagern und werden wesentlich größer als die Sommermöhren. Diese sind oft bereits nach 90 Tagen erntereif, werden auch gern jung geerntet, wenn sie besonders zart sind, und lassen sich nicht länger als 2–3 Monate lagern. Danach werden sie etwas zäh und trocken und schmecken frisch nicht mehr. Zum Kochen und Braten kann man sie dann immer noch nehmen.

Anfang April säe ich ein paar schnell wachsende Sommermöhren aus, deren Erntezeitpunkt dem der im Winter ausgesäten Möhren folgt. Man kann sie je nach Bedarf bis Ende Juli aussäen. Die letzten Aussaaten ernte ich dann um den Jahreswechsel.

Ende des Monats oder Anfang Mai säe ich außerdem meine Lagermöhren aus. Dies kann ich aber auch noch bis Ende Mai erledigen, habe damit also keinen Zeitdruck. Im Gegenteil, ich habe festgestellt, dass die späteren Aussaaten oft sogar wesentlich besser waren als die, die ich relativ früh im April gesät hatte. Außerdem kann ich so die Arbeitsbelastung im April und Anfang Mai etwas reduzieren.

Ich säe die Möhrensamen in Reihen aus. Zwischen den Reihen lasse ich 8–10 cm Abstand, bei Lagermöhren bis zu 20 cm. Die Samen arbeite ich ganz vorsichtig mit einer Hacke ein und gieße sie gut an. Bis die kleinen Sämlinge erscheinen und eine Größe von etwa 5 cm haben, decke ich alles mit einem Vlies ab. Da Möhren etwas länger zum Keimen brauchen, ist regelmäßiges Gießen sehr wichtig. Außerdem darf man Möhren keinesfalls mit frischem Mist düngen. Dies schlägt sich im Geschmack nieder. Zur Beetvorbereitung kann man Bokashi in der Erde vergraben – etwa 1 Eimer pro Quadratmeter – oder schon im Vorjahr die Beete mit etwas abgelagertem Mist und viel Kompost vorbereiten.

SALAT UND KOHLRABI

Auch jetzt kann man noch Salat und Kohlrabi aussäen. Ende des Monats säe ich dann gern schon Sommersalatsorten für die kommenden Monate, da sie

Wenn ich Anfang April Möhren aussäe, kann ich schon Ende Juni die ersten jungen und zarten Rüben ernten.

hitzetoleranter sind und nicht so schnell schießen. Die Saatguttüten geben darüber Auskunft.

Ich säe alle Salate und Kohlrabi grundsätzlich in kleinen Schalen oder Aussaatpaletten vor und nicht direkt ins Beet, was durchaus möglich ist. Der Grund: So habe ich eine bessere Kontrolle über die Aussaaten und kann sie später besser pikieren. Zu dieser Jahreszeit stelle ich die Schalen einfach an eine geschützte Stelle auf die Nordseite des Hauses. Dort bekommen sie im Anfangsstadium nicht zu viel Sonne, aber genügend Licht, und sie trocknen nicht zu schnell aus.

Beim Kohlrabi säe ich jetzt die Sorte 'Superschmelz' aus. Das ist eine Sorte, die langsamer wächst und sehr lange auf dem Beet stehen kann. Sie wird sehr groß und nicht so leicht holzig. Beim Auspflanzen braucht sie etwas mehr Platz als frühe Sorten, ca. 40 cm in der Reihe. Diese Kohlrabi ernte ich spätestens vor den ersten Frostnächten im November und lagere sie mindestens bis Weihnachten ein (→ Seite 179).

Am Start: Gurken, Kürbisse und Zucchini

Nun ist es endlich auch Zeit, die wärmebedürftigen Fruchtgemüse wie Gurken, Kürbisse und Zucchini auf den Weg zu bringen.

GURKEN SIND SENSIBEL

Um den 20. April herum säe ich sowohl die Gurken für mein Gewächshaus als auch diejenigen für das Freiland aus. Wichtig ist, dass man damit nicht zu früh anfängt, besonders wenn man in einer kühleren Region wohnt. In den ersten Jahren sind mir meine frühen Aussaaten, die ich oft schon Anfang oder Mitte April gemacht habe, eingegangen, wenn wir Anfang oder Mitte Mai noch eine kalte Wetterperiode hatten. Inzwischen gehe ich lieber auf Nummer sicher und starte mit der Hauptaussaat erst um den 20. April herum, wenn ich die Wettertendenz für die nächsten 2–3 Wochen einschätzen kann. In einem sehr warmen Frühjahr lohnt es sich natürlich, ein bis zwei frühe Pflänzchen auszusäen und zu schauen, ob es klappt oder nicht. In manchen Jahren habe ich damit Erfolg, in manchen nicht. Das kommt, wie gesagt, immer auf das Wetter an.

Schlangengurken ernte ich am liebsten jung, dann ist ihr Aroma am intensivsten.

Ich lege immer zwei Samen in einen ca. 5 cm großen und mit Aussaaterde gefüllten Topf und stelle ihn bis zur Keimung schön warm. Das dauert meist nur ein paar Tage. Dann kommen die Keimlinge unter die LED-Lampen, damit sie sich zu kompakten Pflanzen entwickeln können. Wenn man um diese Jahreszeit noch Platz am Fenster hat, kann man sie natürlich auch ans Fenster stellen, das Tageslicht reicht locker aus. Ist es draußen schon schön warm, können die Töpfchen natürlich auch gleich ins Gewächshaus.

Gurken wie auch Kürbisse haben sehr empfindliche Wurzeln. Darum säe ich sie immer in Töpfe aus – je zwei Samen pro Topf –, sodass ich sie nur einmal, nämlich beim Auspflanzen Mitte Mai, stören muss. Ich pflanze sie dann auch im »Doppelpack« ein, um die Wurzeln zu schonen.

Haben die Gurkenpflänzchen die ersten zwei bis drei richtigen Blätter, sind sie bereit, gepflanzt zu werden. Man darf sie aber keinesfalls zu früh auspflanzen. In einem kalten Frühjahr können sie sonst sehr schnell faulen, wenn die Nächte noch zu kalt und feucht sind. Sogar im Gewächshaus kann es nachts jetzt noch sehr kalt werden. Damit die Gurken einen guten Start haben, sollten die Nachttemperaturen nicht unter 8 °C fallen. Im Zweifelsfall lasse ich die Pflanzen lieber noch ein paar Tage im Warmen stehen, als neu aussäen zu müssen. Ungeduld macht sich in diesem Fall nicht bezahlt.

Gurken mögen es nicht nur gerne warm, sondern brauchen auch viel Nahrung, damit sie gut tragen. Die Beete, egal ob im Gewächshaus oder im Freiland, bereite ich deshalb mit viel Bokashi oder Kompost vor und lege beim Pflanzen gern noch zusätzlich ein paar Pferdeäpfel mit ins Pflanzloch. Am

Ist die Pflanze einmal in Schwung, trägt sie massenhaft kleine Einlegegurken, die auch roh sehr lecker sind.

Gelbe Zucchinifrüchte fallen mehr auf. Sie können sich nicht so gut unter großen Blättern verstecken wie grüne.

besten ist es, wenn diese schon etwas verrottet sind. Sonst muss man aufpassen, dass die Wurzeln die Pferdeäpfel nicht berühren, weil besonders die jungen, zarten Wurzeln sonst schnell verbrennen. Später macht es ihnen nichts mehr aus.

Gurken kann man auch im Freiland pflanzen. Nur sollte man bedenken, dass sie sehr wärmeliebend sind – besonders in norddeutschen Sommern kann der Ertrag etwas auf der Strecke bleiben.

Bei der Sortenwahl unterscheidet man Freiland- und Gewächshausgurken, Einlegegurken, Schlangengurken und Schälgurken. Einlegegurken sind meistens ein bisschen kältetoleranter als Schlangengurken. Meine Lieblingssorten sind 'Vorgebirgstraube' (Einlegegurke), 'Arola' (Schlangengurke, Gewächshaus), 'Soo yoo long' (Schlangengurke, Freiland) und 'La Diva' (Frühstücksgurke, Freiland und Gewächshaus). Man kann Einlegegurken auch wunderbar frisch essen. Manchmal schmecken sie mir viel besser als die langen Schlangengurken, denn klein geerntet ist der Geschmack viel intensiver und die Schale ist auch weicher.

Möchte ich viele Gläser mit Gewürzgurken einkochen, baue ich mindestens fünf bis sieben Pflanzen an. Ansonsten muss ich zu lange warten, um ein paar Gläser füllen zu können. Von den Schlangengurken reichen meist zwei bis drei Pflanzen im Gewächshaus für einen 2-Personen-Haushalt. Und vielleicht noch zwei Pflanzen im Freiland, je nachdem, wie viele Gurken man pro Tag essen möchte.

KÜRBISSE UND ZUCCHINI

Kürbisse und Zucchini werden genauso ausgesät wie die Gurken, nur dass ich jeweils nur einen Samen pro Topf nehme und die Töpfe etwas größer wähle (ca. 7 cm Durchmesser). In der Regel keimen sie sehr schnell. Doch auch sie können erst nach den Eisheiligen ausgepflanzt werden. Die besten Ergebnisse erziele ich, wenn ich sie nach dem Erscheinen des vierten Blatts auspflanze, bevor sie lang und gakelig werden. Denn wenn das passiert, legen sie häufig eine Wachstumspause ein. Daher warte ich mit der Aussaat gerne etwas länger als bei den Gurken und fange erst gegen Ende des Monats an, wenn ich schon eine ungefähre Wetterprognose über die nächsten 2 Wochen habe und abschätzen kann, wie der Mai wird und ob noch späte Eisheilige kommen.

Keine Angst vor der Zucchini- und der Kürbisflut!

Bei der Aussaat von Kürbissen und Zucchini sollte man sich gut überlegen, wie viele Pflanzen man möchte und wie viele Früchte man verwerten kann. Ich höre oft, dass zwei Zucchinipflanzen für einen 4-Personen-Haushalt reichen. Wir sind ein 3-Personen-Haushalt und zwei Pflanzen wären für uns bei Weitem nicht genug. Ich bin aber auch sehr erfinderisch, was die Verarbeitung von Zucchini anbelangt. Mehr dazu im Kapitel August (→ Seite 136).

In guten und warmen Jahren produzieren die Pflanzen eine Menge Früchte. Nimmt man sie jedoch klein ab, kann man die Ernteflut gut eindämmen. In kalten und regnerischen Jahren kann es dagegen von Vorteil sein, wenn man viele Zucchinipflanzen hat. Da man im April jedoch noch nicht weiß, wie der Sommer wird, kann es schwer sein, die Menge der benötigten Pflanzen einzuschätzen. Ich habe immer so um die acht Zucchinipflanzen in

Die Vielfalt der Kürbissorten ist riesig. Bei wenig Platz wählt man kleine und mittelgroße Sorten.

Sind im Spätherbst die Ölkürbisse richtig ausgereift, öffne ich sie und ernte die leckeren Kerne.

meinem Garten – das ist sehr viel und sicherlich kein Maßstab für alle. Auch die Sortenwahl will bedacht sein. Es gibt grüne und gelbe, lange und runde, späte und früh tragende. Man muss einfach überlegen, was man möchte, und sich durchprobieren. Meine Lieblingssorte ist 'Coucourzelle'. Sie hat lange, gestreifte Früchte und trägt recht zuverlässig.

Die Anzahl der Kürbisflanzen ist ebenfalls gut zu überlegen, da ein Kürbis wirklich viel Raum braucht und in einem warmen Sommer schon mal einen halben Garten überwuchern kann. Allerdings sehe ich den Kürbis als eine sehr lohnende Gartenfrucht an, da man die meisten gut bis ins Frühjahr lagern kann, sie sehr flexibel in der Küche einsetzbar sind und die Pflanzen vor allem nicht viel Pflege benötigen, wenn sie sich erst einmal im Garten etabliert haben. Vor zu vielen Kürbissen braucht man meiner Meinung nach also keine Angst zu haben. Es besteht nämlich keine Notwendigkeit, sie alle frisch zu essen. Man sollte sich nur vorher überlegen, dass man sie irgendwo lagern muss. Das ist aber notfalls auch bei Zimmertemperatur im Wohnzimmer möglich, Kürbisse sind schließlich eine schöne Deko.

Es gibt viele verschiedene Kürbissorten. Die Auswahl geht weit über den üblichen Hokkaido hinaus, sodass es schwerfallen kann, sich auf zwei bis drei Pflanzen zu beschränken. Außerdem kann man nie wissen, ob sich nicht vielleicht doch Schnecken über eine junge, frisch ausgepflanzte Pflanze hermachen und sie verspeisen. Ich handhabe das so, dass ich ein paar Pflanzen in Reserve aussäe. Irgendwie passt eine immer noch irgendwohin. Notfalls setze ich sie in einen großen Eimer vor den Gartenzaun. Dort muss sie dann aber gut und regelmäßig gedüngt und gewässert werden. Wenn im August dann plötzlich alles von langen Ranken überwuchert ist, kann ich mich dem Problem der Kürbis-Verwertung immer noch stellen.

Zum Glück kann ich meine Kürbisse inzwischen in unserem Paradies anbauen. Dort können sie sich ungehindert ausbreiten und Früchte produzieren. So habe ich meistens zwischen 16 und 20 Pflanzen. Aber auch das sollte nicht unbedingt ein Maßstab für andere Gärtner sein. Im ersten Jahr schaute mein Mann etwas verschreckt, als ich Caddy und Schubkarre benötigte, um die Mengen nach Hause zu transportieren. Aber letztendlich hat sich alles geregelt. Wir konnten im nächsten April immer noch leckere Kürbisse vom Vorjahr essen und inzwischen hat sich mein Mann an die Mengen gewöhnt!

Meine Lieblingskürbissorten sind der Hokkaido-Kürbis, 'Futsu Black Rinded', 'Sweet Dumpling', 'Butternut', 'Blaue Banane' (Vorsicht, sehr groß und ertragreich) und der Ölkürbis. Vom Ölkürbis verwerte ich nur die Kerne. Aus dem Fruchtfleisch mach ich höchstens Suppe, da es recht wässrig ist. Meistens gebe ich es aber als Biomasse auf den Kompost. Dies ist der einzige Kürbis, dessen Kerne aufgrund eines genetischen Defekts keine Schale haben, sodass man sie einfach trocknen und essen kann. Gekaufte Kürbiskerne sind relativ teuer, darum hat mich dieser Kürbis wirklich überzeugt. Pro Kürbis kann ich ca. 250 g Kerne ernten (→ Seite 157). Allerdings braucht die Pflanze sehr viel Platz. Er ist wirklich nur für große Gärten oder eben für mein Paradies geeignet.

Es gibt aber noch so viele andere spannende Sorten, bei denen es sich lohnt, sie zu probieren.

Kartoffeln legen

Zur Stachelbeerblüte – bei uns meistens ab Mitte April – können Kartoffeln gelegt werden, rein theoretisch. Rein praktisch habe ich es mir aber abgewöhnt, meine Kartoffeln schon so früh zu legen. Natürlich kommen und wachsen sie auch Mitte April einwandfrei, es dauert nur eben länger. Lege ich sie dagegen Ende April oder sogar erst Anfang Mai, wachsen sie viel schneller und wachsen im Zweifelsfall den hungrigen Schnecken einfach davon. Denn meine vorgekeimten Kartoffeln haben seit März schon viele Austriebe und Wurzeln gebildet und auch einige Blätter entfalten sich bereits an den Trieben.

Die Seite mit den meisten entwickelten Keimen kommt beim Pflanzen nach oben.

Kartoffeln baue ich in Reihen mit einem Abstand von ca. 50 cm an, sowohl in der Reihe als auch zur nächsten Reihe. Im Paradies lege ich gern Doppelreihen an, sodass in der Mitte eines Beets zwei Reihen Kartoffeln liegen und links und rechts je ein Gang ist, sodass ich bequem durchgehen kann. Im Frühling sieht der Abstand recht groß aus, hat sich das Laub aber erst einmal entwickelt, schließen sich die Reihen recht schnell.

Zum Legen grabe ich ein etwa 20 cm tiefes Pflanzloch und gebe drei bis vier Pferdeäpfel hinein. Darauf kommt etwas Erde und dann die Kartoffel, und zwar mit den Trieben nach oben. Die Erde dazwischen ist wichtig, damit die Wurzeln der Kartoffel nicht direkt auf den Pferdeäpfeln aufliegen. Das Loch fülle ich mit reifem Kompost auf und werfe auch gleich einen kleinen Hügel auf. Das erspart mir später einmal anhäufeln. Außerdem schützt das Anhäufeln die zarten Triebe der Kartoffel, sollte es doch noch eine Frostnacht geben. Gerne schütze ich die Kartoffeln auch mit einem Vlies vor kalten Nächten und gebe ihnen dadurch einen kleinen Wachstumsvorsprung.

Danach wässere ich die Erde ordentlich. Gemulcht werden meine Kartoffelreihen erst, wenn das Laub zu sehen ist, weil der dunkle Erdboden die Wärme der Sonne besser speichert.

Bei schlechter Witterung im April kann es passieren, dass die Kartoffeltriebe länger und länger werden, ohne dass ich sie legen kann. Aber das macht nichts. Ich warte, bis das Wetter passt. Die Kartoffeln sehen mit den langen Trieben zwar komisch aus, und wenn ich sie schließlich auspflanze, werden sie wahrscheinlich auch von der Sonne verbrannt. Aber es treiben neue Triebe nach. Wenn man will, kann man die Triebe aber auch etwas einkürzen. Dieses Vorgehen mag nicht optimal sein,

Pflanzabstände von 50 cm schließen sich relativ schnell, wenn das Kraut der Kartoffeln erst einmal wächst.

Ich mulche die Kartoffeln dick mit Heu. Es macht nichts, wenn die unteren Blätter unterm Heu verschwinden.

aber man muss die Kartoffeln deswegen nicht entsorgen oder auf die Ernte verzichten.

KARTOFFELN ANHÄUFELN, MULCHEN UND DÜNGEN

Nach 3–4 Wochen, wenn die Triebe ca. 20 cm lang sind, häufele ich die Kartoffeln noch einmal an. Dazu ziehe ich zwischen den Reihen mit einer Hacke die Erde auf die bereits vorhandenen Hügel. Es macht nichts, wenn nun ein paar Blätter unter der Erde liegen. Danach packe ich die Kartoffeln mit einer dicken Mulchschicht ein. Dafür besorge ich mir Heu vom Bauern und bringe eine gut 15–20 cm dicke Schicht aus. Sie hält nicht nur die Feuchtigkeit im Boden, sondern verhindert auch, dass Kartoffeln, die an der Oberfläche liegen, vom Tageslicht grün und damit ungenießbar werden. Außerdem nehme ich dadurch den Wildkräutern, die immer auf unbedeckte Erde und Licht warten, um keimen zu können, die Chance zu wachsen.

Je nachdem, wie gut der Boden gedüngt ist, kann man 6 Wochen nach der Pflanzung mit verdünnter Brennnesseljauche oder Bokashiwasser nachdüngen. Dabei sollte man unbedingt darauf achten, dass die Blätter nicht feucht werden, sondern nur auf den Boden gießen. Denn je mehr Feuchtigkeit die Blätter der Kartoffeln abbekommen, desto eher kann sich Braunfäule entwickeln.

Vom Pflegeaufwand her sind Kartoffeln ideal. Vorkeimen, legen, anhäufeln, mulchen und ernten. Das war es schon! Kartoffeln sind also eine zeitsparende Kultur, die zudem noch sehr gut gelockerten Boden hinterlässt. Am besten gedeihen sie übrigens auf einem Boden, der das erste Mal bestellt wird.

Erdbeeren pflanzen

Habe ich im letzten August verpasst, neue Erdbeerpflanzen zu setzen, ist nun noch Gelegenheit dazu. Der Ertrag im ersten Jahr wird zwar nicht ganz so groß sein, kann sich aber trotzdem sehen lassen.

Erdbeerpflanzen lassen nach 3 Jahren spürbar im Ertrag nach, sodass man jedes Jahr ein paar neue pflanzen sollte. Man kann entweder die Ableger von besonders schmackhaften und gut tragenden Pflanzen nehmen oder neue Pflanzen kaufen.

Bei Erdbeeren gibt es eine große Vielfalt an Sorten, die sich im Erntetermin, Geschmack und in der Häufigkeit der Ernten unterscheiden. So gibt es z. B. Erdbeeren, die im Spätsommer oder frühen Herbst noch einmal Früchte ansetzen, wohingegen die meisten Sorten nur einmal tragen.

Auch Erdbeeren pflanze ich in Doppelreihen, mit 20 cm Abstand in der Reihe. Da ich die Reihen jeweils um eine Pflanze versetzt bepflanze, reichen 20 cm Abstand. Ansonsten sollte man gut 30 cm Reihenabstand einhalten, weil die Pflanzen genügend Platz zum Abtrocknen brauchen. Die Erdbeerpflanzen werden in eine dicke Schicht reifen Kompost gesetzt. Einen zusätzlichen Wachstumsschub kann man den Pflanzen mit verdünnter Brennnesseljauche geben.

Jede Beere zählt: Lücken im Erdbeerbeet fülle ich auch jetzt noch mit Jungpflanzen.

Normalerweise werden Erdbeeren kurz vor der Ernte mit Stroh gemulcht, damit die Früchte gut abtrocknen und nicht auf der Erde liegen und bei feuchter Witterung faulen. Um die Feuchtigkeit im Boden zu halten, ist Stroh aber nicht geeignet. Inzwischen mulche ich meine Erdbeeren deshalb nur einmal – gleich beim Pflanzen – mit Holzhäckseln. Sie speichern die Feuchtigkeit im Boden, die Früchte liegen jedoch obendrauf im Trockenen. Zudem zersetzen sich die Holzhäcksel nach 2–3 Jahren und werden zu Kompost, der die Erdbeeren düngt.

Ob ich die Reihen später mit einem Vogelschutznetz überspannen muss, hängt von dem Hunger der Amseln und dem weiteren Nahrungsangebot in meinem und in benachbarten Gärten ab. Wer z. B. einen früh reifenden Kirschbaum in der Nähe hat, muss sich um seine Erdbeeren meistens nicht sorgen. Außerdem finde ich es ganz in Ordnung, ein paar Früchte zu teilen, solange ich selber noch genügend bekomme. Werden die Vögel jedoch zu hungrig, greife auch ich auf Vogelschutznetze zurück.

Dafür stecke ich Drahtbögen in die Erde und überspanne sie mit einem Netz und befestige es mit Wäscheklammern. Die Enden und Seiten beschwere ich gut, damit kein Vogel unter das Netz gelangen kann und sich dort verfängt. Ich vermeide diese Netze, da sie für Vögel leicht zum Verhängnis werden können. Deshalb ist sehr wichtig, sorgfältig zu arbeiten und die Netzte lieber einmal mehr zu kontrollieren, bevor ein Vogel für die eigene Nachlässigkeit bezahlen muss. Meistens opfere ich jedoch lieber ein paar Erdbeeren, als dass ich Netze spanne.

Rote Bete vorsäen

Mitte April ist es an der Zeit, die ersten Roten und Gelben Beten zu säen. Ich liebe dieses Gemüse, das häufig ein etwas angestaubtes Image hat, denkt man doch bei Roter Bete meistens nur an die in Essig eingelegten Scheiben. Doch Rote Bete kann mehr. Sie ist ein sehr vielseitiges Gemüse, das man roh, gekocht und eingelegt genießen kann. Man kann sie jung und frisch verwerten, bis zu den stärkeren Frösten im Beet stehen lassen oder den ganzen Winter über einlagern. Sie büßt nichts von ihrer Qualität ein und ist – egal zu welcher Jahreszeit – ein perfekter Immunbooster und besonders für uns Frauen eine gute Quelle, um den Eisenspiegel im Blut aufrechtzuhalten.

Beten gibt es in verschiedenen Farben: gelb, rot, weiß und rot-weiß geringelt. Die Weißen und Gelben Beten sind meistens etwas süßer als die Roten, sie wachsen aber langsamer und bleiben kleiner. Zum Braten in einer gemischten Gemüsepfanne eignen sich die hellen Beten jedoch sehr gut, weil sie nicht wie die Roten ausbluten und alle anderen Gemüse in der Pfanne rot einfärben.

Rote-Bete-Samen sind mehrhäusig, d. h. aus einem Samenkorn entstehen zwei bis drei Keimlinge.

Rote, Gelbe und geringelte Beten sind für das Auge ein Genuss. Man kann sie auch klein ernten.

Auch die frischen Blätter und Stiele der Beten kann man verwerten: als Spinatersatz, in der Gemüsepfanne oder im Smoothie. Junge, zarte Blätter verfeinern auch klein geschnitten einen Salat. Die Stiele bereite ich wie Mangoldstiele zu, kommen sie doch aus der gleichen Pflanzenfamilie.

Säe ich Rote Beten zu früh aus, also wenn es noch zu kalt ist, ist die Gefahr recht hoch, dass sie schießen und schon im ersten Jahr Blütenstände bilden. Deshalb säe ich den ersten Satz gern in Aussaatpaletten vor und lasse sie im warmen Gewächshaus keimen. Das geht ganz fix: Erde in die Palette füllen, Samen rein, mit Erde abdecken und angießen – fertig. Wieder so eine Sache, die man in 5 Minuten erledigen kann. Ich verwende dafür Aussaatpaletten mit Töpfen von 4–5 cm Durchmesser. In jeden Topf kommen drei bis vier Samen. Ins Freie kommen die Sämlinge dann im Mai (→ Seite 98).

Natürlich lassen sich die Beten ab Ende des Monats auch direkt ins Beet säen. Ich ziehe aber die Aussaat in Aussaatpaletten vor, auch wenn ich noch spätere Sätze säe. Auf diese Weise kann ich außerdem immer noch ein paar Lücken in anderen Beeten mit den Pflanzen auffüllen. Rote Bete können noch problemlos bis Ende Juni nachgesät werden.

Schnecken: am besten absammeln

Schnecken sind der Schrecken eines jeden Gärtners. Aber die Sache ist nicht hoffnungslos! Früher hatte auch ich ganz viele Schnecken in meinem Garten, inzwischen hält es sich in Grenzen, was zum Teil, aber nicht nur, an den trockenen Sommern der letzten Jahre liegt.

Ich verwende im Frühjahr, manchmal schon im März, wenn noch kaum etwas auf den Beeten wächst, Schneckenkorn, und zwar um die ganz kleinen Schnecken zu erwischen, die man, da sie nur knapp 1 cm groß sind kaum sieht.

Ein Schneckenkorn, das gut ist und das ich für einigermaßen vertretbar halte, ist Ferramol. Es hat den Vorteil, dass sich die Schnecken zurückziehen und nicht oben auf der Erde verschleimen und wieder andere Schnecken anziehen, die die toten Schnecken auffressen. Und für uns ist es angenehmer, weil wir nicht die ganzen toten und verschleimten Schnecken finden. Für die Schnecken ist und bleibt es leider ein langsamer und grausamer Tod.

Aus diesem Grund verwende ich Schneckenkorn auch nur ein einziges Mal im Jahr. Danach wird konsequent abgesammelt. Ein bisschen Gymnastik nach dem Abendessen oder in den frühen Morgenstunden belebt Geist und Körper und zudem bekommt man allabendlich ein Gratiskonzert von Herrn Amsel geboten.

Ich gehe wirklich jeden Abend auf Schneckenjagd und versuche auf diese Weise, schon gleich die erste Generation der Schnecken zu erwischen. Dafür hat sich eine alte Grillzange als hilfreich erwiesen. Es ist keine schöne Arbeit, aber wirkungsvoll, zumindest nach ein paar Jahren. Und mit meinem Gewissen ist das Absammeln definitiv besser zu vereinbaren, als ständig Schneckenkorn zu streuen, das auch noch gern von Mäusen gefressen wird, denen es aber glücklicherweise nichts antut.

Beim Sammeln versuche ich wie eine Schnecke zu denken und überlege, wo sie sich aufhalten könnte. Schnecken lieben feuchte Orte und möchten sich tagsüber in die Nähe ihrer Nahrungsquelle zurückziehen. Auf ihrem Speisezettel stehen neben abgestorbenen Pflanzenteilen auch frische Setzlinge, Kürbis- oder Zucchiniblüten, Salate usw. Tagsüber halten sie sich bevorzugt unter Steinen oder Brettern, in engen Ritzen, unter Töpfen etc. auf. Es lohnt sich auf alle Fälle, an solchen Plätzen nachzusehen. Auch auf Rasenflächen verstecken sie sich gern und kriechen von dort bei Anbruch der Dunkelheit auf die Beete. Den an die Beete angrenzenden Rasen sehr kurz zu halten hilft etwas, da sie sich dann nicht ganz so gut im hohen Gras verstecken können.

Im Paradies habe ich erlebt, wie Schnecken abends in Scharen aus dem hohen Gras gekrochen kamen, es war einfach unglaublich. Ich habe dann um die Gemüsepflanzen herum einen breiten Streifen einer Blühmischung gesät. In erster Linie habe ich das für die Bienen und Insekten getan. Es hat sich aber herausgestellt, dass die meisten Schnecken in diesem Art Pflanzengürtel geblieben sind, weil sie dort genug Nahrung fanden. Die Blumen wuchsen so schnell, dass die Schnecken ihnen keinen großen Schaden mehr zufügen konnten.

Auf einer Seite des Beets im Paradies ist eine tiefe Furche, die vom ersten Umpflügen stammt. Sie hat sich als gute Barriere erwiesen. Zumindest dauert es länger, bis die Schnecken auf der anderen Seite des Grabens und damit beim Gemüse sind. Für mich ist dies aber etwas unbequem, da ich immer mit einem Bein im Graben stehe, wenn ich die Beetränder bearbeiten muss. Ich werde also meine Beete nicht mit einem Graben umranden, dann sammle ich lieber Schnecken.

Im Frühjahr ist die Schneckenjagd besonders wichtig. Zwar gibt es jetzt nur kleine Schnecken und sie sind obendrein schwer zu entdecken. Doch sie haben schon sehr großen Hunger und können an einer Salatpflanze viel größeren Schaden anrichten als die großen Schnecken, die man später im Sommer antrifft. Man muss halt einfach schneller und gewiefter sein und wenn möglich schon die erste Generation erwischen. Dann können sie nämlich nicht so viele Eier legen und es gibt später im Jahr nicht so viele Folgegenerationen.

Schnecken können enormen Schaden anrichten. Sie richten sogar einen großen Kohl zugrunde.

Mulchen

Beim Thema Mulchen werde ich leidenschaftlich! Ich liebe es, meine Beete dick einzupacken und nach einiger Zeit zu sehen, wie die Regenwürmer und Bodenorganismen den Mulch in wunderschöne, feinkrümelige Erde verwandelt haben. Für das Mulchen sprechen mehrere Gründe.

- Mulchen schützt die Erde vor dem Austrocknen durch Sonne und Wind, weil sie die Feuchtigkeit besser hält. Deshalb ist es wichtig, dass der Boden gut durchfeuchtet ist, wenn ich den Mulch aufbringe. Würde ich trockenen Boden mulchen, würde er unter dem Mulch trocken bleiben, weil der Regen von der Mulchschicht aufgesogen wird und die darunter liegende Erde nicht durchfeuchten kann – es sei denn, es regnet monsunartig.
- Mulchen düngt den Boden. Man kann es auch als Flächenkompostierung ansehen, nur dass die Umwandlung von organischem Material in Humus nicht auf dem Komposthaufen stattfindet, sondern gleich vor Ort, wo der Dünger gebraucht wird.
- Mulchen aktiviert das Bodenleben. Die Bodenlebewesen benötigen frisches organisches Material als Lebensgrundlage und liefern dafür wertvollen Dünger. Zudem durchlüften sie den Boden, wie z. B. der Tauwurm. Mit seinen bis zu 3 m tiefen Gängen gräbt er den Boden um und bringt Nährstoffe aus der Tiefen in die oberen Bodenschichten. Außerdem speichert ein mit solchen Gängen durchsetzter Boden den Regen wie ein Schwamm. In solchen lockeren Böden haben es Pflanzenwurzeln viel leichter, Fuß zu fassen, und können ein weit verzweigtes Wurzelsystem ausbilden. Die Pflanzen haben einen besseren Stand – besonders bei Wind und Unwettern – und wachsen besser, weil sie mehr Nährstoffe aufnehmen können.
- Mulchen unterdrückt weitgehend den Wildkrautwuchs. Wachsen doch einmal Wildkräuter, kann man sie leicht herausziehen.

Einen kleinen Nachteil hat das Mulchen allerdings: Gemulchte Beete erwärmen sich im zeitigen Frühjahr langsamer als ungemulchte Flächen. Möchte ich also in bestimmten Beeten früh aussäen, harke ich den Mulch direkt nach dem Winter einfach zur Seite.

Je früher ich im Jahr mulche, desto mehr Feuchtigkeit vom Winter bleibt im Boden erhalten.

Es ist wirklich erstaunlich, wie sehr sich der Gartenboden schon nach 1–2 Jahren mulchen verbessert. Ich bin immer wieder begeistert über die feinkrümelige humose Erde, die sich als oberste Schicht auf meinem lehmigen Gartenboden entwickelt hat.

WOMIT UND WIE ICH MULCHE

Als Mulchmaterial eignet sich alles von Rasenschnitt, über Heu, angerottetem Laub, Wildkräuter (ohne Blüten und Samen), große Blätter wie von Kohl oder Rhabarber und sogar Zeitungen oder Wellpappe. Wichtig ist nur, dass man eine ordentlich dicke Schicht ausbringt.

Man kann natürlich auch verschiedene Materialien kombinieren. Im Paradies mische ich gern Zeitungen oder Wellpappe mit Rasenschnitt oder Heu. Der Unterschied zu den nicht gemulchten Bereichen ist eklatant. Da ich im Paradies kein Wasser zur Verfügung habe, sondern in Kanistern heranschleppen muss, werden meine Pflanzen dort nur einmal, nämlich bei der Pflanzung gegossen, dann allerdings kräftig. Auf die feuchte Erde kommt eine dicke Mulchschicht. Um große Pflanzen herum, wie z. B. Kohl und Kürbis, lege ich erst eine Schicht Zeitung oder Wellpappe, die ebenfalls gut gewässert wird, da sie sonst zu leicht wegfliegen würde. Darauf kommt dann dick Rasenschnitt oder Heu. So kann ich gleich im Frühjahr die Feuchtigkeit vom Winter im Erdboden bewahren.

Um viele Beete mulchen zu können, braucht man enorme Mengen Mulchmaterial. Ich bekomme mindestens alle 4 Wochen drei bis vier große Kübel Rasenschnitt von Nachbarn. Diese Mengen benötige ich allein schon für meine Beete im Garten. Der Rasen meiner Nachbarn ist, wie meiner auch, nicht mit Herbiziden behandelt, sodass ich ihn ohne Bedenken dick um meine Gemüsepflanzen legen kann. Frisch ausgebracht verströmt er den Duft von frisch gemähtem Gras.

Habe ich nicht genügend Mulchmaterial, mulche ich lieber nur einige Beete gründlich mit einer 5–10 cm dicken Schicht, als auf allen Beeten nur ein bisschen zu verstreuen. Mit einer dünnen Mulchschicht hat man nämlich keinen großen Erfolg.

Wenn ich meine Kartoffeln dick mit Heu mulche, bleibt der Boden feucht und ich spare mir einmal anhäufeln.

Am liebsten mulche ich nach einem ausgiebigen Regentag und vor sonnigen Tagen. So bleibt die Feuchtigkeit gut im Boden. Die Sonne trocknet die oberste Mulchschicht an, sodass sie wie eine Art Isolierung wirkt. Ein paar Wochen später sehe ich dann, dass die Mulchschicht erheblich geschrumpft ist. Habe ich Zeit, arbeite ich den verbliebenen Mulch vorsichtig mit meinem Sauzahn oder einer kleinen Hacke in die Erde ein und mulche neu. Ansonsten kommt der neue Mulch einfach auf den halb verrotteten.

Nur in ganz nassen Sommern kann es sinnvoll sein, die Mulchschicht etwas zu entfernen, um die Erde abtrocknen zu lassen. In diesem Fall kann man die Mulchschicht einfach an die Ränder des Beets ziehen oder auf den Kompost bringen. Sind Beete zu feucht, hilft es, in den Morgenstunden den Boden aufzuhacken, sodass er tagsüber abtrocknen kann.

Wenn ich in ein gemulchtes Beet pflanzen möchte, ziehe ich an den entsprechenden Stellen den Mulch auseinander, setze die Pflanzen ein und verteile den Mulch wieder rund um die Pflanzen.

Will ich in ein gemulchtes Beet säen, ziehe ich zuerst den Mulch zur Seite und lege ihn auf ein anderes Beet. Dann kann ich einsäen. Neu gemulcht wird erst, wenn die Sämlinge ein paar Zentimeter aus dem Boden schauen. Um die Feuchtigkeit auch nach der Aussaat im Beet zu halten, decke ich solche Beete zeitweise mit Vlies ab.

Was sonst noch los ist im …

April

Ich habe große Platzprobleme an allen Ecken und Enden! Alle meine eifrig vorgezogenen Pflänzchen sind nun größer geworden und damit auch in größere Töpfe umgezogen, die natürlich wieder mehr Platz benötigen. Ich bringe so viele Pflanzen wie möglich nach draußen, damit sich der Dschungel im Haus etwas in Grenzen hält.

Viele Pflanzen können aber aufgrund der kalten Nächte noch nicht nach draußen oder ins Gewächshaus. Besonders bei den wärmeliebenden Gemüsen wie Paprika, Auberginen, Tomaten, Gurken, Zucchini und Kürbissen warte ich auf milde Nachttemperaturen – am besten mehr als 10 °C –, da sie ansonsten erst einmal in einen Wachstumsstreik treten.

Ich habe im Gewächshaus zwei Malerböcke mit einer Platte obendrauf im Beet stehen. Unter der Platte wachsen Salate und Kohlrabi und auf der Platte stehen meine Jungpflanzen, die darauf warten endlich ausgepflanzt zu werden. So bekommen sie genügend Licht und ich habe meinen begrenzten Platz im Gewächshaus zeitweilig erweitert. Sind Frostnächte angekündigt, decke ich die Pflänzchen zusätzlich mit Vlies ab.

Man kann die jungen Pflanzen natürlich auch morgens in den Garten bringen und abends wieder hereinholen. Dabei sollte man jedoch beachten, dass man die jungen Pflänzchen erst langsam an die Sonne und den Wind gewöhnen muss.

Inzwischen leben wir damit, dass sich unser Haus spätestens im April für 4 Wochen in einen Dschungel verwandelt. Doch diese Zeit geht vorbei. Ich habe alle Fensterbänke dicht an dicht mit Töpfen, Schalen und Milchkartons vollgestellt und vor einigen Fenstern habe ich zusätzlich Tapeziertische stehen. Auf ihnen baue ich ein kleines Podest, sodass die Pflanzen etwas höher stehen und durch das Fenster genug Licht bekommen. Unter den Tischen habe ich Pflanzenlampen installiert, sodass zusätzlich Pflanzen auf dem Fußboden stehen können.

KÖSTLICHES IM FRÜHLING: LÖWENZAHN UND CO.

Ende April steht der Löwenzahn meistens in seiner ganzen Pracht auf den Wiesen. Die Blätter sind groß und saftig und voller Vitamine und die Blüten leuchten schon von Weitem mit ihrem sanften Gelb und ziehen die Bienen in ihren Bann. Zu dieser Zeit sammle ich einen großen Schwung schönster Löwenzahnblüten und -blätter und trockne sie. Um die Vitamine so gut wie möglich zu erhalten, trockne ich Blüten und Blätter schonend und schnell im Dörrautomaten. Danach mahle ich sie im Mixer zu feinem Pulver und fülle sie in Gläser. Dort warten sie auf ihren Einsatz in Smoothies im Winter.

Auch der Rhabarber ist jetzt erntereif. Ich kann es kaum erwarten, bis ich den ersten Rhabarberkuchen des Jahres backen kann. Meistens ist er sehr schnell aufgegessen und die Zeit bis zum nächsten Wochenende und damit zum nächsten Rhabarberkuchen erscheint mir recht lang. Dann ernte ich die Stiele schon mal halb ausgewachsen, was der Pflanze aber nicht schadet. Die Blätter verwende ich zum Mulchen. Liefern die Pflanzen genug lange Stiele, koche ich das erste Rhabarbergelee. Damit ich auch immer genügend Rhabarber zur Hand habe, wachsen inzwischen drei Pflanzen in meinem Garten.

April ist auch der Monat, in dem ich große Mengen Bärlauchpesto zubereite. Da man in den meisten Regionen nur kleine Sträuße Bärlauch im Wald pflücken darf, macht es Sinn, Bärlauch im Garten anzupflanzen. Dazu kann man im Frühjahr Bärlauchknollen in Töpfen kaufen und an eine schattige Stelle pflanzen, am besten unter Bäumen. Nach ein paar Jahren breiten sich die Bärlauchpflanzen dann von ganz alleine aus. Wichtig ist nur, sie nicht in die Nähe von Maiglöckchen zu pflanzen, da sich die Blätter beider Pflanzen sehr ähnlich sehen und Maiglöckchen sehr giftig sind.

Für mein Pesto püriere ich klein geschnittene Bärlauchblätter mit Sonnenblumenkernen, Salz, Olivenöl und Hefeflocken im Mixer. In Gläser abgefüllt hält es sich mit einer Schicht Olivenöl obenauf ein paar Wochen im Kühlschrank. Ansonsten friere ich es auch in kleinen Gläsern ein. Wichtig ist, dass die Deckel gut schließen, da sonst der ganze Gefrierschrank nach Bärlauch riecht.

Vom Haus ins Gewächshaus: Die ersten 1–2 Tage schützt Vlies die Pflänzchen vor ungewohnter Sonne.

PFLANZEN BIS ZUM UMFALLEN

Trotz vieler Arbeit verleiht mir der Mai einen wahren Energieschub: Ich genieße die Tage mit allen Sinnen.

Mai

WAS DIESEN MONAT ANSTEHT

- Rote Bete auspflanzen
- Pflanzen abhärten
- alles pflanzen, was da ist
- Bohnen legen
- Brennnesseljauche ansetzen
- Zuckerschoten säen
- Rote Bete säen
- Mais aussäen und pflanzen
- Schattennetz im Gewächshaus anbringen
- mulchen, mulchen, mulchen
- Sommersalate säen
- ernten

Der Mai ist der schönste und schlimmste Monat im Jahr! Der schönste, weil es jetzt wirklich warm wird, die Schrecken des Winters sind durchgestanden. Alles grünt und blüht, es duftet herrlich nach Frühling. Der Schlimmste, weil die Arbeit einfach kein Ende nimmt.

Jetzt bekomme ich Platz, überall. Im Haus, im Gewächshaus, an all meinen Anzuchtstationen. Allerdings muss ich dafür auch alles auspflanzen. Im Mai ist mir meine Pflanzschaufel fast an der rechten Hand angewachsen. Hat man nur fünf Tomaten-, fünf Paprika- und zwei Zucchinipflanzen, ist das vielleicht unverständlich. Bei mir sieht es allerdings etwas anders aus. Rund 100 Tomaten-, 40 Paprikapflanzen, diverse Gurken-, Zucchini- und Kürbispflanzen wollen ins Beet bzw. in den Kübel. Auch die Sommerblumen und einige Salat- und Kohlpflanzen entlasse ich nun endgültig aus ihren kleinen Töpfen in die Freiheit. Im Haus wird Platz frei, doch im Garten bin ich ständig auf der Suche nach Stellen, an denen ich noch ein paar Pflänzchen unterbringen kann. Gegen Ende des Monats steht dann noch unsere Frühjahrshonigernte an, die sich meist mehrere Tage hinzieht.

Ich bin immer wieder überrascht, mit welcher Ruhe ich diese Zeit überstehe. Das liegt sicher daran, dass ich meine Arbeit über alles liebe und mir auch die Zeit nehme, die Natur zu genießen. Und sei es nur, wenn ich mit meinem mit Jungpflanzen vollgepackten Fahrrad ins Paradies radle und die Sonne und den Fahrtwind im Gesicht spüre. Das Vogelgezwitscher am Morgen und die langen Abende begeistern mich jeden Tag aufs Neue. Dieser Monat energetisiert mich einfach ungemein.

Endlich ins Beet: Rote Bete

Anfang Mai, wenn die im April gekeimten Rote-Bete-Sämlinge drei bis vier Blätter entwickelt haben, pflanze ich die Keimlinge aus einem Töpfchen jeweils gemeinsam ins Beet, mit je 15 cm Abstand zwischen den einzelnen Grüppchen. So stehen sie gleich im richtigen Abstand und ich bekomme größere Knollen. Rote-Bete-Samen sind mehrhäusig, d. h., aus einem Samen können sich zwei bis vier Sämlinge entwickeln. Beim Auspflanzen vereinzele ich die Sämlinge nicht, solange nicht mehr als fünf bis sechs in einem Topf stehen. Rote Bete mögen es nämlich, in sogenannten Clustern zu wachsen. Man erntet die großen zuerst und lässt die kleineren Rüben noch länger im Beet. Natürlich kann man Rote Bete auch einzeln setzen, die Knollen werden dann wesentlich größer. Allerdings sind mir viele mittelgroße Rüben lieber als ein paar riesige. Diese finde ich bei der Verwertung einfach unpraktisch.

Rote Bete können sonnig bis halbschattig stehen und haben keine großen Ansprüche an den Boden. Wenn die Pflänzchen etwa 10 cm groß sind, mulche ich sie mit einer dicken Schicht Rasenschnitt, damit sie während des Wachstums genügend Feuchtigkeit bekommen.

Die Netzränder beschwere ich mit Steinen oder Brettern oder ich befestige sie mit Wäscheklammern am Rahmen.

Hat man viele Spatzen im Garten, sollte man die Reihen anfangs mit Rundbögen und einem einfachen Netz abdecken, da die Spatzen gern die jungen, zarten Blätter abzupfen. Die Ränder des Netzes beschwert man sorgfältig mit Bretter oder Steinen, damit sich kein Spatz im Netz verfangen kann.

Pflanzen abhärten

Bevor ich meine Pflanzen aus dem Haus nach draußen setzen kann, muss ich mir bewusst machen, dass sie nun in ein ganz anderes Klima kommen. Sie sind die Einflüsse der Natur wie Sonneneinstrahlung, Temperaturschwankungen – und nicht zu vergessen auch Wind – noch nicht gewohnt. Am besten ist es, die jungen Pflanzen ein paar Tage tagsüber in den schützenden Schatten zu stellen und stundenweise an die Außenwelt zu gewöhnen. Als ich früher nur wenige Pflanzen hatte, habe ich das so gemacht. Inzwischen ist das ein Ding der Unmöglichkeit, es sind einfach zu viele. Aber ich versuche trotzdem, den Pflanzen ihren Blitzumzug so angenehm wie möglich zu gestalten. Ideales Pflanzwetter ist ein bewölkter Himmel, eine moderate Temperatur und Windstille. Da es diese Wetterlage jedoch nur selten gibt, muss ich andere Maßnahmen ergreifen. Ein wichtiges Hilfsmittel ist Gartenvlies. Vor oder über die Pflanzen gespannt hält es den Wind etwas ab, schafft ein wärmeres Kleinklima und, ganz wichtig, es schützt vor den Sonnenstrahlen, sodass die zarten Blätter nicht gleich einen Sonnenbrand bekommen.

Pflanzen, die ich nicht abdecken kann, weil sie zu weit auseinanderstehen und ich Unmengen an Vlies benötigen würde, wie z. B. Zucchini und Kürbisse, stelle ich schon ein paar Tage vor dem Auspflanzen an einen halbschattigen Platz im Gewächshaus. Denn auch dort können die Pflanzen einen Sonnenbrand bekommen, wenn sie nicht langsam an die Sonne gewöhnt werden. Am Tag bevor sie endgültig ausgepflanzt werden, stelle ich sie dann nach draußen in den lichten Schatten. So sind sie bestens für den Umzug gerüstet.

Man braucht nicht alle Pflanzen so zu verwöhnen, aber bei wärmeliebenden Arten wie Tomaten, Paprika, Auberginen, Kürbis und Zucchini bin ich vorsichtig, damit sie keinen Schock bekommen und in Streik treten oder ihre Blätter verbrennen.

Tomaten auspflanzen

Der Großteil meiner Tomaten wächst in Kübeln an den Süd- und Westseiten unseres Hauses und der Garage. Wir haben einen relativ breiten Dachüberstand, der die Tomaten, wenn die Kübel direkt an der Hauswand stehen, einigermaßen vor Regen schützt. Außerdem speichern die Klinker unseres Hauses die Wärme des Tages und geben diese nachts an die Tomaten ab. So wachsen sie in einem etwas wärmeren Kleinklima. Ich bevorzuge rechteckige Pflanzwannen oder Maurerkübel, da ich so den zur Verfügung stehenden Platz am besten ausnutzen kann. Pro Tomate werden etwa 20 Liter Erde benötigt, gern aber auch mehr, besonders bei den großen Fleischtomaten. Balkontomaten können dahingegen gut in 10-Liter-Eimern wachsen, sie brauchen nicht so viel Erde. Wenn keine Nachtfröste mehr zu erwarten sind und die Nachttemperaturen über 8 °C liegen, kann ich meine Tomaten endlich auspflanzen. Meistens ist das gegen Mitte Mai der Fall, es kommt aber immer auf das Wetter an. In manchen Jahren muss ich auch noch 1–2 Wochen länger warten. Oft ist es Ende April schon so schön warm, dass ich das Auspflanzen am liebsten vorzie-

Ich setze die Tomate bis zum ersten Blattpaar in die Erde. So bildet sie entlang des Stängels neue Wurzeln.

Dank der im Winter vorbereiteten Kübel geht mir das Tomatenpflanzen im Mai schnell von der Hand.

hen möchte, da ich den Platz drinnen dringend brauche. Dann wird es aber im Mai noch einmal richtig kalt und ich bin froh, dass ich gewartet habe, da die Tomaten bei zu kalten Temperaturen oft einen Wachstumsstopp einlegen.

Meine Pflanzkübel habe ich während des Winters schon mit Bokashi und Hasenmist vorbereitet, sodass ich nun nur noch reifen Kompost und ein paar Pferdeäpfel brauche (→ Seite 21). Wer weder Mist noch Bokashi hat oder verwenden möchte, sollte mindestens drei Viertel des Kübels mit gutem Kompost auffüllen und alle 1–2 Wochen mit Brennnesseljauche oder Flüssigdünger nachdüngen. Auch ein paar klein geschnittene Brennnesseln im Pflanzloch geben den Tomaten Kraft und Nahrung. Ich grabe mit der Pflanzkelle ein tiefes Loch, füge die Pferdeäpfel hinzu und setze die Tomate ein. Ich pflanze sie so tief wie möglich, damit sie viele neue Seitenwurzeln bildet, mit denen sie Nährstoffe aufnehmen kann und die für einen sicheren Stand sorgen. Wichtig ist aber wieder, dass die Wurzeln nicht sofort mit den Pferdeäpfeln in Berührung kommen. Dann fülle ich den Rest des Kübels mit Kompost auf, drücke die Erde vorsichtig fest, gieße an und decke die Oberfläche dick mit Grasschnitt ab, damit die Töpfe nicht so schnell austrocknen.

Ist die Tomate schon hoch genug, binde ich sie gleich an einem Pflanzstab fest. Ganz wichtig: Das Sortenetikett mit in den Kübel stecken!

Habe ich alle Tomaten gepflanzt und angegossen, befestige ich oben an den Pflanzstäben und unten am Topfrand mit Wäscheklammern ein Vlies, um sie vor der starken Sonneneinstrahlung zu schützen. Nach ein paar Tagen kann ich es entfernen – möglichst an einem wolkigen Tag.

TOMATEN IM FREILAND

Jedes Jahr pflanze ich auch ein paar Tomaten ins Beet. Hier müssen sie ohne Regenschutz auskommen, was aber in trockenen Sommern nicht weiter schlimm ist. Ich wähle Sorten, die sehr robust gegen die Braunfäule sind, wie z. B. 'Matina' oder 'Primavera'. In manchen Jahren erziele ich gute Erfolge, in anderen muss ich die Pflanzen bereits im August entfernen, da sie zu stark befallen sind. Den Ertrag meiner Freilandtomaten plane ich nie mit ein – sie gibt es bei mir sozusagen immer als Bonus.

Wichtig im Freiland ist ein sonniger und luftiger Platz mit gut gedüngtem Boden, der möglichst weit weg von den Kartoffeln liegt (→ Seite 61). Außerdem sollte man die Tomaten regelmäßig auf erste Anzeichen von Braunfäule überprüfen. Meist breitet sich der Pilz von den Blättern über die Stängel hin zu den Früchten aus. Erste Blätter mit braunen Stellen entsorge ich sofort in der Mülltonne. Dieses frühe Eingreifen kann die Pflanze manchmal retten. Das hängt jedoch vom weiteren Wetterverlauf ab. Ist die Regenphase vorbei, kann man Glück haben und doch noch eine anständige Ernte bekommen.

Auch die Freilandtomaten bekommen ein paar Pferdeäpfel oder anderen Mist mit ins Pflanzloch und ich verbessere die Erde zusätzlich mit reifem Kompost. Gut ist es auch, die Erde vorher mit Bokashi zu düngen (→ Seite 116). Wichtig ist, die Tomaten nicht zu eng zu pflanzen, damit sie nach einem Regenschauer gut abtrocknen können. Außerdem gebe ich den Tomaten im Beet eine gute Stütze und binde sie an, weil sie keine stützende Hauswand im Rücken haben. Da es im Freiland kaum möglich ist, ein Vlies vor die Pflanzen zu spannen, gewöhne ich sie schon ein paar Tage vor dem Auspflanzen vorsichtig an die Sonne.

Dann gieße ich gründlich an und mulche den Boden dick. So brauche ich mir um das Gießen keine großen Sorgen mehr zu machen, auch in trockenen Sommern nicht. Die Tomatenpflanzen entwickeln nämlich tief reichende Wurzeln, die nicht nur ihre Standfestigkeit erhöhen, sondern auch die Feuchtigkeit aus tieferen Bodenschichten aufnehmen können.

GIESSEN UND DÜNGEN

Die Tomaten im Kübel müssen nun täglich gegossen werden, mit dem Düngen kann ich dagegen noch gut 6–8 Wochen warten. Ich sehe ihnen an den Blättern an, ob sie Dünger brauchen oder nicht. Wenn das dunkle Grün einem Hellgrün weicht, ist es an der Zeit, flüssig nachzudüngen. Das mache ich alle 1–2 Wochen mit 1:10 verdünnter Brennnesseljauche. Da sie sehr stickstoffhaltig ist, sollte man es jedoch nicht übertreiben. Sonst setzen die Pflanzen nämlich nur Blätter an und bilden keine Blüten und Früchte.

Wenn nötig, kann man die Blütenbildung mit einem Dünger aus Bananenschalen anregen. Sie sind reich an Kalium, was sich positiv auf die Blüten- und Fruchtbildung auswirkt. Natürlich verwendet man nur Biobananen. Man schneidet die Schalen klein, übergießt sie mit Wasser und lässt alles ein paar Tage luftdicht verschlossen stehen. Nach einer Woche seiht man die Flüssigkeit ab, verdünnt sie 1:10 mit Wasser und gießt damit die Tomaten.

Krautfäuleresistente Sorten wie 'Vivagrande' pflanze ich ins Beet. Der Ertrag ist viel höher als im Kübel.

Bohnen in allen Variationen

Es gibt so viele verschiedene Bohnen! Kannte ich früher nur die grünen Bohnen, meistens als Buschbohnen angebaut, bin ich inzwischen auch in die Auskern- oder Trockenbohnen verliebt. Diese baue ich meistens als Stangenbohne an. Der Unterschied zwischen Busch- und Stangenbohnen ist nicht nur die Wuchsform, sondern auch die Geschwindigkeit, mit der sie Bohnen produzieren. Frühe Buschbohnensorten können schon nach 8 Wochen geerntet werden, die Stangenbohnen brauchen 2–3 Wochen länger. Beide mögen warme Bodentemperaturen (mindestens 10 °C) und keine kalten Winde. Buschbohnen sind meiner Meinung nach aber etwas robuster als Stangenbohnen. Ich säe Bohnen entweder Anfang Mai in Aussaatpaletten vor oder lege sie nach den Eisheiligen direkt in den Boden.

Buschbohnen kann man entweder als Horst auslegen, d. h. sechs bis acht Samen in einem Kreis, oder man legt sie mit 7 cm Abstand in Reihen. Sie sollten nicht tiefer als 3 cm in der Erde liegen. Auch hier säe ich in Doppelreihen und lasse zwischen den Reihen 50 cm Platz, damit ich gut ernten kann. Auch wenn die Aussaat in Reihen auf den ersten Blick praktischer erscheint, ziehe ich inzwischen die Horstsaat vor. Mir scheint, die Bohnen wachsen in Horsten besser, da sie sich gegenseitig stützen. Außerdem kann man noch andere Pflanzen zwischen die Horste setzen und die Vielfalt im Beet erhöhen.

Bei Stangenbohnen lege ich sechs bis acht Bohnen um eine mindestens 2 m hohe Stange. Die Stan-

BOHNENSAMEN BEINE MACHEN

Wenn ich meine Bohnen schnell zum Keimen bringen möchte, weiche ich sie für 24 Stunden in kalten Kamillentee ein. Danach lege ich sie nebeneinander in ein feuchtes Stofftuch, das ich wie ein Taschentuch zufalte. Das Tuch muss wirklich immer feucht sein und ich überprüfe einmal täglich, ob die Bohnen schon anfangen zu keimen. Haben sich die ersten kleinen Wurzeln entwickelt, pflanze ich die Bohnen in Aussaatpaletten oder direkt in den Gartenboden. Besonders in kalten Jahren, in denen sich der Boden noch nicht so gut erwärmt hat, ist dies eine absolut sichere Methode, um die Bohnen schnell und zuverlässig zum Keimen zu bringen.

Zum Vorziehen lege ich zwei bis drei Samen in ein Töpfchen, falls mal eine Bohne nicht keimt.

BOHNEN	MEINE LIEBLINGSSORTEN
Buschbohnen	'Saxa', 'Maxi': früh, grün; 'Hildora': gelb
Stangenbohnen	'Cobra': grün; 'Blauhilde': lila, werden beim Kochen grün; 'Berner Landfrauen': grün, lila gesprenkelt
Auskernbohnen	Borlotti-Bohnen: als Stangenbohne und Buschbohne erhältlich; Feuerbohne 'Preisgewinner': Stangenbohne; 'Black Bean Turtle': schwarz, auch Buschbohne; 'Canadian Wonder': Kidneybohne, auch Buschbohne

gen stelle ich einzeln auf oder ich baue ein Gerüst aus mehreren Stangen (→ Seite 127, Foto). Die Verbindungsstellen fixiere ich mit Draht oder Kabelbindern. Die breite Seite des Gerüsts darf nicht in Windrichtung stehen, wir haben in den letzten Jahren auch im Sommer immer stärkere Stürme, die das Gerüst umstoßen können.

ERNTEN UND VERWERTEN

Die zarten grünen Hülsen der Bohnen koche ich zum Sofort-Essen oder blanchiere sie und friere sie für den Winter ein. Bohnen müssen über 70 °C erhitzt werden, bevor man sie isst, sonst sind sie giftig.

Auskernbohnen lasse ich entweder so lange an der Pflanze, bis die Hülse raschelt und die Bohnen getrocknet sind. Dies ist meist ab August der Fall. Oder ich ernte sie, wenn sich die Kerne schon gut entwickelt haben, aber noch nicht trocken sind. Dann kann ich sie pulen und frisch kochen oder blanchieren und einfrieren. In einem feuchten Sommer würde ich auch Auskernbohnen immer frisch ernten, damit sie nicht beim Trocknen schimmeln. Das ist für mich aber nur eine Notlösung, denn besser schmecken mir getrocknete Bohnen. In meinem kleinen Schnellkochtopf sind sie meistens schon nach 10 Minuten gar, wenn ich sie vorher über Nacht eingeweicht habe. Erntet man Bohnen, bevor sie richtig trocken sind, kann man sie auch auf der warmen Fensterbank nachtrocknen lassen.

Bunte Bohnenvielfalt. Die rosafarbenen Borlotti-Bohnen werden ausgekernt und getrocknet.

Gurken, Kürbisse und Zucchini pflanzen

Nach den Eisheiligen – und damit meine ich nicht das Datum, sondern wirklich die letzten kalten Nächte – kann ich endlich auch meine Gurken, Kürbisse und Zucchini pflanzen.

GURKEN BIS UNTERS DACH

Gurken kann man auf der Erde ranken oder an Gerüsten oder Schnüren in die Höhe wachsen lassen. Auf der Erde sind sie für Schnecken besser erreichbar, liegen oft im Nassen und benötigen mehr Platz. Deshalb pflanze ich meine Gurken im Gewächshaus ca. 25 cm vor die Wand und spanne Schnüre nach oben bis unter das Dach. An diesen Schnüren wachsen sie empor und sorgen für eine Beschattung von innen. So gewinne ich zur Mitte hin am Boden Platz, z. B. für Paprika und Auberginen.

Das Pflanzloch fülle ich mit ein bisschen Mist oder Pferdeäpfeln und reifer Komposterde. Gurken bilden zwar Ranken, mit denen sie sich an den Schnüren festhalten. Am Anfang muss man sie jedoch oft ein bisschen unterstützen und in die richtige Richtung lenken. Dazu fixiere ich sie vorsichtig

Die nahen Bienen bestäuben meine Kürbisse. Manchmal muss ich dann mit Schutz arbeiten.

Die schwarze Folie speichert die Wärme und verhilft der Kürbispflanze zu einem Wachstumsschub.

mit Bindedraht an den Rankschnüren. Gurkenpflanzen mögen es übrigens nicht, angefasst zu werden, deshalb beschränke ich das auf ein Minimum.

ZUCCHINI PFLANZEN

Die Zucchini pflanze ich aufs Beet und plane pro Pflanze ca. 1 × 1 m Platz ein. Vor dem Pflanzen arbeite ich kräftig Mist in den Boden ein und fülle das Pflanzloch mit reifer Komposterde auf. Die Wurzeln der Pflanzen dürfen nicht sofort den Mist erreichen. Nach dem Pflanzen und Angießen mulche ich. In einem nassen Mai streue ich im Abstand von 30–40 cm um die Pflanze einen Ring aus Schneckenkorn. Besonders junge Zucchini- und Kürbispflanzen sind eine Delikatesse für Schnecken und oft fressen sie in weniger als einer Nacht als Erstes die Mitte der Pflanze an. Eine Pflanze mit abgefressenem Herz kann man in der Regel gleich entsorgen.

KÜRBISSE BRAUCHEN PLATZ

Kürbisse pflanze ich genauso, rechne aber mit 2 × 2 m Platz pro Pflanze. Den Boden mulche ich mit großen Stücken Wellpappe oder Karton oder einer schwarzen Plane. Für das Pflanzloch schneide ich ein Loch in die Mitte der Pappe oder Plane. Nach dem kräftigen Angießen der Pflanze wässere ich die Pappe und gebe Rasenschnitt oder Heu darauf. Kürbisse lieben eine regelmäßige Wasserversorgung. In meinem Paradies kann ich das aber nicht gewährleisten, da wir dort keinen Brunnen oder Wasseranschluss haben. Durch das Mulchen und Angießen wird die Feuchtigkeit aber unter der Pappe gespeichert und ich brauche nicht weiter zu gießen. Selbst in so einem trockenen Sommer wie 2018 habe ich meine Kürbisse am Anfang nur zweimal gegossen und hatte jede Menge Früchte.

Wer wenig Platz hat, kann Kürbisse auch in großen Eimern oder Maurerkübeln vor den Kompost pflanzen. Die Behälter müssen unbedingt ein paar größere Löcher im Boden haben, durch die der Kürbis seine Wurzeln schieben kann, um an die nährstoffreiche Erde zu kommen. Bei mir hat es sich bewährt, ein großes Stück feinmaschigen Kaninchendraht unten in den Eimer zu legen, damit die Wühlmäuse nicht eindringen können. Die Kürbisranken kann man dann zum Beschatten auf dem Kompost wachsen lassen oder an einem Zaun in die Höhe ziehen. Generell produzieren Kürbisse in Eimern wesentlich weniger Früchte als im Freiland und ich empfehle dafür auch nur kleinfruchtige Sorten wie 'Sweet Dumpling' oder 'Jack be Little'. Außerdem muss der Kürbis im Eimer den ganzen Sommer lang regelmäßig und gut gegossen werden. Deshalb ist diese Methode wirklich nur eine Notlösung, wenn man nicht genug Platz für Kürbispflanzen hat.

Leckeres Extra: Manchmal keimt eine Kürbispflanze aus dem Bokashi, den ich in den Kübeln vergraben habe.

Düngen und den Boden verbessern

Möchte ich eine gute Ernte, brauche ich gesunde Pflanzen. Die bekomme ich, wenn ich einen nährstoffreichen, humosen und lebendigen Boden habe. Ich muss dem Gartenboden oder dem Kübel, in dem ich meine Gemüsepflanzen ziehen möchte, also mindestens so viel Aufmerksamkeit schenken wie den Pflanzen selbst.

Natürlich könnte ich meinen Pflanzen einfach hoch konzentrierten Flüssigdünger geben. Auf den Flaschen, die man im Gartencenter kaufen kann, steht genau, welche Bestandteile der Dünger enthält und für welche Pflanzen er geeignet ist. Eine einfache, aber für mich höchst unbefriedigende Lösung, die mit biologischem Gärtnern in meinen Augen nichts gemein hat. Ich möchte keinen künstlichen Dünger verwenden, denn für mich bedeutet Gärtnern auch die nachhaltige Pflege des Bodens und der Bodenlebewesen. Außerdem möchte ich mit dem düngen, was in meinem Garten vorhanden ist, und nicht mit Dünger, der um die halbe Welt transportiert wurde, wie z. B. Guano-Dünger, der aus dem Kot von Pinguinen und Kormoranen hergestellt wird. Ich gehe also einen anderen Weg.

ORGANISCH DÜNGEN UND DEN BODEN VERBESSERN

Auch bei einer natürlichen, organischen Düngung ist der einfachste Weg ein Flüssigdünger, z. B. in Form von Brennnesseljauche, Urin oder Bokashi-Wasser. Allerdings sollte man sich zuerst überlegen, was der Dünger bewirken soll. Möchte ich meinen Pflanzen einen Nährstoffschub geben, bin ich mit Flüssigdünger jeglicher Form gut beraten, da er schnell wirkt. Ich kann mit ihm jedoch nicht die Struktur und Qualität des Gartenbodens verbessern. Wenn ich jedoch meine Beete auf die Pflanzen vorbereiten möchte, kann ich die Bodenqualität verbessern und eine Humusschicht aufbauen.

- Habe ich z. B. einen sehr lehmigen und schweren Boden, profitieren meine Pflanzen sehr davon, wenn er etwas lockerer und humoser wird, z. B. durch Mulchen (→ Seite 92). Durch das dauerhafte Ausbringen und Einarbeiten von Mulch verändert

In den Knöllchen an den Wurzeln der Bohnen speichern die Knöllchenbakterien Stickstoff.

Gesunder Boden – gesunde, leckere Pflanze! Schmeckt Kohl dagegen streng, weist das auf Überdüngung hin.

sich mit der Zeit die Bodenstruktur. Der Boden wird feinkrümelig und hat einen hohen Humusanteil in den oberen Bodenschichten: Es entsteht eine Humusschicht.

- Um die Düngewirkung zu unterstützen, kann man auch Pferdemist oder Kaninchenmist einarbeiten. Durch die darin enthaltenen Holzspäne oder Strohhalme wird der Boden zusätzlich gelockert. Die Regenwürmer und anderen Bodenorganismen zersetzen das Material und scheiden Kot aus, der gut düngt und an Ort und Stelle verfügbar ist. Auch indem ich reifen Kompost auf den Beeten verteile, kann ich den Boden schon im Vorfeld sehr gut düngen. Man darf den Kompost aber auf keinen Fall untergraben, sonst zerstört man die Bodenstruktur.
- Eine weitere Möglichkeit, den Boden für starkzehrende Pflanzen vorzubereiten, sind Hülsenfrüchte, die man in der Saison zuvor auf dem entsprechenden Beet pflanzt. Erbsen, Bohnen, Dicke Bohnen und Zuckerschoten besitzen in ihren Wurzeln sogenannte Knöllchenbakterien. Diese nehmen Stickstoff aus der Luft auf und wandeln ihn in eine Stickstoffverbindung um, die die Pflanzen, die nach ihnen auf dem Beet wachsen, nutzen können. Lässt man die Wurzeln der Hülsenfrüchte im Boden, bleibt auch dieser gebundene Stickstoff im Boden und kann von den nachfolgenden Pflanzen aufgenommen werden. Daher pflanze ich Kohl auf meine Erbsen- oder Bohnenbeete vom Vorjahr oder vom Anfang der Saison. Sind meine Dicken Bohnen im Juli abgeerntet, pflanze ich immer Herbstkohl auf das Beet. So habe ich schon eine gute Grunddüngung und brauche nur noch ein wenig nachzudüngen, z. B. flüssig oder mit Pferdeäpfeln oder Hasenmist. Gemulcht werden diese Beete natürlich auch regelmäßig.

WERTVOLLER HUMUS

Als Humusschicht bezeichnet man den oberen Teil des Bodens, den die Bodenorganismen durch das Zersetzen von organischer Substanz gebildet haben. Durch die krümelige Struktur der Humusschicht wird lehmiger und damit schwerer Boden lockerer und sandiger Boden kann mehr Wasser speichern. Zudem werden Nährstoffe in der Humusschicht gespeichert und für die Pflanzen verfügbar gemacht. Eine gute Humusschicht verhindert zudem, dass sich der Boden sofort verdichtet, wenn man mal darüberläuft.

Die Strohpellets aus den Toiletten meiner Kaninchen zersetzen sich im Kompost schnell.

VORSICHT, MIST!

Mit organischem Pflanzenmaterial kann man einen normalen Gartenboden nicht überdüngen. Anders sieht es bei Mist aus. Frischer Hühnermist ist beispielsweise sehr scharf und hoch konzentriert. Man sollte ihn generell erst ein Jahr ablagern oder kompostieren, bevor man ihn auf die Beete bringt. Bei Kaninchenmist oder bei Pferdeäpfeln ist dies nicht nötig, da deren Düngewirkung nicht so stark ist. Im Gegenteil, kompostiert man Pferdemist für ein Jahr, entwickelt er zwar gute bodenverbessernde Eigenschaften, die Düngewirkung ist aber nicht mehr hoch. Möchte man eine schnelle Düngewirkung mit frischem Pferdemist erzielen, sollten man ihn für 1–2 Wochen an der Luft liegen lassen und dann in den Boden einarbeiten. So hat er die größte Wirkung. In sandigen Boden sollte man den Mist tiefer als in lehmigen Boden einarbeiten.

Wichtig ist in jedem Fall, dass der Mist nicht direkt mit den Wurzeln der Pflanzen in Berührung kommt. Sie würden leicht verbrennen und die Pflanzen würden eventuell sogar absterben.

In den Anfangsjahren meiner Gartenreise wusste ich das alles noch nicht und habe nur mit Brennnesseljauche gedüngt. Da der Boden unverbraucht war, ging das auch ein paar Jahre gut. Dann jedoch kam ein Ernteeinbruch. Die Kohlköpfe blieben tennisballgroß und an den Zucchini konnte man sich nicht wirklich satt essen. Innerhalb von 2 Jahren habe ich meine Böden dann durch starkes Mulchen, mithilfe der richtigen Fruchtfolge und durch das partielle Vergraben von Bokashi-Kompost wieder gesund und nährstoffreich gemacht (→ Seite 116).

HORNMEHL & CO.

Früher habe ich gern Hornmehl oder Hornspäne verwendet, um meine Beete für die Saison vorzubereiten, wobei Hornspäne etwas länger brauchen als Hornmehl, um sich zu zersetzen und ihre Düngerwirkung zu entfalten – man sollte schon mit mindestens 3 Monaten rechnen. Die Verwendung ist einfach: Man kauft die Späne in Tüten und streut sie auf die Beete, am besten schon im Winter oder sehr zeitigen Frühjahr.

Irgendwann habe ich dann jedoch darüber nachgedacht, von welchen Tieren Hornspäne bzw. Hornmehl stammen und wie sie gehalten werden. Ich befürchtete, dass sich die in der Tierhaltung eingesetzten Medikamente und Antibiotika in den Hörnern und Klauen der Tiere einlagern und dann in den Boden übergehen können, wenn ich damit dünge. Für mich scheidet diese Art zu düngen deshalb inzwischen aus. Ich verwende auch keine Bio-Hornspäne, weil für mich nicht immer ganz sicher ersichtlich ist, ob sie aus heimischer Tierhaltung oder von Tieren aus Übersee stammen.

Auch bei Mistpräparaten, die man in Säcken kaufen kann, bin ich etwas skeptisch. Besser ist es, bei Pferdehaltern oder Kleintierbesitzern nachzufragen, ob man etwas Mist bekommen kann. Besonders die Meerschweinchenhalter ohne Garten sind glücklich, wenn sie Mist abgeben können und so Platz in der Mülltonne bekommen. Ich selbst verwende den Mist meiner Kaninchen und Meerschweinchen zum Düngen, weil er eben anfällt und ich ihn ansonsten entsorgen müsste. Und neben unserem Paradies ist eine Pferdeweide, dort kann ich jederzeit Pferdeäpfel holen. Für mich ist dies die einfachste Lösung.

REIN PFLANZLICHE DÜNGER

Man kann jedoch auch ganz auf tierische Dünger verzichten und trotzdem reiche Ernten haben. Dazu bereite ich die Beete schon im November sehr gründlich vor, indem ich mehr mulche und mehr reifen Kompost oder Bokashi in den Boden einarbeite. Auch aus den sehr stickstoffhaltigen Brennnesseln kann man einen guten Kompost herstellen oder einfach ein paar klein geschnittene Brennnesselstängel und -blätter mit in die Pflanzlöcher geben (→ Seite 100).

Bei Pflanzkübeln verfahre ich wie bei den Beeten. Ich lege in den Kübeln praktisch kleine Komposte an, die ich dann mit reifer Komposterde abdecke und gut mulche. Im Lauf der Saison sackt die Erde durch den Verrottungsprozess nach und nach zusammen und ich muss schließlich neue, nährstoffreiche Komposterde nachfüllen. Außerdem dünge ich etwa alle 1–2 Wochen flüssig mit Brennnesseljauche nach.

Bevor ich die Bokashi-Methode kannte, habe ich im Winter Küchenabfälle und Meerschweinchenmist in meine Tomatenkübel gegeben und mit reifer Komposterde aufgefüllt. Das hat auch gut funktioniert. Bokashi hat jedoch aufgrund der Fermentation eine größere Düngewirkung.

Generell dünge ich lieber häufiger als einmal stark. Ich sehe schon an der Blattfarbe meiner Pflanzen, ob sie Dünger brauchen oder noch nicht. Tomaten bekommen z. B. hellgrüne Blätter, wenn sie nicht genug Nährstoffe haben. Auch wenn der Fruchtansatz zurückgeht, ist es Zeit nachzudüngen.

Schneidet man sie regelmäßig, wachsen Brennnesseln nach und man hat immer genug frisches Grün.

Mein Dünger-Favorit: Brennnesseljauche

Mein Lieblingsdünger ist Brennnesseljauche. Ich weiß, sie riecht etwas eigenartig und das Ernten kann unangenehm sein, aber die Düngerwirkung ist phänomenal. Außerdem stärkt sie die Pflanzen, regt ihr Wachstum an und macht sie widerstandsfähiger gegen Krankheiten und Schädlinge. Sie ist reich an Stickstoff, Kalzium, Silizium, Eisen und Magnesium und versorgt so die Pflanzen mit wichtigen Nährstoffen.

Brennnesseln wachsen fast überall und sind von April bis Herbst verfügbar. Ich schneide sie eine Handbreit über dem Boden ab, zerkleinere sie etwas und stopfe sie fest in einen großen Eimer, der mit Regenwasser aufgefüllt wird. Die Mischung fängt nach ein paar Tagen an zu gären und zu stinken. Man sollte sie täglich einmal umrühren. Um den Geruch abzumildern, kann man etwas Gesteinsmehl in die Jauche geben. Außerdem sollte man den Eimer mit einem Deckel oder Brett abdecken, damit die Jauche nicht vom Regen verdünnt wird. Am besten setzt man mehrere Eimer an, so hat man weniger Arbeit und immer genügend Dünger zur Hand. Auch eine alte Regentonne bietet sich als Gefäß an.

Fertig ist die Jauche, wenn sich keine Bläschen bzw. kein Schaum mehr an der Oberfläche bilden. Das dauert je nach Witterung 1–2 Wochen. Die fertige Jauche verdünne ich 1:10 mit Regenwasser und dünge damit alle 1–2 Wochen meine Pflanzen. Starkzehrer wie Tomaten, Kohl, Zucchini etc. dünge ich häufiger als Schwachzehrer wie Bohnen oder Erbsen. Salate dünge ich nie, ihnen reichen die Nährstoffe in meiner Erde völlig aus. Ich dünge zunächst sparsam und steigere die Düngergaben bei Bedarf etwas. Hat man z. B. mit Bokashi und Hasenmist gut gedüngte Kübel, braucht man vor Ende Juni/Anfang Juli gar nicht nachzudüngen.

Ist ein Eimer leer, kommen die Brennnesselreste auf den Kompost, den sie wunderbar verbessern.

Die Brennnesseljauche wird täglich umgerührt, bis sie nicht mehr schäumt. Dann ist sie fertig.

BRENNNESSELN FÜR ALLE

Brennnesseln sind wertvolle Futterpflanzen für bis zu 50 verschiedene Schmetterlingsraupen. Viele Raupen sind sogar auf die Brennnessel als alleinige Futterpflanze angewiesen. Deshalb sollte man, wenn man Brennnesseln zum Ansetzen für Jauche sammelt, immer genügend Pflanzen stehen lassen. Am besten reserviert man, wenn möglich, für sie eine schattige Ecke im Garten, wo sie sich ungehindert ausbreiten dürfen.

Paprika und Auberginen pflanzen

So mache ich es!

Meine Paprika und Auberginen pflanze ich wirklich erst, wenn es warm ist, besonders auch nachts. Die Nachttemperaturen sollten bei 10 °C liegen. Pflanze ich zu früh und es wird nachts noch einmal kalt, treten sie für 2–3 Wochen in Wachstumsstreik, egal wie warm es tagsüber sein mag.

AUBERGINEN IM GEWÄCHSHAUSBEET

Die Auberginen kommen in mein Gewächshaus. In das Pflanzloch gebe ich ein paar Pferdeäpfel oder Hasenmist, füge etwas reifen Kompost dazu und setze die Pflanze ein. Dann fülle ich das Loch mit reifem Kompost auf und gieße die Pflanze gut an. Ich versehe sie auch gleich mit einem Pflanzstab. Sie ist zwar noch klein, doch das wird sich bald ändern.

Um den Platz optimal zu nutzen, pflanze ich die Auberginen zum Gang hin und dahinter, in Richtung Gewächshauswand, die Gurken, die an Schnüren in die Höhe wachsen. In warmen Sommern hatte ich auch gute Erfolge, wenn ich die Auberginen im Kübel vor der warmen Hauswand stehen hatte.

PAPRIKA IM KÜBEL

Die Paprika pflanze ich wie die Tomaten am liebsten in große Maurerkübel, die ich schon im Winter vorbereitet habe, und stelle sie vor die Hauswand. Die schwarzen Kübel heizen sich in der Sonne allerdings stark auf, sodass es den Pflanzen in heißen Sommern an den Füßen etwas warm werden kann. Zum Schutz kann man die Kübel weiß streichen oder mit hellem Vlies abhängen. Die Hauswand gibt die gespeicherte Wärme nachts zurück, was positiv für die Pflanzen ist. Da meine Südwände alle mit Tomaten besetzt sind, stehen die Paprika an der Westwand, was ebenfalls sehr gut funktioniert.

Paprikapflanzen werden gut 60 cm groß, sodass sie auf jeden Fall Pflanzstäbe als Stütze brauchen. Weil es bei uns oft kräftig windet und die Früchte schwer werden, reicht ein Stab meist nicht aus. Nach dem Angießen mulche ich die Erde mit Rasenschnitt und spanne ein Vlies, damit die Blätter nicht von der Sonne verbrannt werden.

Frühe Aussaat macht sich bezahlt: Die Pflanzen haben jetzt einfach einen großen Vorsprung!

KEIN GEMÜSE OHNE BLUMEN!

Früher habe ich kaum Blumen angepflanzt, sondern alle Energie und noch das kleinste Fleckchen dem Gemüse gewidmet. Gerechtfertigt habe ich das damit, dass man Gemüse essen kann, Blumen aber nicht – zumindest die meisten.

Inzwischen denke ich anders: Um erfolgreich Gemüse anbauen zu können, brauche ich ein ökologisches Gleichgewicht in meinem Garten. Das geht nur, wenn dort vielfältige Insekten in großer Zahl leben. Um z. B. mit Blattläusen fertigzuwerden, muss eine Menge Marienkäferlarven im Garten leben, die sich über die Blattläuse hermachen. Viele Insekten sind auch nötig, damit meine Gemüsepflanzen gut bestäubt werden und genug Früchte ansetzen. All diese nützlichen Insekten brauchen einen Lebensraum und genug Nahrung, um existieren zu können und um sich wohlzufühlen. Ich muss ihnen für ihre Hilfe also auch etwas bieten. Das kann ich am einfachsten mit einem vielfältigen Angebot an blühenden Blumen, und zwar vor allem solchen mit einfachen Blüten – nicht die gefüllten Sorten, die für die meisten Insekten nutzlos sind. Deshalb pflanze ich z. B. Cosmeen, Zinnien, Stockrosen, Lavendel, Mohn, Malven, Borretsch, Gewürzfenchel, Krokusse, Schneeglöckchen, Astern, Ringelblumen, Sonnenblumen und viele mehr.

Da die meisten Sommerblumen einjährig sind, fällt im Herbst eine Menge Grünmasse an, die ich gut für den Kompost oder zum Mulchen verwenden kann. Ein paar Exemplare lasse ich aber stehen, sie sehen nicht nur im Winter schön aus, sondern bieten den Insekten Unterschlupf und den Vögeln Nahrung. Außerdem samen sie sich aus, sodass ich im nächsten Jahr nicht so viele Blumen vorziehen muss.

Was sonst noch los ist im …

Mai

Spätestens Anfang Mai spanne ich auf der Südostseite des Gewächshauses ein Schattennetz, damit es sich nicht zu sehr aufheizt und die Sonne die Pflanzen verbrennt. Besonders direkt unter der Scheibe – mein Gewächshaus hat Doppelstegplatten – wird es sehr heiß, wenn die Sonne den halben Tag daraufscheint. Das Netz befestige ich mit Klammern an den Führungsschienen zwischen den Doppelstegplatten. An warmen oder sonnigen Tagen öffne ich Tür und Fenster den ganzen Tag, damit die Luft gut zirkulieren kann.

SPÄTE ZUCKERSCHOTEN AUSSÄEN

Auch wenn die Zuckerschotenernte im Mai im vollen Gange ist, säe ich noch einmal eine späte Sorte, gern die 'Graue Rotblühende'. Zuerst lasse ich die Erbsen 24 Stunden im Wasser vorquellen. Dann säe ich sie gleich ins Beet und decke sie mit Vlies ab, da die Spatzen sich sonst an den Erbsen satt essen.

Sind die Pflanzen etwa 5 cm hoch, entferne ich das Vlies und baue zwischen den Doppelreihen ein Rankgerüst. Entweder stecke ich Reisig in die Erde oder Pflanzstäbe – jeweils im Abstand von 50 cm – und spanne Schnüre dazwischen. Ohne Rankhilfen würden die Zuckerschoten in einem Wirrwarr auf dem Boden liegen und wären schlecht zu pflücken.

Doch auch jetzt kann man Zuckerschoten erst in Aussaatpaletten vorsäen und später auspflanzen.

Zuckerschoten sind relativ unkompliziert im Anbau und lassen sich auch jetzt gut noch mal nachsäen.

MULCHEN, MULCHEN, MULCHEN

Nachdem alle Winter- und Frühjahrsgemüse aufgegessen sind und ich meine Sommerbepflanzung vorgenommen habe, mulche ich den frei liegenden Boden im Gewächshaus dick mit Rasenschnitt. So muss ich wesentlich weniger gießen, da die Erde nicht so schnell austrocknet. Zum Gießen habe ich im Gewächshaus immer zwei volle Kannen mit Wasser stehen, die sich über den Tag aufwärmen. Gurken lieben es, mit warmen Wasser gegossen zu werden. Ende Mai habe ich fast nur noch Gurken, Paprika, Auberginen und Basilikum im Gewächshaus. Für alle anderen Gemüse wäre es schon zu warm.

Im Mai fällt meistens schon so viel Rasenschnitt an, dass ich ordentlich mulchen kann. Ich mulche einfach alles: Kübel, Beete und eben auch alles im Gewächshaus. Manchmal habe ich das Gefühl, dass das Gras nie wieder so schnell wächst wie im Mai. Das ist perfekt für all meine Beete, damit die starke Frühjahrssonne die Erde nicht so stark austrocknet und meine Pflanzen zusätzlich Nahrung bekommen.

SÄEN UND PFLANZEN

Anfang des Monats säe ich Sommersalate. Das sind Sorten, die im Sommer nicht so schnell schießen und lange auf dem Beet bleiben können. Beispiele sind der Bataviasalat 'Maravilla de Verano' oder der rotgrüne Kopfsalat 'Pirat'. Auch Grünkohl, Brokkoli und Kohlrabi ('Superschmelz') für den Herbstanbau können nun gesät werden.

Mitte Mai säe ich Mais in kleinen Töpfen vor. Zum Keimen stelle ich sie ins Gewächshaus oder ins warme Haus. Sind die Pflanzen ca. 10 cm groß, pflanze ich sie in Blöcken mit 30 cm Abstand zueinander in ein sehr gut gedüngtes Beet. Mais ist ein Windbestäuber, d. h., er muss in Blöcken gepflanzt werden. So kann der Wind ihn ordentlich bestäuben und es entwickeln sich schöne Maiskolben. Die Blöcke sollten mindestens aus sechs kurzen Reihen bestehen. Pro Pflanze kann man mit ein bis zwei Maiskolben rechnen. Ich baue reichlich Mais an, da er sich sehr gut einfrieren lässt.

Auch alle anderen vorgezogenen Pflanzen wie Kohl, Salate, Kohlrabi, Mangold, Petersilie, Physalis und natürlich die ganzen Sommerblumen werden nun gepflanzt. Den Kohl pflanze ich unter Insektenschutznetze (→ Seite 125).

Zu ernten gibt es eine Menge, natürlich immer noch verschiedene Salate. Die Wintersalate, soweit noch vorhanden, sind allerdings geschossen. Essen kann man sie aber noch, und weil die Stiele fast einen halben Meter hoch sind, brauche ich mich beim blattweisen Ernten kaum zu bücken. Nur Salat, der im Sommer schießt, wird nach einiger Zeit härter, aber in Smoothies schmeckt er immer noch.

Ansonsten ernte ich viele Kräuter und Radieschen, die ersten Kohlrabi, Zuckerschoten und Erbsen. Es gibt noch reichlich Mangold, der überwintert hat, meine Kohlköpfe vom Januar werden langsam groß und ich lasse mir die ersten Erdbeeren schmecken. Auch Rhabarber habe ich noch in Hülle und Fülle, sodass meinem geliebten Rhabarberkuchen nichts im Wege steht.

Jetzt essen wir oft Gemüsepfannen mit viel frischem Pesto und Reis oder mit selbst gemachten Nudeln. An Gemüse verwende ich das, was es gerade zu ernten gibt – Erbsen, Zuckerschoten, Mangold, Kohlrabi –, und strecke es bei Bedarf mit ein paar eingefrorenen Bohnen oder Kürbis vom Vorjahr – was eben noch da ist. Manchmal kommt auch eine Möhre oder eine bunte Bete mit in die Pfanne. Das Pesto aus Bärlauch, Rucola oder Knoblauchsrauke gibt dem Ganzen einen besonderen Pfiff.

Und mindestens einmal im Mai puste ich in eine Pusteblume und schaue den kleinen Fallschirmen nach, wie sie davonfliegen.

Die ersten Erdbeeren bringen endlich Farbe in meinen frühlingsgrünen Erntekorb.

Bokashi – Doping für Pflanzen

Wohin mit Küchenabfällen, vor allem im Winter? Bokashi ist die Lösung: Im Eimer verwandeln Mikroorganismen pflanzliche Reste in Super-Dünger.

Vor ein paar Jahren wurde ich auf Bokashi aufmerksam und bin immer noch ganz begeistert von der Wirkung dieses Düngers und von der einfachen Anwendung.

Der Begriff Bokashi kommt aus dem Japanischen und bedeutet übersetzt »fermentiertes, organisches Material« oder »fermentierter Kompost«. Es handelt sich also um eine Art Komposthaufen im Kleinformat, der nur 2 Wochen zum Reifen braucht, in jeder Abstellkammer stehen kann und nicht arbeitsintensiv ist. Hält man den Eimer geschlossen, ist er auch komplett geruchsneutral.

Die Methode ist ganz einfach: Sämtliche rohen Speisereste und Küchenabfälle werden in einem Eimer gesammelt und mithilfe von Mikroorganismen bei warmer Umgebungstemperatur zum Fermentieren gebracht – im Prinzip so, wie wir es von der Sauerkrautherstellung kennen. Dieser Prozess läuft anaerob ab, also ohne Sauerstoff. Die Gemüsereste dienen den Milchsäurebakterien als Nahrung. Sie wandeln den in ihnen enthaltenen Zucker in Milchsäure um. Dabei werden Enzyme, Antioxidantien und Vitamine freigesetzt, die später von den Pflanzenwurzeln aufgenommen werden.

Im Internet gibt es verschiedene Anleitungen für Bokashi. Für mich funktioniert es folgendermaßen am besten: Ich habe mir zwei exakt gleiche 10-Liter-Honigeimer von meinem Mann besorgt, sie ineinandergestellt und den Boden des oberen Eimers mit einem 5er- oder 6er-Bohrer und der Bohrmaschine mit kleinen Löchern versehen. Wichtig ist, dass die Eimer ganz eng ineinanderpassen.

Inzwischen habe ich mir vier Eimersets gebaut. So kann ich ungefähr jede Woche einen Eimer entleeren und habe immer einen leeren Eimer zum Befüllen frei. Die Anzahl der Eimer richtet sich natürlich auch nach der Menge des Küchenkomposts.

In den oberen Eimer fülle ich einmal am Tag – oder so oft, wie mein kleiner Komposteimer in der Küche voll ist – alle organischen Abfälle ein: Obst- und Gemüsereste, auch Zitrusschalen, Brotkrumen,

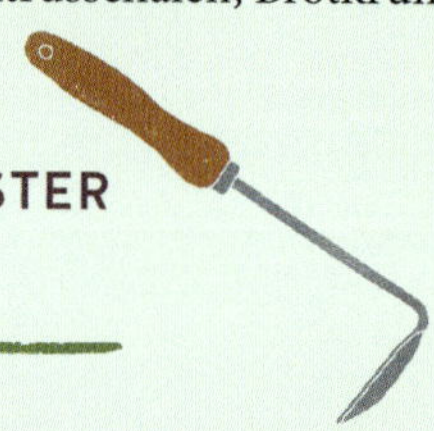

EIN WAHRER BOOSTER FÜR TOMATEN

In einem Versuch habe ich in zwei nebeneinanderliegenden Palettenrahmen Tomaten angepflanzt. Den einen Rahmen habe ich mit einer ordentlichen Ladung Pferdemist vorbereitet, den anderen Rahmen mit einem Eimer Bokashi. In jeden Rahmen habe ich je zwei Tomatenpflanzen gesetzt. Alle vier Pflanzen waren von der gleichen Sorte und in etwa gleich groß. Die beiden Tomaten in dem Rahmen, der mit Bokashi gedüngt war, waren mindestens doppelt so groß und der Ertrag war mehr als doppelt so hoch wie bei den Pflanzen aus dem mit Pferdemist gedüngten Rahmen. Der Unterschied war wirklich beachtlich.

Palettenrahmen mit Bokashi füllen: einen Teil der Erde herausnehmen, Bokashi zugeben, Erde zurückschaufeln.

Kartoffelschalen (roh und gekocht), Tee und Kaffeefilter, Küchenpapier, Schnittblumen etc.

Je kleiner man die Abfälle schneidet, desto besser und schneller werden sie fermentiert. Das muss man jedoch nicht machen. Eine Bananenschale fermentiert auch, wenn sie nicht in kleine Stücke geschnitten ist, der Verrottungsprozess dauert nur eben etwas länger.

Ich drücke die Abfälle regelmäßig kräftig zusammen, um sie zu komprimieren und möglichst viel Sauerstoff aus den Zwischenräumen zu pressen. Um die Sauerstoffzufuhr zu begrenzen, beschwere ich die Abfälle außerdem mit einer mit Sand gefüllten Tüte. Sie passt sich leicht an die Form des Eimers an, sodass alles gleichmäßig beschwert wird. Der Deckel muss ebenfalls immer fest verschlossen sein. Zum Befüllen nehme ich die Tüte kurz hoch.

Alle 2–3 Tage gebe ich ein paar Spritzer Brottrunk über die Abfälle, um sie mit Milchsäurebakterien zu impfen. Wichtig ist, dass die Mischung nicht zu feucht wird, sonst fängt sie an zu faulen. Damit das nicht passiert, gebe ich ab und zu Küchenpapier oder kleine Mengen in Stücke gerissenes Zeitungspapier dazu. Sie saugen überschüssige Flüssigkeit etwas auf. Wichtig ist, dass der Eimer bei 18–23 °C steht, also z. B. im Winter nicht im Freien.

Ist der Eimer voll, muss der Bokashi 2 Wochen bei Zimmertemperatur ruhen und weiter fermentieren. Wer keine Möglichkeit hat, den Eimer im Warmen stehen zu lassen, kann ihn auch in kühleren Räumen aufbewahren, die Temperatur sollte aber nicht unter 10 °C fallen und sie sollte in etwa gleichbleibend sein – die Mikroorganismen mögen nämlich keine Temperaturschwankungen. Steht der Eimer kühler, lässt man ihn 3 Wochen ruhen, da die Fermentation dann langsamer abläuft.

Die Masse im Eimer ist nach 2 Wochen noch nicht zersetzt, sondern nur fermentiert. Der Inhalt sieht also noch fast wie vorher aus, allerdings hat sich ein weißlicher Belag an der Oberfläche gebildet. Dies ist jedoch kein Schimmel, sondern eine Mischung lebender Mikroorganismen (Bakterien, Pilze), die fadenförmige Geflechte bilden und die Oberfläche des Bokashi besiedeln. Sie sind ein Anzeichen dafür, dass der Bokashi gelungen ist. Er riecht nun ein bisschen wie eine Mischung aus Sauerkraut und Brennnesseljauche. Solange der Eimer geschlossen bleibt, riecht man nichts, sodass der Eimer gut im Haus stehen kann. Öffnet man ihn nach 2–3 Wochen Fermentationszeit, ist der Geruch schon etwas stärker. Sobald man den Inhalt des Eimers aber mit Erde bedeckt, lässt der Geruch nach.

Bildet sich jedoch grüner oder schwarzer Schimmel auf dem Bokashi, ist etwas schiefgelaufen. Entweder war die Sauerstoffzufuhr zu groß oder es hat sich zu viel Flüssigkeit unten im Eimer angesammelt oder die Anzahl der Mikroorganismen war zu gering. In all den Jahren ist mir dies aber noch kein einziges Mal passiert.

BOKASHI-SETS AUS DEM HANDEL

Im Versandhandel werden spezielle Bokashi-Eimer angeboten, die allerdings ihren Preis haben. Diese Eimer haben unten eine Art Auffangwanne, in der sich das Bokashi-Wasser sammelt. Diese Flüssigkeit kann man einfach mit einem Ablaufhahn ablassen.

Statt des Brottrunks kann man auch Effektive Mikroorganismen (EM) oder spezielles Bokashi-Pulver verwenden, beides gibt es ebenfalls im Handel. Die vergorene Mischung riecht dann etwas weniger als bei der Verwendung von Brottrunk. Weil der Preis für diese Präparate relativ hoch ist, habe ich mich jedoch für den Brottrunk entschieden.

WIE ICH BOKASHI EINSETZE

Zum Vergraben hebe ich ein Loch oder eine Rinne im Gartenbeet aus und fülle den Bokashi ein. Man sollte ihn mindestens 20 cm tief vergraben, damit er nicht von Tieren wieder ausgebuddelt wird, und damit der anschließende Verrottungsprozess auch wirklich im Wurzelbereich der Pflanzen stattfindet. Manchmal füge ich noch etwas Hasenmist oder altes Laub hinzu. Das ist aber kein Muss, ich nutze einfach die Gelegenheit, den Bodenorganismen ein noch vielfältigeres Nahrungsangebot zu bieten. Bodenorganismen lieben Bokashi. Als Gegenleistung graben sie den Boden um, belüften ihn und düngen ihn zusätzlich noch mit ihren Ausscheidungen. Zum Schluss fülle ich das Loch oder die Rinne wieder mit Gartenerde auf.

In einen so mit Bokashi vorbereiteten Boden kann ich sofort säen, mit dem Pflanzen warte ich

Der weiße Belag ist kein Schimmel, sondern es sind Mikroorganismen, die für die Fermentierung sorgen.

gut 1 Woche, da der Bokashi am Anfang noch recht sauer ist und die jungen Wurzeln der Pflanzen Schaden nehmen könnten. Im Sommer ist der Bokashi nach ca. 3 Wochen völlig zersetzt, zu anderen Zeiten dauert es etwas länger, je nachdem, wie aktiv Bodenorganismen und Regenwürmer sind.

Wer ein Problem mit Wühlmäusen hat, sollte Bokashi nur in den Beeten vergraben, wenn diese von unten mit engmaschigem Draht ausgelegt sind. Denn Wühlmäuse lieben Bokashi. Alternativ kann man ihn mit etwas Erde vermischen und in einer Tonne kompostieren, bevor man ihn auf den Beeten verteilt. Bei dieser Variante braucht man auch keine Rinne im Beet auszuheben.

Auch für den Kompost ist Bokashi eine Wohltat: Impft man normalen Kompost hin und wieder mit einem Eimer Bokashi, geht der Verrottungsprozess des Komposthaufens schneller vonstatten, da die Bodenlebewesen sich rasant vermehren und zu Höchstleistungen angespornt werden.

Ein Eimer Bokashi pro Palettenrahmen: Die Pflanzenwurzeln suchen sich ihren Weg zu den Nährstoffen.

Der perfekte Flüssigdünger

Die im unteren Eimer entstehende Flüssigkeit kann man im Verhältnis 1:100 verdünnt als Dünger verwenden. Auf eine 10-Liter-Kanne mit Wasser kommen also 100 ml Bokashi-Wasser. Im Winter gieße ich diese Flüssigkeit verdünnt einfach in die Beete, auch wenn ich gerade keinen Dünger benötige, oder ich verwende sie, um meine frühen Aussaaten im Haus mit einer Extra-Düngergabe zu verwöhnen. Die Flüssigkeit sollte man innerhalb von 1–2 Tagen nach Entnahme aufbrauchen.

BOKASHI IM GEWÄCHSHAUS UND IN PFLANZKÜBELN

Mein Gewächshaus ist nie leer, sodass sich die Bodenverbesserung hier etwas schwierig gestaltet. In diesem Fall hebe ich vorsichtig kleine, spatentiefe Löcher zwischen den verbliebenen Pflanzen aus und befülle sie mit Bokashi. An dieser Stelle wird die Erde dann gedüngt und die Wurzeln der umliegenden Pflanzen suchen sich mit der Zeit ihren Weg zu den Nährstoffen.

Auch in die Kübel, die ich mit meinen Tomaten und Paprika bepflanze, kommt Bokashi. Für die Pflanzung im Mai bereite ich diese Kübel bereits im Winter vor. Dazu entferne ich die Erde vom letzten Jahr bis auf ein Drittel, befülle den Kübel zu einem Drittel mit Bokashi und Hasenmist und zu einem Drittel mit reifem Kompost. Die Erde vom Vorjahr kommt auf die Beete oder ich gebe sie im Frühjahr in meine Blumenkästen. Dass die Kübel im Mai schon fertig sind, bedeutet für mich in dieser arbeitsreichen Zeit eine enorme Zeitersparnis und im Winter bin ich glücklich, wenn ich mal eine Viertelstunde Gartenarbeit machen kann.

ROSEN, ERDBEEREN, BLAUER HIMMEL

Im Juni zeigt die Natur, was sie kann. Es blüht und duftet überall und die ersten Beeren werden reif.

Rosen, Erdbeeren, blauer Himmel

Juni

WAS DIESEN MONAT ANSTEHT

- Zucchini aussäen
- Tomaten hochbinden und evtl. ausgeizen
- Teekräuter, Holunder- und Rosenblüten sammeln und trocknen
- Kohl und Kohlrabi aussäen
- Beeren ernten und genießen
- Rote Bete säen
- ernten
- Buschbohnen vorsäen
- mit Brennnesseljauche nachdüngen
- Sommersalate aus dem Mai pflanzen
- Rhabarber bis zur Sommersonnenwende ernten

Der Juni duftet! Nach Rosen und Holunder und überhaupt nach Sommer, oder besser gesagt nach Frühsommer. Alles ist saftig grün und man hat das Gefühl, die Natur überschlägt sich mehr und mehr. Und endlich gibt es Erdbeeren! Ich liebe Erdbeeren – vielleicht weil ich ein Junikind bin, wer weiß.

Im Garten ist immer noch alles möglich. Auch wenn die meisten Aussaaten schon gepflanzt sind und die ersten bereits geerntet, kann man noch jede Menge Lücken erfolgreich füllen. Über allem schwebt traumhafter Holunderduft. Im Haus mag ich ihn nicht so gern, aber draußen betört er meine Sinne. Wir haben ein paar Rosen an der Terrasse, die die wunderbaren Düfte in der Luft mit ihrem feinen Duft noch erweitern, von der Blütenpracht, die das Auge erfreut, mal ganz abgesehen. Auch die Farben im Juni sind einfach herrlich, das Cremeweiß des Holunders vor dem blauen Himmel, die verschiedenen Rosé- und Orangetöne der Rosen, das saftige Grün der Wiesen und Bäume und das leuchtende Rot der Erdbeeren. Was will man mehr?

Noch einmal Zucchini aussäen

Obwohl die ersten Zucchini, die ich nach den Eisheiligen gepflanzt habe, bald anfangen zu tragen, lege ich Mitte Juni noch einmal ein bis zwei Samen in die Erde oder in kleine Anzuchttöpfe.

Meine im Mai gepflanzten Zucchini werden ab August oft von Mehltau befallen und tragen dann nicht mehr so gut, bis sie schließlich eingehen. Da mir ein paar Wochen Zucchini-Ernte aber nicht ausreichen und ich gern auch im Herbst oder bis zum ersten Frost noch frische Zucchini ernten möchte, setze ich auf diese zweite Aussaat im Juni. Ins Beet kommen die Pflänzchen dann Anfang bis Mitte Juli, wenn sie drei bis vier Blätter haben. Ich pflanze sie möglichst weit weg von den anderen Zucchini, damit sich eventuelle Krankheiten nicht übertragen. Oft setze ich die ersten Zucchini ins Paradies und die im Juni ausgesäten in den Garten. Dort tragen sie dann fleißig bis Ende September oder sogar Ende Oktober. Das hängt immer ganz von der Witterung ab und davon, wann die ersten Frostnächte kommen. Da die Herbstmonate immer wärmer werden, stehen die Aussichten für eine lange Zucchini-Ernte jedoch recht gut. Zudem sind die zweiten Aussaaten viel kräftiger und robuster als die frühen, was sicherlich mit den günstigeren Wetterbedingungen im Juni/Juli zusammenhängt. Wichtig ist es jedoch, früh tragende Sorten zu wählen und keine späten, da diese eine zu lange Entwicklungszeit haben.

Tomaten ausgeizen oder nicht?

Ob man Tomaten ausgeizt oder nicht, ist eine Frage der persönlichen Philosophie. Geiztriebe sind die kleinen neuen Triebe, die sich in den Blattachseln entwickeln. Am Anfang sind sie zierlich klein, sie wachsen jedoch schnell zu ansehnlichen Ästen heran, die außer Blattmasse auch eine Menge Blüten und Früchte produzieren.

Die gängigste Empfehlung lautet, Geiztriebe regelmäßig auszubrechen (nicht abschneiden!) und die Tomaten ein-, höchstens zweitriebig zu ziehen. Man bekommt dann übersichtliche Pflanzen mit einer gewissen Anzahl von Früchten guter Größe. Bei Fleischtomaten macht das Sinn, damit sie die Energie wirklich in die Früchte stecken und die Pflanzen nicht unendlich Blattmasse produzieren, um dann nicht genügend Energie für Tomaten haben.

In der Praxis sieht es etwas anders aus. Ich schaffe es im Mai einfach nicht, mich regelmäßig um die Geiztriebe der Tomaten zu kümmern. Das liegt einerseits

Geiztriebe bei trocknem Wetter vorsichtig ausbrechen – so schließt sich die Wunde an der Pflanze schnell.

AUS GEIZTRIEBEN TOMATENPFLANZEN ZIEHEN

Bricht man Geiztriebe vorsichtig aus – sie sollten ca. 10 cm groß sein – und stellt sie in Wasser, bilden sie relativ schnell Wurzeln und man kann sie einpflanzen. So kann man auch im Juni noch Tomatenpflanzen vermehren, wenn man noch ein paar Eimer bepflanzen möchte. Tragen werden sie aber etwas später als die Mutterpflanzen. Diese Art der Vermehrung lohnt sich nach meiner Erfahrung nur bei Kirschtomaten, für Fleischtomaten ist es im Juni meist schon zu spät.

an meinem hohen Arbeitspensum im Mai und andererseits an der Menge meiner Tomatenpflanzen. Bevor ich mich versehe, sind die Geiztriebe so groß geworden, dass ich die Tomate zu sehr verletzen würde, wenn ich sie ausbräche. Oder sie haben schon die ersten Blüten angesetzt und ich bringe es nicht über das Herz, sie auszugeizen. Also lasse ich die erste Generation der Geiztriebe wachsen und fange erst Mitte Juni an, das Wachstum einzudämmen. Nur bei den Fleischtomaten versuche ich, mit dem Ausgeizen hinterherzukommen.

Da jeder Geiztrieb neue Blüten entwickelt, steigt die Anzahl der Früchte an einer Pflanze natürlich enorm, sodass ich mit dieser Methode viel mehr Früchte ernten kann. Allerdings braucht die Pflanze für die vielen Triebe und Früchte auch sehr viel Kraft und sie kann ziemlich wuchern. Und auch Geiztriebe bekommen Geiztriebe – da sollte man dann wirklich eingreifen. Lasse ich also viele Geiztriebe stehen, bedeutet das, dass ich meine Tomaten regelmäßig düngen und hochbinden muss.

Ich denke, jeder muss für sich selber entscheiden und ausprobieren, welchen Weg er gehen möchte. Mir sind viele Tomaten wichtig, von daher geize ich sehr wenig aus, muss dafür aber viel anbinden und nachdüngen.

Meine Fleischtomaten ziehe ich nur zwei- bis dreitriebig. Auch Tomaten im Freiland geize ich eher aus, da sie sonst zu schwer zu bändigen sind. Allerdings hätten sie in einem guten Boden die Kraft, auch viele Geiztriebe inklusive der Tomaten zu ernähren. Es kommt immer auf die Pflanze an, nach ein paar Jahren Erfahrung sieht man, wann man ausgeizen muss und wann nicht.

Lässt man an großen Geiztrieben Wurzeln treiben, kann man sie nach 2 Wochen in die Erde pflanzen.

Teekräuter sammeln

Ich liebe Kräutertees und trinke über das Jahr relativ viel davon. Dafür muss ich jedoch einige Zeit dem Anbau und der Ernte der Teekräuter widmen. So habe ich verschiedene Minzen, Salbei, Zitronenmelisse, Brennnessel, Zitronenverbene etc. im Garten.

Auch Blüten trockne ich für die verschiedensten Mischungen. Im Juni fängt es mit den Holunder-, Linden- und Rosenblüten an und geht dann weiter mit Ringelblumen und Kornblumen. Zum Herbst hin kommen die Hagebutten und Apfelschalen.

Die Blattkräuter sind im Juni schon gut gewachsen, blühen aber noch nicht. Ich schneide sie an einem sonnigen Tag am späten Vormittag, wenn der Tau abgetrocknet ist, eine Handbreit über dem Boden ab. Dann ist das Aroma am stärksten. Anschließend treiben sie wieder neu aus und ich kann noch zwei- bis dreimal über den Sommer ernten.

Die Kräuter befreie ich schnell von den Stängeln und lasse die Blätter luftig in einem flachen Karton auf dem warmen Dachboden trocknen. Wichtig ist, dass sie schnell trocknen und nicht schimmeln. Würde ich sie in der Sonne trocknen lassen, würden sie ihre Farbe und auch ein wenig Aroma verlieren. Nach ein paar Tagen, wenn sie rascheltrocken sind,

Eins meiner liebsten Kräuter: Zitronenmelisse wächst schnell und hat eine frische, zitronige Note.

Ich lagere Teekräuter nach Arten getrennt. So kann ich immer neue Teemischungen kombinieren.

fülle ich sie in große Gläser – das geht, weil mein Keller, wo ich sie aufbewahre, dunkel ist. Notfalls kann man die Gläser auch in einen Schrank stellen oder man nimmt eben Dosen.

An schönen sonnigen Tagen trockne ich die Kräuter auch auf dem Armaturenbrett des Autos, wenn es in der Sonne parkt. Ich lege sie lagenweise in eine Kiste und decke sie mit einem Geschirrtuch ab, damit sie nicht ausbleichen. Zwischen die Lagen kommen ein paar Blätter Papier. Auch hier sind die Kräuter meistens nach 1–2 Tagen trocken. Außerdem duftet das Auto gut. In einem Dörrautomaten wären die Kräuter natürlich schon nach 2–3 Stunden fertig. Doch der Automat braucht Strom.

Meine verschiedenen Teemischungen mixe ich meist erst im Herbst, wenn die Abende schon dunkel sind und ich nicht mehr draußen arbeiten kann. Am schönsten finde ich es, wenn man tassenweise probiert, welche Kombination einem schmeckt. Eine meiner Hausmischungen besteht aus Salbei, Pfefferminze und Zitronenmelisse, kombiniert mit ein paar duftenden Rosenblüten. Eine sehr erfrischende Mischung, die den Duft des Sommers in sich trägt. Und aus Hagebutten, Holunderblüten und Salbeiblättern bereite ich einen Erkältungstee.

Kohl und späte Kohlrabi aussäen

Auch wenn der Sommer jetzt erst so richtig anfängt, sorge ich ein bisschen für den Herbst vor. Ich säe gegen Mitte des Monats noch einmal verschiedene Kohlarten, die ich im Herbst und beginnenden Winter ernten kann. Dazu gehören Grünkohl, Palmkohl, Spitzkohl, Brokkoli, Romanesco und langsam wachsende Kohlrabisorten wie 'Superschmelz'.

Die Samen säe ich in eine Aussaatpalette mit Töpfchen und stelle sie an die Nordseite des Hauses. Da es jetzt schon von Schmetterlingen wimmelt, schütze ich sie mit einem Insektenschutznetz, damit die Raupen nicht die Aussaat verspeisen. Haben die Pflänzchen das dritte Blattpaar entwickelt, pikiere ich sie in größere Töpfe und pflanze sie Anfang August aus. Bis dahin bleiben sie an der Nordseite unter dem Schutznetz. Wer keinen schattigen und trotzdem hellen Platz im Garten hat, kann die Aussaaten auch im Haus unter Pflanzenlampen starten.

Späten Kohl vorzuziehen nimmt im Juni nicht viel Zeit in Anspruch, belohnt mich aber mit dem leckersten Kohl. Die meisten Kohlarten vertragen ein paar Frostnächte mit bis zu -5 °C ganz gut, sodass ich sie bis Ende Dezember oder Januar draußen lassen kann. Nur der Kohlrabi 'Superschmelz' verträgt kaum Frost, ich lagere ihn aber in einer Kiste im Schuppen bis in den tiefsten Winter. Diese Sorte wird auch beim Sommeranbau nicht holzig, selbst wenn sie nicht regelmäßig gegossen wird. Die Knollen schmecken etwas kräftiger als die Kohlrabisorten, die man sonst zum Frischverzehr anbaut.

Sommerlicher Beerengenuss

Im Juni sind endlich auch die ersten Beeren reif. Es fängt mit den Erdbeeren an und geht mit den kleinen Walderdbeeren weiter, die sich überall durch meinen Garten schlängeln. Sie wachsen unter Büschen und Sträuchern, am Wegesrand und manchmal auch im Beet. Ich weiß gar nicht, wo sie alle herkommen, aber ich bin froh, dass sie da sind. Sie sind zuckersüß, benötigen absolut keine Pflege und lassen sich hervorragend im Vorbeigehen naschen. Ein Kaiserschmarren mit Holunderblüten und frischen Walderdbeeren ist ein Gedicht.

Die großen Erdbeeren sind nun auch auf dem Höhepunkt und ich kann jeden Abend oder Morgen eine große Schale pflücken. Ich pflücke jedoch lieber abends, damit die Schnecken in der Nacht nicht schneller sind. Habe ich zu viele Erdbeeren, koche ich Marmelade oder friere sie für mein morgendliches Müsli ein. Aufgetaut und mit einer halben Banane püriert ein Genuss im Winter.

Gegen Ende des Monats reifen schließlich die Johannisbeeren. Die Roten und Weißen fangen an, im Juli folgen die Schwarzen. Ich liebe Johannisbeeren. Sie sind süß und saftig, aber leider haben sie auch eine Menge kleiner Kerne. Ich versuche, nicht auf sie zu beißen, sondern sie mit der Zunge zu zerdrücken, so komme ich in den wunderbaren Genuss des süßsauren Fruchtfleischs. Die meisten Johannisbeeren friere ich aber – von den Stielen befreit – ein und verbrauche sie dann ebenfalls im Müsli oder für Rote Grütze. Manchmal entsafte ich sie auch im Dampfentsafter und koche Gelee. In einem Streuselkuchen, gemischt mit etwas Marzipan, schmecken sie ebenfalls sehr lecker.

Bei wenig Regen bleiben die Erdbeeren oft kleiner, der Geschmack ist dafür aber umso intensiver.

Späte Rote Bete

Gegen Mitte des Monats säe ich ein weiteres Mal Rote Bete aus. Ich kann sie nun direkt ins Beet säen und dünne sie dann später bei Bedarf etwas aus. Die Aussaat decke ich mit einem Vlies ab, bis sie gekeimt sind. Das hilft, die Feuchtigkeit im Boden zu halten. Oft säe ich aber auch diese Rutsche erneut in Aussaatpaletten vor, da ich noch nicht genügend Platz im Beet habe oder es so trocken ist, dass es einfacher ist, sie in kleinen Töpfen heranzuziehen. Diese Beten können bis zum Herbst im Beet bleiben, wenn man den Platz nicht anderweitig braucht, und eignen sich hervorragend zum Einlagern für den Winter.

Was sonst noch los ist im …

Juni

Es gibt viel zu ernten. Ich ernte Salat, Erbsen, Zuckerschoten, Dicke Bohnen, Kohlrabi, Kohl, Mangold, Erdbeeren, Walderdbeeren und Johannisbeeren. Spätestens in diesem Monat machen sich meine frühen Aussaaten im Haus bezahlt. Es gibt die ersten Rote Bete und je nach Witterung auch schon vereinzelte Paprika und Kirschtomaten. Im Gewächshaus sind die im Januar ausgesäten Möhren bereits alle abgeerntet und haben den Gurken Platz gemacht. Normalerweise kann ich Ende Juni auch schon die ersten Einlegegurken aus dem Gewächshaus ernten und einkochen. Die Kartoffeln blühen und ich erfreue mich an den verschiedenen Blütenfarben der einzelnen Sorten.

Gegen Ende des Monats säe ich noch einmal frühe Buschbohnen in Aussaatpaletten vor. Buschbohnen kann man bis Mitte Juli legen und damit frei gewordene Plätze füllen. Diese Bohnen ergeben noch einmal eine gute Herbsternte. Nach meiner Erfahrung ist es jedoch besser, wenn ich im Juli, wenn die ersten Beete frei werden, schon fertige Bohnenpflanze habe, so tragen sie eher und ein früher Herbst bereitet ihnen nicht ein vorzeitiges Ende. In einem sehr trockenen und warmen Sommer sind die Hülsen der grünen Bohnen oft nicht mehr ganz so zart und die Pflanzen gehen relativ früh ein. Da kommt mir eine Herbsternte sehr gelegen. Außerdem habe ich eine Abneigung gegen leere Beete im Sommer.

Leere Beete gibt es, weil entweder Gemüse schon abgeerntet ist, eine Pflanze eingegangen ist, von einer Wühlmaus oder Schnecke vertilgt wurde, oder aber, weil meine Planung schlecht war. Alles kein Problem, so lange ich noch ein paar Ersatzpflanzen zum Auffüllen habe.

Gegen Ende des Monats dünge ich meine Tomaten, Auberginen und Paprikapflanzen das erste Mal nach. Auch die Kohlpflanzen bekommen einen Schuss verdünnte Brennnesseljauche oder Bokashi-Wasser (→ Seite 119).

Die Rhabarberzeit geht nun dem Ende zu und sie war wie jedes Jahr viel zu kurz. Man kann Rhabarber natürlich einfrieren, aber ich esse mich lieber an ihm satt, wenn er Saison hat. Ich denke nicht, dass man immer alles das ganze Jahr über essen muss. Im Gegenteil, ich finde es schön, wenn man die Dinge nur eine gewisse Zeit zur Verfügung hat. Dann kann man sich darauf freuen und so richtig im Überfluss schwelgen, wenn die Saison endlich da ist. Und nach über 9 Wochen Rhabarberkuchen backe ich gern auch mal wieder einen anderen Kuchen. Ich ernte nie mehr als zwei Drittel der Pflanze, sonst würde ich sie zu sehr schwächen und hätte im nächsten Jahr eine kleinere Ernte. Kann ich allerdings doch noch ein paar Stangen ernten, entsafte ich sie und koche aus dem Saft ein leckeres Gelee.

Einst baute man Kartoffeln nur wegen der Blüten an. Anhand ihrer Schönheit ist das gut nachvollziehbar.

ES GEHT IMMER NOCH WAS!

Zwischen ernten und doch noch etwas pflanzen mache ich kleine Pausen und genieße den Sommer.

Juli

WAS DIESEN MONAT ANSTEHT

- späte Zucchini pflanzen
- Radicchio, Zuckerhut und frühe Kohlrabi für den Herbst aussäen
- übrige Kohlpflanzen pflanzen
- Sommermöhren aussäen
- Paprika und Zwiebeln ernten
- Kirschen und Beeren ernten
- bei Bedarf flüssig nachdüngen
- gelbe Blätter von Gurken und Kartoffeln entfernen
- Tomaten und Paprika aufbinden, Tomaten bei Bedarf ausgeizen

Der erste richtige Sommermonat. Bei uns in Norddeutschland kann er schön warm sein. Manchmal aber ist es nach einem schönen Juni plötzlich wieder grau, regnerisch und es sind nicht einmal 20 °C. Trotzdem kommt bei mir im Juli Sommerfeeling auf. Die Beete sind jetzt üppig, alle Blumen blühen und meine Erntekörbe füllen sich von Tag zu Tag mehr. Von Juli bis September kann ich aus dem Vollen schöpfen.

Die Tomaten und Bohnen fangen an zu tragen und bei der Kirschernte nehme ich regelmäßig ein Kilo zu, was bei mir sonst eher etwas schwierig ist. Aber bei Kirschen kann ich nicht aufhören ...

Die Tage sind noch lang und hell und meistens auch schön sommerlich warm. Gegen Ende des Monats steht wieder eine Honigernte an – der Sommerhonig. Sie ist stressfreier als die Honigernte im Mai, da ich im Juli nicht mehr ganz so viel im Garten zu tun habe.

Der Juli ist ein guter Monat, weil man sich auch einfach mal mit einem Buch auf den Rasen legen kann. Überhaupt liebe ich es, mich im Sommer auf die Erde zu legen und die Natur zu spüren und mich zu erden. Ein kurzer Powernap auf dem Rasen gibt mir genügend Energie für den Rest des Tages.

Und noch einmal Zucchini pflanzen

Die im Juni ausgesäten Zucchini pflanze ich nun aus. Ich gebe ihnen eine gute Düngergabe aus Mist oder reifem Kompost mit in den Boden, damit sie zügig wachsen und mich bald mit leckeren Früchten versorgen. Wichtig ist auch ein Schneckenschutz (→ Seite 105). Diese späten Zucchini tragen normalerweise bis zu den ersten Frösten.

Für mich macht diese späte Aussaat Sinn, da ich sehr viele Zucchini verwende und auch konserviere (→ Seite 141). Wer dagegen nur ab und zu Zucchini essen möchte, sollte gut überlegen, wie viele Pflanzen er anbaut. Eventuell macht es mehr Sinn, nur ein bis zwei frühe Pflanzen zu kultivieren und dann noch einmal jetzt im Juli eine späte Zucchinipflanze anzubauen, um die Ernte etwas aufzuteilen. Ich finde es jedoch immer spannend, wenn ich meinen Speisezettel z. B. wegen einer Zucchinischwemme umstellen muss. Das macht mich kreativ und ich probiere neue Rezepte und Verwendungsmöglichkeiten aus. Auf diese Art und Weise habe ich schon viele neue Gerichte kreiert, die ich sonst nie entdeckt hätte.

Späte Aussaaten: Radicchio, Kohlrabi, Bohnen

Spätestens Anfang Juli säe ich diverse Radicchiosorten in Aussaatpaletten vor. Sie kommen für die Anzucht auf die Nordseite des Hauses. Ist es gerade sehr warm, also über 25 °C, stelle ich sie für einen Tag und eine Nacht in den kühleren Schuppen oder Keller. Dann keimen sie besser, meist schon nach 1–2 Tagen. Ich stelle mir den Wecker, damit ich sie nicht vergesse und sie lang und dünn werden. Den Radicchio möchte ich noch vor dem Winter ernten, also ab Ende Oktober/November, da er den Winter, wenn überhaupt, nur im Gewächshaus übersteht. Bei tiefen Minusgraden erfriert er leicht, er ist nicht so kältetolerant wie andere Wintersalate. Auch Zuckerhutsalat säe ich nun aus. Er entwickelt eine enorme Blattmasse und lange schlanke Köpfe. Nach der Ernte im Spätherbst lässt er sich 2–3 Wochen – über Kopf aufgehängt – im kalten Schuppen lagern.

Ebenfalls Anfang Juli säe ich noch ein paar frühe Kohlrabisorten. Sie werden unter Umständen nicht

Um im Herbst solch einen Farbtupfer in der Salatschüssel zu haben, muss ich mich jetzt um die Aussaat kümmern.

Im Hochsommer kann man Bohnen auch gleich ins Beet säen. Es ist warm genug und sie keimen rasch.

mehr so groß und zart wie im Frühjahr, da es im Sommer zu warm und trocken ist, kleine Apfelgröße sollten sie aber bis Oktober auf alle Fälle erreichen.

Ich säe auch sie vor und pflanze sie gegen Ende August in ein gut gedüngtes Beet. Sie müssen während der gesamten Wachstumsperiode gut gegossen werden. Die frühen und schnell wachsenden Kohlrabisorten sind sehr heikel, was die Wasserzufuhr anbelangt. Sie brauchen einfach mehr und regelmäßigere Wassergaben als z. B. 'Superschmelz'. Frost vertragen Kohlrabi nicht. Sie werden dann mehlig und spröde.

BUSCHBOHNEN ZUM ZWEITEN

Bis Mitte des Monats kann ich noch Buschbohnen legen – für eine gute Herbsternte. Entweder ich pflanze nun meine im Juni ausgesäten oder ich lege neue, um die Lücken in meinen Beeten zu schließen.

Für die Bohnen brauche ich den Boden nicht extra zu düngen, sie sind Schwachzehrer und reichern sogar Nährstoffe im Boden an.

Habe ich zu viele Bohnen, blanchiere ich sie und friere oder koche sie ein. An den Geschmack von frischen Bohnen kommen die konservierten zwar nicht heran, sie sind dennoch sehr lecker und bereichern im Winter meinen Speisezettel.

Auf Erbsen folgen Sommermöhren

Meine Erbsen ernte ich jetzt nach und nach ab. Ich schneide die Pflanzen oberhalb der Wurzel ab und gebe sie auf den Kompost. Die Wurzeln lasse ich wieder im Boden (→ Seite 107). Erbsen, die schon getrocknet sind, lasse ich auf der warmen Fensterbank etwas nachtrocknen und nehme sie für Erbsengrün im Winter (→ Seite 180) oder für die neue Aussaat im nächsten Jahr.

Das Beet ist nun bereit für eine neue Aussaat oder eine neue Bepflanzung. Kohl wächst z. B. sehr gut nach Erbsen, aber eben auch Sommermöhren. Das sind die Sorten mit einer kurzen Entwicklungszeit von 90–100 Tagen, für alle anderen Sorten ist es jetzt schon zu spät. Ich harke die Erde durch und gebe eventuell noch etwas reifen Kompost dazu. Sind die Wurzeln der Erbsen zu sehr im Weg, arbeite ich sie etwas ein oder säe die Möhren in Reihen zwischen den Erbsenwurzeln. Ich gieße die Aussaat gut an und decke sie mit einem Vlies ab, damit sich die Feuchtigkeit besser im Boden hält. Sollte es nicht regnen, gieße ich alle 2 Tage, bis sich das erste Grün zeigt. Dann vergrößere ich die Gießabstände, bis die Pflänzchen ca. 5 cm groß sind. Danach gieße ich nur noch bei lang anhaltender Trockenheit.

Möhrensamen brauchen teilweise gut 3 Wochen, bis sie aufgehen, und sind manchmal etwas schwierig, da wirkt das Vlies über der Aussaat Wunder. Diese Möhren kann ich ab Ende Oktober/November ernten oder sie unter einer dicken Laubschicht auch bis zu den ersten richtig starken Frösten im Januar stehen lassen.

Die Erbsen hinterlassen den Boden gut mit Stickstoff versorgt. Trotzdem sind die Möhren über ein bis zwei Düngergaben in Form von Bokashi-Wasser oder Brennnesseljauche sehr dankbar. Kompost arbeite ich ein, damit die obere Bodenschicht feinkrümelig wird und die zarten Möhrenwurzeln nicht gleich krumm wachsen.

Ist das Möhrengrün 5 cm hoch, nehme ich das Vlies weg und mulche vorsichtig mit Rasenschnitt.

Paprika ernten

Da ich hauptsächlich Paprikasorten mit kleineren Früchten anbaue, kann ich im Juli meistens schon ziemlich viele Paprika ernten, auch spätere Fruchtansätze reifen noch gut aus. Paprika mögen es warm. In warmen Sommern blühen sie zwei- bis dreimal, in kühlen dagegen manchmal nur ein- bis zweimal.

Die reifen Paprika schneide ich mit der Schere ab. Würde ich sie abbrechen oder herausdrehen, würde ich die Pflanze zu sehr verletzen.

Gern gebe ich meinen Pflanzen um diese Zeit eine Düngergabe aus Brennnesseljauche oder Bokashi-Wasser und fülle eventuell auch etwas Kompost auf, um sie zum erneuten Fruchtansatz anzuregen. In den Töpfen mulche ich die Oberfläche neu, damit die Feuchtigkeit nicht so schnell verdunstet.

Habe ich zu viele Paprika, schneide ich sie in kleine Stücke und friere sie in Beuteln oder kleinen Gläsern ein. Sie eignen sich hervorragend für eine Gemüsepfanne, als Pizzabelag oder für ein Chili. Paprika kann man aber auch mit Gurken und Zucchinistückchen in Essigsud einkochen. Zu Bratkartoffeln oder auf dem Salat im Winter ein Genuss!

Scharfe Paprika trockne ich in der Sonne oder aufgefädelt auf eine Schnur in der Küche. Sind sie richtig scharf, entferne ich vorher die Kerne und die dünnen Häutchen, da sie die Schärfe nur noch verstärken. Sind die Schoten richtig trocken, zerkleinere ich sie im Mixer zu Pulver (→ Seite 21).

'Albaregia' ist eine großfruchtige Paprika, die sich sowohl im Kübel als auch im Beet kultivieren lässt.

Zwiebeln ernten

Wenn das Zwiebellaub gelb und trocken wird, ist es an der Zeit, sie zu ernten. Ich warte auf ein paar sonnige und warme Tage. Dann ziehe ich sie vorsichtig heraus, schüttele die Erde ab und lege sie ausgebreitet in Holzstiegen oder Ähnliches. Dort lasse ich die Zwiebeln ein paar Tage in der Sonne stehen, damit sie gut nachtrocknen können.

Dann werden sie sortiert. Winzig kleine bewahre ich in einem Pappkarton bei kühler Zimmertemperatur als Steckzwiebeln im nächsten Jahr auf. Zwiebeln mit Fraßlöchern oder Gängen der Zwiebelfliege verwende ich rasch. Der Rest der Zwiebeln kommt in einen Korb oder Pappkarton und wird bei ca. 16–18 °C aufbewahrt. Gut abgetrocknet lassen sie sich problemlos den ganzen Winter über lagern. Trotzdem schaue ich die Zwiebeln im Lager alle paar Wochen nach schlechten Exemplaren durch – obwohl sich faule meist mit einem sehr unangenehmen Geruch bemerkbar machen.

Zum Nachtrocknen kann man die Zwiebeln noch ein paar Tage am Grün auf einen Wäscheständer hängen.

Stachelbeeren und Kirschen

Anfang des Monats sind die Süßkirschen reif und gegen Mitte oder Ende des Monats die Stachelbeeren. Dazwischen reihen sich die Jostabeeren und Schwarzen Johannisbeeren ein.

Wir haben einen großen Süßkirschbaum mit großen aromatischen Kirschen, die wir praktischerweise vom Garagendach aus ernten können. In manchen Jahren zerstört Frost die Blüten, dann gibt es keine einzige Kirsche. Und dann gibt es Jahre, da hängt der Baum so voll, dass man sich vor Kirschen kaum retten kann.

Ich entsteine die Kirschen und friere sie ein, für Müsli, Kuchen oder Rote Grütze. Dafür habe ich mir einen Entsteiner gekauft, was die Arbeit ziemlich erleichtert. So kann ich größere Mengen in kurzer Zeit entsteinen. Ich erledige das immer auf einem Tisch im Garten, damit ich die Küche nicht putzen muss, weil die Kirschen beim Entsteinen ziemlich spritzen.

Einen Teil der Kirschen halbiere ich und trockne sie im Dörrgerät. Sie brauchen 12–13 Stunden, sind aber eine Sünde wert. Ich esse sie als Snack zwischendurch oder verbacke sie in süßen Brötchen

Mit einem Entsteiner kann man in kurzer Zeit die Kerne vieler Kirschen entfernen.

oder in Keksen. Man kann mit ihnen wunderbar Rosinen ersetzen. Abgesehen davon, dass ich noch nie ein Rosinenfreund war, finde ich es immer gut, wenn ich mit eigenen Produkten gekaufte ersetzen kann. Damit spare ich nicht nur Geld, Plastik und Transport, sondern weiß auch, was ich esse. Getrocknete Kirschen sind einfach unwiderstehlich!

Aus den Schwarzen Johannisbeeren mache ich meistens Saft, um ihn dann einzukochen und zu Sirup oder Gelee zu verarbeiten. Das ist nicht so arbeitsintensiv, da ich die Stiele nicht entfernen muss, wenn ich die Früchte in den Dampfentsafter gebe. Einen weiteren Teil der Johannisbeeren friere ich entstielt für mein Müsli im Winter ein.

Der Trester aus dem Dampfentsafter kommt entweder auf den Kompost oder ich streiche ihn auf Backpapier und trockne ihn 1–2 Tage in der Sonne. Diese harte Masse breche ich in Stücke und verwahre sie in Gläsern. Ich verwende sie für meine Früchteteemischung.

Unreife Stachelbeeren koche ich für Kuchenbelag ein. Drückt man sie zwischen zwei Fingern, dürfen sie nur ein ganz kleines bisschen nachgeben, ansonsten sind sie schon zu weit. Reife Stachelbeeren platzen, wenn man sie einkocht. Aus solchen reifen Stachelbeeren koche ich Marmelade oder Kompott oder ich nasche sie einfach roh.

Was sonst noch los ist im …

Juli

Gern lasse ich an ein bis zwei Stellen im Garten Salate stehen. Sie schießen, fangen dann an zu blühen und samen sich aus. So habe ich noch spät Salatpflänzchen, die oft sogar den Winter überstehen. Auch im Frühjahr gehen immer noch einige Samen auf. Ich ernte diese Salate jung oder verpflanze sie. Oft reihen sie sich im Frühjahr auch in die Folgekultur ein. Das ist eine sehr entspannte Art, neue Pflanzen zu bekommen, und meistens sind sie viel kräftiger und früher dran als von mir ausgesäte.

Irgendwann im Juli bekommen die ersten Kartoffeln gelbe Blätter. Das ist zunächst nicht schlimm, da die Kartoffeln, wenn es auf die Ernte zugeht, ihr Laub absterben lassen. Haben die Blätter aber weiche braune Stellen, können das Anzeichen für Braunfäule sein. Solche Blätter zupfe ich regelmäßig ab, um den Befall noch etwas hinauszuzögern. Die Blätter dürfen nicht auf den Kompost, sondern kommen in den Hausmüll oder die grüne Tonne. Stehen Tomaten in der Nähe, sollte man die Kartoffelblätter noch gewissenhafter prüfen, da sich die Braunfäule rasend schnell auf Tomaten ausbreiten kann.

Gegen Ende des Monats ernte ich schon einmal die Kartoffeln von ein bis zwei Pflanzen zum Abendessen. Sie könnten eigentlich noch ein bisschen weiterwachsen, aber mein Heißhunger auf frische Kartoffeln steigt von Tag zu Tag. Ernte ich jetzt schon ein paar wenige Knollen, schmälert das meine Gesamternte nicht wesentlich und ich kann schon mal schmecken, was mich erwartet. Man kann auch vorsichtig unter eine Pflanze fassen und ein paar Knollen ausbuddeln, ohne die Pflanze zu roden. Dann können die restlichen Knollen noch weiterwachsen.

Oft habe ich in einer Gartenecke noch ein paar übrig gebliebene Pflanzen aus dem Frühjahr stehen, Kohl, Salate, Mangold, Blumen etc. Sie sehen vielleicht etwas mickrig aus, aber ich versuche trotzdem, ein schönes Plätzchen für sie zu finden. Meistens kann ich sie mit etwas Pflege, Dünger und Wasser zu neuem Leben erwecken. Werden sie trotzdem nicht mehr besonders groß, weil sie zu lange in einem kleinen Topf standen, ernte ich sie klein oder verfüttere sie an die Kaninchen und Meerschweinchen.

Die Bohnen fangen jetzt an kräftig zu tragen. Man kann die grünen Schoten abreißen, aber ich schneide sie mit einem Messer ab. Das schont die Pflanzen und ich spare mir die Putzarbeit in der Küche, weil ich das obere Ende gleich beim Ernten abschneide. Die dünnen Spitzen vorn lasse ich dran, es gibt keinen Grund, sie abzuschneiden.

In meinem Gewächshaus fühle ich mich nun wie in einem Dschungel, da die Gurkenpflanzen zu ihrer vollen Größe herangewachsen sind. Ich beobachte die Blätter genau und schneide kranke oder welke regelmäßig heraus. Die Gurken werden um diese Zeit oft von schwarzen Läusen befallen, wenn der Sommer sehr warm und trocken ist. Da hilft es nur, befallene Blätter abzuschneiden und die Gurken mit Brennnesseljauche oder verdünntem Rapsöl zu spritzen. Meistens halten sie noch bis Ende August durch, auch wenn sie zwischenzeitig schon mal böse aussehen. Dem Läusebefall kann man etwas vorbeugen, wenn man im Frühjahr die Beete im Gewächshaus gut wässert und auch während des Sommers für feuchte Erde sorgt. Eine gute Mulchschicht ist hier unerlässlich. Gurken sind anfällig für Krankheiten und Ungeziefer, wenn sie wegen Wassermangel Stress haben. Dick mulchen hilft enorm, die täglich zu gießende Wassermenge etwas zu reduzieren.

Die Fruchtgemüse dünge ich alle 1–2 Wochen mit verdünnter Brennnesseljauche oder Bokashi-Wasser, damit sie noch einmal Früchte ansetzen. Tomaten und Paprika binde ich weiterhin regelmäßig hoch und geize die Tomaten bei Bedarf aus.

Ernten kann ich jetzt nahezu alles. Gurken, Zucchini, Bohnen, Tomaten, Paprika, Auberginen, Salat, Zwiebeln, Möhren, Zuckerschoten, Mangold, Kirschen, Beeren, Kräuter, Blumen etc. Was ich abends koche, hängt davon ab, was morgens in meinem Erntekorb landet. Fehlt mir beim Kochen noch eine Zutat, gehe ich kurz in den Garten und ernte sie. Es ist ein himmlisches Gefühl – als würden wir im Paradies leben!

Jetzt schwelgen wir wieder im Überfluss: Meine Erntekörbe werden jeden Tag voller und bunter.

ERNTESCHWEMMEN UND SOMMERFEELING

Die Erntezeit ist die schönste, aber auch arbeitsreichste Zeit. Doch ich mache das Beste daraus!

Ernteschwemme und Sommerfeeling

August

WAS DIESEN MONAT ANSTEHT

- täglich ernten
- Endiviensalate, Feldsalat und Mangold aussäen
- alle Kohlpflanzen pflanzen
- Tomaten und Zucchini verarbeiten
- Kartoffeln roden
- Erdbeeren pflanzen
- Trockenbohnen ernten und nachtrocknen
- Stangenbohnen verwöhnen
- erste Kürbisse ernten
- Frühlingszwiebeln aussäen

Der August ist der letzte richtige Sommermonat, in dem ich noch mehr aus dem Vollen schöpfen kann als schon im Juli. Es ist warm, an manchen Tagen richtig schön heiß. Ich liebe solche Tage, auch wenn ich schwitze und manchmal stöhne. Doch wenn dann auf dem Weg ins Paradies der heiße Sommerwind meine Haut trifft, fühle ich mich in meinem Element. Diese warme Phase des Sommers ist häufig so kurz, daher genieße ich jede Minute, auch wenn es manchmal etwas zu heiß ist. Ich liebe das Gefühl, wenn ich mich in der Sonne durch und durch aufwärmen kann. Das brauche ich nicht lange, manchmal nur 5–10 Minuten, dafür aber am besten täglich und über einen langen Zeitraum. Dann fühle ich mich für den Winter besser gerüstet. Wenn ich im Paradies arbeiten möchte, muss ich das nun in den frühen Morgenstunden tun. Spätestens ab 11 Uhr ist es dort zu heiß. Trotzdem sauge ich jeden Sonnenstrahl auf und genieße den Energieschub, den mir die Sonne gibt.

Wenn ich morgens meinen Streifzug durch den Garten und das Paradies mache, brauche ich nun mehrere Erntekörbe. Ernten ist einfach das Schönste bei der Gartenarbeit!

Im August verbringe ich aber auch viel Zeit in der Küche, um all meine Schätze zu verarbeiten und für den Winter zu konservieren. Dabei versuche ich, so viel wie möglich auf der Terrasse oder im Garten zu erledigen. Das Verarbeiten meiner frisch geernteten Schätze ist für mich eine sehr essenzielle und befriedigende Tätigkeit. Kann ich doch meine Familie durch geschickte Haltbarmachung meiner Ernten das ganze Jahr über mit eigenem Obst und Gemüse versorgen.

Wintersalate und Mangold aussäen

In der ersten Augustwoche muss ich schon an den Winter denken, egal wie schön warm es gerade ist. Denn jetzt säe ich meine Wintersalate aus, damit ich sie Anfang/Mitte September pflanzen kann. Um im Winter ständig frischen Salat zur Verfügung zu haben, muss er bis Mitte November seine endgültige Größe erreicht haben. Ab Ende November lässt das Tageslicht so stark nach, dass die Pflanzen – unabhängig von der Temperatur – nicht mehr wesentlich weiterwachsen. Sie bleiben im Wachstum einfach stehen und beginnen erst ab Anfang/Mitte Februar, wenn das Licht zurückkommt, wieder zu wachsen.

Ich säe verschiedene Endiviensalate sowie Feldsalat aus. Der Vorteil dieser Salate ist, dass ihnen die Kälte nichts anhaben kann. In einem Frühbeet oder Gewächshaus wächst Endiviensalat geschützt, sodass es ihm auch nichts ausmacht, wenn es draußen ca. -15 °C hat. Lediglich die großen äußeren Blätter können erfrieren, wenn es zu kalt wird, aber das Herz bleibt meistens intakt, sodass er bei milden Temperaturen im Frühling einfach weiterwächst. Ansonsten friert er bei großer Kälte ein und taut bei wärmerem Wetter wieder auf. Nur wenn er zu feucht und bei zu hoher Luftfeuchtigkeit steht, kann es passieren, dass er von der Mitte her fault, darum ist das Lüften des Gewächshauses oder des Frühbeets immer sehr wichtig. Meistens ernte ich im Herbst und Winter nicht die ganzen Köpfe, sondern nur nach und nach die äußeren Blätter und lasse das Herz in der Mitte stehen. Das hat nicht nur den Vorteil, dass die Salate, sobald das Licht zurückkommt, weiterwachsen und noch einmal richtig schön und zart austreiben, sondern auch, dass sie frostfester sind. Denn die kleinen Blätter der Pflanzen vertragen wesentlich mehr Frost als die großen. So habe ich im zeitigen Frühjahr eine zweite Ernte von ein und derselben Salatpflanze, wenn sie erneut austreibt.

Feldsalat übersteht auch im Freien den Winter ohne Probleme und ist noch frosthärter als Endiviensalate. Selbst eine einen halben Meter hohe Schneedecke schadet ihm nicht. Im Gegenteil, sie isoliert sogar noch besser und schützt ihn vor allzu

Große Pflanzen: Ich säe Feldsalat einzeln in Aussaatpaletten und pflanze ihn mit 10 cm Abstand.

Lässt man Mangold blühen und sich selber aussäen, kann man sich über viele Pflänzchen freuen.

kalten Temperaturen und frostigen Winterwinden. Ist der Schnee einmal geschmolzen, kann man ihn problemlos ernten. In schneereichen Gebieten bietet es sich jedoch an, etwas Feldsalat zusätzlich in Frühbeeten oder im Gewächshaus anzubauen, da man dann auch bei Schnee ernten kann. An frostigen Tagen tauen die Feldsalatpflänzchen schneller auf als Endiviensalat – sobald ein paar Sonnenstrahlen auf das Gewächshaus oder den Frühbeetkasten fallen. Feldsalat ernte ich daher meistens erst im Spätwinter, wenn es richtig kalt ist, und zwar meistens in den Mittagsstunden, wenn er von selber aufgetaut ist. Denn gefrorenen Salat kann man natürlich nicht ernten, man hat nach dem Auftauen nur noch Matsch (→ Seite 185).

Den Feldsalat säe ich einzeln in eine Aussaatpalette mit Töpfchen. In eine Palette passen ungefähr 150 Samen. Man kann ihn auch hervorragend direkt ins Beet säen, trotzdem säe ich ihn vor. Zum einen habe ich im August noch nicht den Platz auf den Beeten, um ihn dort auszusäen, zum anderen werden die Pflanzen so wesentlich größer, weil ich sie später gleich im richtigen Abstand auspflanzen kann. Außerdem kann ich die Aussaatpaletten zum Keimen auf die kühlere Nordseite des Hauses stellen und dort einfacher versorgen als eine Neuaussaat im Beet zur heißesten Zeit des Jahres. Ich nehme nur komplett winterharte Sorten, die auch für den Anbau im Gewächshaus geeignet sind. Meine Lieblingssorte ist ‘Elan’.

Feldsalat säe ich im Abstand von 2–3 Wochen nach. Es ist immer erstaunlich, wie viele Pflänzchen ich den Winter über brauche.

Die Endiviensalate säe ich ebenfalls in Aussaatpaletten mit kleineren Töpfen vor, setze sie jedoch nach ca. 3 Wochen in größere Töpfe, damit sie sich zu kräftigen Pflanzen entwickeln. Endiviensalat baue ich im Beet, im Gewächshaus, im Frühbeetkasten und im kleinen Folientunnel an (→ Seite 185). Meine Lieblingssorten sind ‘Escariol’ und ‘Wallone’, wobei der krause Wallone frosthärter ist. ‘Escariol’ fängt leicht an, in der Mitte zu faulen, wenn er zu feucht wird. Er eignet sich aber gut für den Herbstanbau bis ca. Dezember und ist ein sehr leckerer und zarter Salat.

Ist es zur Zeit der Aussaat sehr warm, stelle ich die Aussaatpaletten für 1–2 Tage in den kalten Keller, damit die Samen besser keimen. Salatsamen keimen am besten bei Temperaturen unter 20 °C. Ich habe mir jedoch angewöhnt, einen Timer zu stellen, damit ich die Paletten nicht vergesse und die Pflanzen nicht lang und dünn werden. Die Salate keimen zu dieser Jahreszeit meistens schon nach 2–3 Tagen.

SPÄTER MANGOLD

Auch Mangold lässt sich jetzt noch gut aussäen. Er wird zwar bis zum Winter nicht mehr vollständig auswachsen, doch ich nehme die kleinen Blättchen gern für den Salat. Im Frühjahr, sobald Licht und Wärme zurückkommen, wächst er dann für eine frühe Frühjahrsernte weiter. Voraussetzung ist, dass er den Winter im Gewächshaus verbringen kann. Ob Mangold im Freiland überlebt, ist immer Glückssache, es kommt auf den Winter an. Auch hier gilt wieder, dass Pflanzen, die nur kleine Blätter haben, den Frost wesentlich besser vertragen als Pflanzen mit großen Blättern.

Winterkohl pflanzen

Chinakohl gedeiht im Herbst wesentlich besser als im Frühjahr, denn bei zunehmender Tageslänge schießt er.

Anfang August pflanze ich meine im Sommer vorgezogenen Kohlpflanzen für eine späte Herbsternte – je früher, desto besser. Ich habe meistens noch Romanesco-, Brokkoli-, Weißkohl- und Grünkohlpflanzen, die ich im Juni ausgesät habe. Wieder bereite ich den Boden gründlich mit Mist oder reifem Kompost vor, setze die Pflanzen und mulche den Boden. Habe ich zu dieser Zeit nicht genügend Mulchmaterial, verwende ich eine dicke Lage Zeitungen, die ich auf die Erde lege, gut durchfeuchte und dann mit etwas Grasschnitt oder anderem Pflanzenmaterial abdecke. Sind die Schmetterlinge noch aktiv, überspanne ich meine Kohlpflanzen mit einem Insektenschutznetz.

Köstliche Tomatenschwemme

Die Kirschtomaten tragen schon seit Juli gut, aber im August kommen endlich auch die Fleischtomaten dran. Ich ernte nahezu täglich große, rote, gelbe und orange Früchte mit einem unwiderstehlichen Aroma. In warmen Jahren lasse ich die Tomaten so lange hängen, bis sie richtig ausgereift sind und ihr volles Aroma entwickelt haben. In feuchten und kalten Jahren ernte ich sie, wenn sie halbwegs rot sind, und lasse sie dann im warmen Haus noch nachreifen. So kann ich auch verhindern, dass sie bei zu viel Nässe platzen und dann leicht Schimmel ansetzen. Am süßesten schmecken sie natürlich, wenn sie an der Pflanze und in der Sonne vollständig ausreifen konnten. Aber hier in Norddeutschland haben wir auch oft nasse und kalte Sommer, sodass man sich behelfen muss.

Wir kommen mit dem Essen der Tomaten nicht mehr hinterher, deshalb koche ich Soßen für den Winter.

Die ersten großen Tomaten kommen noch in den Salat oder aufs Brot, aber bald werden es zu viele, als dass ich sie alle sofort essen könnte. Dann fängt die spannende Arbeit an: Ich koche alles Mögliche aus Tomaten für den Winter (→. Tipp). Da ich nie Tomaten kaufe – sie schmecken mir einfach nicht, weil ich vom wunderbaren Geschmack meiner eigenen sonnengereiften Tomaten verwöhnt bin –, sorge ich auf diese Art und Weise vor. Außerdem sehe ich keinen Sinn darin, im Winter frische Tomaten aus Spanien oder Marokko zu kaufen, die nicht schmecken, stark gedüngt und gespritzt sind, Verpackung verursachen und Energie für den Transport verbrauchen. Da koche ich lieber ein paar Gläser mehr ein, knabbere an getrockneten Tomaten und verzichte auf frische Ware. Gekochte Tomaten sind sogar noch gesünder als frische, da der sekundäre Pflanzenstoff Lycopin durch das Kochen konzentriert wird.

Ich liebe es, meine Tomaten – wie auch all mein anderes Gemüse – zu fotografieren. Große Körbe und Schüsseln voll mit glänzenden roten Tomaten, lassen einem schon beim Betrachten das Wasser im Munde zusammenlaufen. Diese Fotos sind für mich die beste Aufmunterung im Winter, wenn der Winterblues doch einmal zuschlägt.

ALLES TOMATE: SOSSEN, CHUTNEYS, CHILIS & CO.

Ich bereite verschiedene Tomaten- und Gemüsesoßen zu und koche sie in Gläsern für den Winter ein. So habe ich immer eine gute Grundlage für Suppen, Nudelsoßen, Chilis, Currys, Pizzabelag etc. Ich wähle verschiedene Glasgrößen für die verschiedenen Verwendungsmöglichkeiten.

Manchmal trockne ich auch ein paar Tomaten oder friere sie geviertelt ein. Habe ich sehr viele, koche ich stark reduzierte Würzsoßen mit viel Chili und Zwiebeln. Auch Chutneys sind schnell gemacht und in kleinen Gläschen eingekocht. Ich weiß, dass ich allein von der Tomatensoße mindestens 30 Liter brauche, um über das Jahr zu kommen. Das hört sich nach sehr viel an, pro Woche umgerechnet ist es aber gar nicht so viel.

Zucchinischwemme: halb so schlimm!

Eine Zucchinischwemme hat meistens nicht so einen guten Ruf wie eine Tomatenschwemme. Das liegt in meinen Augen daran, dass die Zucchini oft zu groß geerntet und – was ihre Verwendung in der Küche anbelangt – stark unterschätzt werden. Es ist sicherlich schon fast jedem einmal passiert, dass er ein riesiges, leicht schwammiges Zucchiniexemplar von einem Freund oder Nachbarn geschenkt bekommen hat. Das will einfach keiner!

Wenn ich eine Zucchinischwemme habe, ernte ich die Früchte relativ klein – mit 15–20 cm Länge. Sie schmecken einfach besser als die großen Keulen und die Menge, die man essen muss, ist geringer. Allerdings habe ich auch die Erfahrung gemacht, dass man Zucchini schon mal übersieht, weil sie sich unter den Blättern verstecken oder sie über Nacht ihre Größe geradezu verdoppeln. Das passiert besonders häufig, wenn es nachts um die 20 °C warm ist. Ich

Fühlen sich die Zucchinipflanzen wohl, versorgen sie uns mit reichlich Früchten, die verarbeitet werden wollen.

ZUCCHINI: LECKER UND VIELFÄLTIG EINSETZBAR

Frisch verwende ich Zucchini in Salaten und Gemüsepfannen oder ich fülle sie mit Hummus und überbacke sie. Außerdem koche ich literweise Zucchiniketchup ein und bereite Relish zu – süßsäuerliche Soßen mit Zucchinistückchen. Junge, zarte Früchte friere ich klein gewürfelt für Pizza, Chilis oder Gemüsepfannen ein. Größere Zucchini sind zum Einfrieren nicht so gut geeignet, sie werden sehr weich und schwammig. Zusammen mit Kartoffeln geraspelt backe ich leckere Puffer. Oder die Raspel kommen in Brötchenteige oder Kuchen. Sie machen den Teig schön saftig. Zucchinistücke lassen sich auch sehr gut zusammen mit Gewürzgurken, Paprika und Zwiebeln einkochen.

Zucchini lege ich wie Gurken ein. So bereichern sie unseren Speiseplan im Winter.

übersehe auch jedes Jahr einige Exemplare, die dann ganz plötzlich größer und dicker sind als mein Unterarm. Aber das ist nicht weiter schlimm, ich habe mittlerweile so viele Verwendungsmöglichkeiten für Zucchini entdeckt und kann ohne Weiteres alle verarbeiten. Man kann übersehene Zucchini auch einfach ausreifen lassen, bis ihre Schale hart geworden ist, und sie dann wie Kürbis für den Winter einlagern. Dann setzt die Pflanze allerdings nicht mehr so viele neue Zucchini an, weil ihre ganze Kraft in die große Keule geht.

Und wenn es wirklich mal zu viele Zucchini sind, freuen sich meine Freunde auch über ein paar Exemplare. Ich gebe allerdings nur die kleineren Zucchini ab, das erhält die Freundschaft und ich bekomme Nachfragen nach mehr.

Kartoffeln roden

Wenn das Laub der Kartoffeln gelb und abgestorben ist, ist es an der Zeit, sie zu ernten. Man kann sie auch mit abgestorbenem Laub problemlos noch ein paar Wochen in der Erde lassen. Dazu bin ich aber meistens zu ungeduldig. Erstens, weil ich einen Heißhunger auf frische Kartoffeln habe, und zweitens, weil Kartoffeln roden einfach Spaß macht. Es ist ein bisschen wie Ostereier suchen, nur eben unter der Erde. Jede Kartoffel ist wie ein kleiner Schatz, der geborgen werden muss. Dieses Hochgefühl habe ich auch nach 150 kg geernteten Kartoffeln noch, es macht einfach gute Laune.

Zum Roden wartet man am besten, bis der Boden etwas trockener ist, damit nicht mehr so viel Erde an den Kartoffeln klebt. Man kann die Kartoffeln entweder am Kraut aus der Erde ziehen und dann mit den Händen oder einer kleinen Schaufel oder der Grabgabel nach weiteren Exemplaren graben. Oder man sticht mit der Grabgabel in einem Abstand von ca. 25 cm von der Pflanze in die Erde und hebt so die ganze Kartoffelpflanze nach oben. Die Kartoffeln befinden sich normalerweise in einem Umkreis von 20–30 cm um die Pflanze herum. Am einfachsten erledigt man diese Arbeit zu zweit, einer arbeitet mit der Grabgabel, der andere sammelt die Knollen aus der Erde. Ich jedoch bevorzuge auch hier wieder die Arbeit in der Hocke, weil ich dann beim Graben behutsamer vorgehen kann und nicht so viele Kartoffeln beschädige.

Die Kartoffeln packe ich in Körbe oder Holzstiegen und lasse sie mindestens einen Tag im Schatten abtrocknen. Das Laub kommt in den Grünschnitt, da ich eventuell mit Krautfäule befallene Teile auf keinen Fall auf dem Kompost haben möchte. In trockenen Jahren ohne Krautfäule lasse ich das Laub auch einfach als Mulch auf den Beeten liegen.

Sind die Kartoffeln etwas abgetrocknet, sortiere ich sie durch. Aussortiert werden alle schadhaften und angefressenen Knollen, sie sind zum baldigen Gebrauch bestimmt. Die unversehrten kommen in Kartoffelnetze oder Körbe und dann in den kühlen Keller. Wer eine Erdmiete hat, kann sie auch dort einlagern (→ Seite 172). Besonders kleine Kartoffeln sortiere ich ebenfalls aus, sie werden bald gegessen. Gut geschrubbt verarbeite ich sie samt Schale zu Bratkartoffeln.

In humosem Boden kann man die Kartoffeln oft einfach an der Pflanze aus der Erde ziehen.

Kartoffeln, die eingelagert werden sollen, dürfen nicht gewaschen werden, wie anderes Lagergemüse auch. Dadurch verringert sich die Haltbarkeit.

Hat man verschiedene Sorten angepflanzt, ist es wichtig, sie bei der Ernte zu trennen und die Körbe hinterher zu beschriften, damit man später nicht aus Versehen die mehligkochenden Kartoffeln für Bratkartoffeln verwendet.

Frische Kartoffeln kann man gut mit Schale essen, man braucht sie nur zu waschen und etwas abzubürsten. Am Tag der Ernte bereite ich meistens abends frische Bratkartoffeln zu. Zusammen mit einem schönen Salat und einem Kräuterdip aus Sojajoghurt und Senf. Ein Traum, und die Belohnung für die harte Arbeit. In einem Jahr habe ich innerhalb von 2 Stunden nach dem Abendessen im Akkord und alleine um die 100 kg Kartoffeln geerntet. Lediglich für den Abtransport brauchte ich etwas Hilfe. Das sind die Arbeitseinsätze, die mir gefallen und die mich immer wieder beflügeln – auch wenn mir am nächsten Tag alle Knochen wehtun.

Kocht man frisch geerntete Kartoffeln wie Pell- oder Salzkartoffeln, kann es vorkommen, dass sie zerfallen – besonders wenn sie noch nicht ganz ausgereift waren. Das gibt sich aber nach ein paar Wochen Lagerung, dann hat sich genug Stärke ausgebildet und die Kartoffeln bleiben fest.

Kartoffeln hinterlassen einen sehr schönen, feinkrümeligen Boden. Ich achte bei der Ernte darauf, nicht zu sehr auf dem Beet herumzulaufen. Wenn ich fertig bin, brauche ich das Beet nur noch durchzuharken und es ist bereit für eine neue Bepflanzung. Meistens pflanze ich meine Wintersalate oder die neuen Erdbeeren auf die abgeernteten Kartoffelbeete. Auch Winterrettiche oder späte Radieschen bieten sich an.

Erdbeeren pflanzen

Erdbeerpflanzen lassen nach der dritten Saison spürbar im Ertrag nach. Um ein paar neue Reihen oder auch einzelne Pflanzen neu zu setzen, ist der August eine gute Zeit. Dann haben sie genügend Zeit, um sich vor dem Winter noch zu etablieren. Für meine neuen Erdbeeren wähle ich einen neuen Standort. Denn wenn Erdbeeren 3 Jahre lang auf demselben Platz gestanden haben, sollte man diesen unbedingt wechseln. Und weil ich jedes Jahr eine Reihe neue Erdbeeren pflanze, habe ich immer genügend gut tragende Pflanzen.

Die Ableger nehme ich von Pflanzen, die in der letzten Saison besonders gut getragen haben, oder ich kaufe mir neue beim Gärtner.

Beim Pflanzen gehe ich genauso vor, wie ich es bereits im April beschrieben habe (→ Seite 88): Die

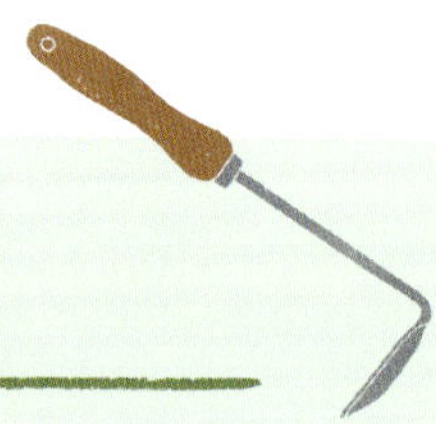

ERDBEERERNTE OHNE ENDE

Eine sehr interessante Erdbeersorte ist 'Florika'. Sie wird auch als Erdbeerwiese bezeichnet. Allerdings braucht sie viel Platz, da sie enorm viele Ableger bildet. Das Besondere ist, dass sie bis zu 7 Jahre durchgehend gute Erträge bringt. Sie überrascht mit vielen großen, sehr guten, aromatischen Früchten. Von diesen leckeren, süßen Früchten kann ich nie genug bekommen.

Die Ableger bleiben bis zum Verpflanzen mit der Mutter verbunden, so bekommen sie noch Nahrung.

Erdbeeren pflanze ich in Doppelreihen, mit 20 cm Abstand in der Reihe. Da ich die Reihen um eine halbe Pflanze versetzt anordne, komme ich mit einem Reihenabstand von 20 cm aus. Ansonsten sollte man gut 30 cm Reihenabstand wählen, da die Pflanzen genügend Platz brauchen, um bei Nässe gut abtrocknen zu können.

Die Pflanzen kommen in eine dicke Schicht reifen Kompost, werden anschließend gut gewässert und zum Schluss mit Holzhäckseln gemulcht – nicht mit Stroh! Einen zusätzlichen Wachstumsschub kann man den Pflanzen mit mit Wasser verdünnter Brennnesseljauche geben.

Trockenbohnen für den Vorrat

Gegen Ende August reifen die ersten Bohnen aus, die ich für meinen Trockenbohnenvorrat ernte. Getrocknete Bohnenkerne kann man, sind sie erst einmal richtig durchgetrocknet, über viele Jahre hinweg aufbewahren. Auf diese Weise ernte ich auch mein eigenes Saatgut, auch das von Buschbohnen. Dazu lasse ich einfach ein paar Schoten an verschiedenen Pflanzen hängen und lasse sie gut trocknen. Habe ich zu viel Saatgut, koche ich diese getrockneten Bohnen einfach. Sie sind ja nichts anderes als die in Tüten gekauften Trockenbohnen.

Bohnen sind wie alle Hülsenfrüchte perfekte Eiweißlieferanten. Sie schmecken gut, sind gesund und machen satt. Zudem ist der eigene Anbau absolut unschlagbar, wenn es um die Einsparung von Plastik und Transport geht.

Lässt man sie einfach an der Pflanze ausreifen, ist der Arbeitseinsatz relativ gering. Man legt sie im Mai um die Stangen, erntet sie zwischen August und September und kann sie später entspannt abends vor dem Kaminfeuer auspulen und in Gläsern verpackt

Feuerbohnen kann man nicht nur als grüne Bohnen essen, auch die Samen sind sehr schmackhaft.

Je nach Sorte sind die getrockneten Bohnen wunderschön gesprenkelt.

aufbewahren. Seitdem ich im Paradies so viel Platz zur Verfügung habe, baue ich wirklich Massen von verschiedenen Bohnen an, unter anderem auch Kidneybohnen (→ Seite 102).

Ich warte, bis die Schoten der Bohnen getrocknet sind, dann ernte ich sie und lasse sie an einem warmen Platz, z. B. auf einer warmen Fensterbank, noch gut nachtrocknen. Manchmal pule ich sie auch gleich und lasse sie ausgepult nachtrocknen. Das hat den Vorteil, dass ich eventuelle Schadinsekten, die sich in den Schoten verstecken, sofort bemerke und sie nicht noch weitere Bohnen anfressen können. Es ist wirklich wichtig, sich die Bohnen genau anzuschauen und nur einwandfreie Bohnen zu trocknen. Manchmal sind sie von kleinen Käfern und deren Larven angefressen, die sich dann noch in der Bohne aufhalten. Würde man diese Bohnen mit den anderen in einem Glas aufbewahren, fressen sich die Tiere durch alle Bohnen durch und vernichten die ganze Ernte. Dies ist auch der Grund, warum ich die Bohnen lieber in mehreren kleineren Gläsern aufbewahre als in einem großen. Ist doch mal eine befallene Bohne dabei, wird nur ein Teil meiner Ernte zerstört und nicht gleich alles.

In unseren norddeutschen Sommern werden niemals alle Bohnen an einer Stange gleichzeitig reif, sodass ich in mehreren Durchgängen ernten muss. Je früher ich die ersten Bohnen ernte, desto mehr Kraft bleibt der Pflanze, die nächsten zu entwickeln und ausreifen zu lassen. Stehen ein paar Regentage an, ernte ich die Bohnen auf alle Fälle vorher.

Häufig koche ich ausgepulte und noch nicht getrocknete Bohnenkerne 3–5 Minuten und friere sie dann ein. So spare ich im Winter beim Kochen Zeit, doch andererseits nehmen diese Bohnen Platz im Gefrierschrank weg und die Lagerung braucht Energie. Geschmacklich finde ich die so eingefrorenen Bohnen außerdem nicht so gut wie getrocknete.

In einem guten Sommer setzen die Bohnen im August noch einmal neue Blüten und damit auch weitere Bohnen an. Diese reifen aber nicht mehr aus, daher ernte ich sie einfach jung als noch grüne Bohnen.

BOHNEN – EIN KÖSTLICHES WINTERESSEN

Möchte ich die getrockneten Bohnen im Winter zubereiten, weiche ich sie für ca. 15 Stunden in Wasser ein. Dieses Einweichwasser gieße ich weg und koche die Bohnen in neuem Wasser, aber ohne Salz (mit Salz werden sie langsamer gar) für 8–15 Minuten im Schnellkochtopf. Die Kochzeit hängt von der Bohnengröße ab: Feuerbohnen brauchen länger als die kleinen schwarzen Bohnen. Danach kann ich sie ganz normal verwenden: in einer Gemüsepfanne oder als Chili con Soja oder in einem Salat. Häufig koche ich gleich eine größere Menge und bewahre sie für ca. 1 Woche im Kühlschrank auf. Aber meistens halten sie gar nicht so lange, weil sie einfach zu lecker sind.

Was sonst noch los ist im …

August

Außer für das Ernten und für meine Wintersalataussaat habe ich im August nicht besonders viel Zeit für Gartenarbeit. Ich gieße zwar fleißig und verwöhne meine Pflanzen etwas, aber alles andere muss warten.

JETZT BEGINNT DIE HIMBEERZEIT

Im August fangen die Herbsthimbeeren an zu tragen. Es sind meine Lieblings-Himbeeren: Die Früchte sind sehr groß und aromatisch und, da die Eiablagezeit der Himbeermaden schon vorbei ist, auch absolut wurmfrei. Für mich eine klare Entscheidung, fast nur Herbsthimbeeren anzubauen. Ich ernte jeden Tag und friere überschüssige Himbeeren ein. Besonders vor Regen muss geerntet werden, da die Himbeeren sonst leicht matschig werden. Die eingefrorenen Himbeeren verwende ich im Winter für mein Müsli oder für Kuchen oder eine Rote Grütze. Aber ich esse auch Massen an Himbeeren frisch – eine Delikatesse! Die Herbsthimbeeren tragen fleißig weiter bis zum ersten Frost. Nicht selten habe ich Ende November noch frische Himbeeren geerntet. Die sind dann zwar nicht mehr so süß, da die Wärme und Sonne fehlt, aber trotzdem noch lecker.

Späte Himbeeren sind komplett madenfrei – was für ein unvergleichlicher Genuss!

ZWIEBELN, BOHNEN, KÜRBISSE

Säe ich im August Frühlingszwiebeln vor und pflanze sie später (im Oktober) in mein Gewächshaus, kann ich sie im zeitigen Frühjahr ernten. So habe ich früh saftiges Zwiebelgrün. Bei Frühlingszwiebeln säe ich immer sechs bis acht Samen in ein Töpfchen mit ca. 5 cm Durchmesser und pflanze sie dann später zusammen aus. Ist das Zwiebelgrün ca. 15 cm hoch, kürze ich es zur Hälfte ein, so wächst es kräftiger.

Im August bekommen meine Stangenbohnen oft gelbe Blätter und sehen aus, als würden sie bald absterben. Das ist mir jedoch zu früh, sodass ich die gelben Blätter abschneide und die Pflanzen mit einem Schuss verdünnter Brennnesseljauche verwöhne. Auch eine gelegentliche Wassergabe bei trockener Witterung belebt ihre Lebensgeister, sodass sie noch einmal neue Blüten ansetzen und ich bis in den späten September oder sogar bis zum ersten Frost ernten kann.

Oft kann ich im August auch schon die ersten Hokkaido-Kürbisse ernten. Ein Kürbis ist erntereif, wenn seine Schale fest geworden und der Stiel eintrocknet ist und holzig wird. Möchte ich Kürbisse lagern, lasse ich sie im Zweifel lieber etwas länger hängen oder trockne sie im Warmen nach. Möchte ich einen Kürbis frisch essen, kann ich ihn auch schon etwas früher ernten, auch wenn der Geschmack dann noch nicht ganz rund ist. Dies hat zudem den Vorteil, dass die Pflanze wieder genug Kraft hat und die restlichen Früchte ausreifen können. Den ersten Kürbis der Saison gibt es bei mir meistens mariniert als Ofenkürbis.

UND NOCH EINMAL SALATE

Anfang August säe ich ein paar Chinakohlpflanzen aus. Chinakohl wächst am besten im Herbst, da er bei langen Tagen sehr schnell in Blüte geht. Gepflanzt wird er dann Anfang September. Ist der August sehr heiß, macht es Sinn, die Pflänzchen im kühlen Keller unter Pflanzenlampen vorzuziehen. Die Lampen sollten dann aber nur 10–12 Stunden brennen, da der Chinakohl sonst – siehe oben – leicht in Blüte geht. Wenn ich im Sommer Pflanzenlampen einsetze, wäge ich immer sehr genau den Nutzen ab. Hell genug ist es ja auch draußen und in mir sträubt sich eigentlich alles, Energie für die Lampen aufzuwenden. Aber wenn es draußen noch zu warm ist, entwickeln sich keine schönen Pflänzchen und ich kann im Herbst keinen Chinakohl ernten. Außerdem kann er drinnen unbeschadet von Raupen heranwachsen, sodass ich meistens doch die Variante mit den Lampen wähle.

Ab Mitte des Monats säe ich auch Asia-Salate vor, wie immer in Aussaatpaletten, die ich an die Nordseite des Hauses stelle. Asia-Salate wachsen recht zügig, sodass ich sie in der ersten oder zweiten Septemberwoche auspflanzen kann. Da sie gut einige Grade Frost vertragen, kann ich lange, oft sogar bis ins nächste Frühjahr davon ernten.

ETWAS PFLEGE FÜR TOMATEN

Gegen Ende des Monats schneide ich vorsichtig ein paar große Blätter der Fleischtomaten ab, falls sie die noch grünen Früchte beschatten. Ich bin kein Freund davon, Tomatenpflanzen alle Blätter zu rauben, schließlich brauchen sie sie zur Fotosynthese. Kommt aber mehr Sonne an die Früchte, reifen diese besser aus. Zeigen sich jedoch nach besonders heißen und sonnigen Tagen hellbraune Stellen auf den Tomaten, haben sie einen Sonnenbrand, weil sie nicht mehr vor allzu starker Sonneneinstrahlung geschützt sind. Man kann die Tomaten jedoch trotzdem essen, wenn man die Stellen herausschneidet. Deshalb warte ich mit dem Entfernen der Blätter bis Ende August. Dann ist die Sonne nicht mehr ganz so intensiv wie noch ein paar Wochen vorher.

Manchmal bilden Tomaten zu dieser Zeit auch noch neue Blüten. An Kirschtomaten können sie noch zu reifen Früchten werden, bei den Fleischtomaten ist es dafür aber zu spät. Ich kappe die Triebe mit den neuen Blüten einfach, damit die Pflanze all ihre Kraft in die vorhandenen Früchte steckt.

Meine Gieß-Regeln

Wasser ist lebensnotwendig für Pflanzen und es ist eine kostbare und knappe Ressource. Ein paar Regeln helfen, achtsam damit umzugehen.

Gießen kann natürlich jeder, trotzdem möchte ich ein paar Tipps dazu geben. Die Sommer werden immer trockener und das Wasser in Zukunft sicher auch weniger, also stellt sich die Frage, wie viel man überhaupt gießen kann und muss. Auch wenn sich die meisten von uns in der glücklichen Lage befinden, dass das Wasser aus dem Wasserhahn wohl nie alle sein wird, sollte man sich meiner Meinung nach Gedanken zu seinem persönlichen Umgang mit Wasser machen. Anhand des Dürremonitors für Deutschland kann man sehr gut verfolgen, wie in den verschiedenen Regionen die Grundwasserspiegel immer weiter absinken. Laut dem Bundesamt für Umwelt verbraucht jeder Bundesbürger 123 l Wasser pro Tag und Person (Stand 2020). Das sind vielleicht noch keine bedrohlichen Zahlen, aber ich möchte für meinen Teil dafür sorgen, dass der Zustand erst gar nicht bedrohlich wird. Außerdem sparen wir Zeit, Geld und Kraft, wenn wir weniger gießen und sorgsam mit der Ressource Wasser umgehen.

MIT WELCHEM WASSER GIESSEN?

Zuerst sollte man sich überlegen, ob man anstatt Trinkwasser aus der Leitung anderes Wasser zum Gießen verwenden kann. Am wichtigsten ist es in meinen Augen, Regenwasser aufzufangen. Besseres und preiswerteres Gießwasser kann man gar nicht bekommen. Wir haben eine 2000-Liter-Zisterne im Garten und ein paar Regentonnen, die das Regenwasser vom Hausdach auffangen. Ich brauche das Wasser aus der Zisterne nur noch in Regentonnen zu pumpen und zum Gießen zu entnehmen. Das ist sicher nicht die einfachste Lösung, aber sie ist preiswert und schont die Ressourcen. Doch auch dieses Wasser ist in einem trockenen Sommer meist schon Ende Juni alle, es sei denn, es stellen sich neue Regengüsse ein.

Neben Regenwasser kann man auch Brauchwasser sammeln und verwenden. Allein 27 % des täglichen Wasserverbrauchs gehen für die Toilettenspülung drauf. Und das ist Trinkwasser! Nach ein paar

Eine unterirdische Zisterne hat den Vorteil, dass sie keinen wertvollen Platz im Garten wegnimmt.

Es ist erstaunlich, wie viel Regenwasser man selbst mit einem so kleinen Gewächshausdach auffangen kann.

Sommern mit Wasserengpässen haben wir uns angewöhnt, Schalen im Waschbecken zu haben, in denen wir das Wasser vom Händewaschen etc. auffangen. Auch haben wir immer einen Eimer in der Dusche stehen, der das Spritzwasser beim Duschen auffängt. Zum Gießen würde ich dieses Wasser nicht unbedingt verwenden, da es Seifenreste enthält. Um aber die Klospülung beim kleinen Geschäft damit zu ersetzen, hilft es ungemein. Auch in der Küche fallen bei mir Unmengen von Wasser an, die ich auffange und anderweitig verwende. Sei es nun beim Gemüsewaschen, beim Kaffeefilter auswaschen, Sprossen spülen oder Reis waschen. All dieses Wasser kann man einfach und problemlos zum Gießen oder auch für die Toilettenspülung nehmen. Auf diese einfache Art und Weise haben wir innerhalb eines Jahres unseren Wasserverbrauch um mehr als 30 000 Liter gesenkt. Das entspricht einem großen Tankwagen voll Wasser oder – je nach Preis – ungefähr 150 Euro.

MEINE GIESSREGELN: EINFACH UND WIRKUNGSVOLL

Im Laufe der Zeit bin ich dazu übergegangen, mich beim Gießen an die im Folgenden aufgelisteten sieben Regeln zu halten. Dadurch muss ich im Garten weniger oft gießen und auch weniger große Wassermengen verabreichen. Diese Regeln gelten in erster Linie für die Beete. Nur meine Kübel muss ich bei warmem Wetter täglich gießen, da hilft nichts.

- **1. Regel: Mulchen.** Ist der Boden gemulcht, kann er die Feuchtigkeit besser speichern. Am besten ist es, den Boden gleich nach dem Winter noch vor dem ersten Austrocknen zu mulchen. Denn wenn er erst einmal von Wind und Frühjahrssonne ausgetrocknet ist, braucht es schon einen ziemlichen Platzregen, damit er wieder durch und durch feucht wird. Bei großen Pflanzen wie z. B. Kürbissen lege ich oft Wellpappe um die Pflanze, bevor ich mulche. So bleibt die Feuchtigkeit noch besser im Boden gespeichert. Man sollte aber nur feuchten Boden mulchen (→ Seite 92).
- **2. Regel: Lieber weniger oft, dafür aber kräftiger gießen.** Gieße ich meine Pflanzen jeden Tag nur ein bisschen, gewöhnen sie sich daran, täglich eine gewisse Wassermenge von oben zu bekommen. Werden sie aber seltener gegossen, schieben sie ihre Wurzeln in tiefere Bodenschichten, um an Wasser zu kommen. Dort unten ist meist noch mehr Feuchtigkeit vorhanden. Im Paradies habe ich keinen Wasseranschluss. All das Wasser, was ich dort brauche, muss ich in Kanistern von zu Hause mitbringen. Dort gieße ich die Pflanzen beim Einpflanzen kräftig an und, wenn es gerade sehr warm und trocken ist, vielleicht nach 2–3 Tagen noch einmal. Danach müssen die Pflanzen selber klarkommen. Damit das funktioniert, ist eine dicke Mulchschicht unumgänglich. Notfalls mulche ich dick mit Zeitungen oder Wellpappe. Aussaaten bedecke ich mit Vlies und gieße sie alle 2 Tage, bis die Pflänzchen ihre Köpfe aus der Erde stecken. Würde ich sie am Anfang nicht genug gießen, könnte es passieren, dass sie erst gar nicht keimen. Das Vlies hilft dabei, die Aussaaten feucht zu halten.

Die Wurzeln nehmen das Wasser viel besser auf, wenn man die Pflanze direkt gießt und nicht mit der Brause.

- **3. Regel: Nur frühmorgens oder spätabends gießen.** Im Sommer ist selbst 8 Uhr morgens schon zu spät, weil die Feuchtigkeit um diese Jahreszeit durch die Sonne und Wärme zu schnell verdunstet. Abends zu gießen hat den Vorteil, dass die Feuchtigkeit während der Nacht in den Boden einziehen kann. Das kann aber auch Schnecken anlocken. An richtig heißen Tagen stehe ich deshalb morgens schon vor 6 Uhr im Garten, um zu gießen.
- **4. Regel: Nur den Boden direkt um die Pflanzen mit der Tülle gießen, nicht von oben mit der Brause.** Durch diese Methode wird verhindert, das Wasser ungenutzt verdunstet. Außerdem mögen es viele Pflanzen nicht, wenn sie von oben gegossen werden und ihre Blätter nass werden. Nur Aussaaten sollte man behutsam von oben mit der Brause wässern.
- **5. Regel: Wärmeliebende Pflanzen mit angewärmtem Wasser gießen.** Würde ich z. B. meine Gurken und Paprika mit dem kalten Wasser direkt aus der Zisterne gießen, würden sie einen Schock bekommen. So stelle ich mir volle Gießkannen in die Sonne, damit sie das Wasser aufwärmen kann, und gieße abends. Für meine Tomatenkübel habe ich inzwischen eine Tröpfchenbewässerung. Ich drehe für 15–20 Minuten den

Mit einer Regenrohrklappe kann man jede Regenrinne nachrüsten und so kostbares Wasser auffangen.

Meine bunten Gießkannen finde ich im Garten viel schneller wieder als die grünen.

Hahn auf und sie werden automatisch bewässert. Weil ich sehr viele Tomatenpflanzen habe, hat sich die Investition gelohnt. Die automatische Bewässerung spart nicht nur Zeit, sonder auch sehr viel Wasser, weil das Wasser nur in Tropfen an die Pflanze abgegeben wird und langsam in den Boden einsickern kann. Gieße ich dagegen mit einem Schwall aus der Gießkanne, läuft ein Teil des Wassers einfach nur durch den Topf, da die trockene Erde gar nicht so schnell so viel Wasser aufnehmen und speichern kann.

- **6. Regel: Den Boden aufharken.** Habe ich einmal eine Fläche nicht gemulcht, kann ich durch Harken einmal Gießen ersetzen. Wichtig ist dabei der Zeitpunkt: Wenn ich abends die Erde aufharke, kann sie die Feuchtigkeit der Nacht aufnehmen und speichern. Wenn ich dagegen morgens harke, trocknet die Sonne die Erde ab. Allerdings kann man sich diesen Effekt zunutze machen, wenn der Boden doch einmal zu feucht ist – zum Beispiel nach langen Regenfällen.
- **7. Regel: Möglichst viele Pflanzen in Töpfen und Aussaatpaletten vorziehen.** Mit dieser Methode habe ich die jungen Pflänzchen besser im Blick und brauche weniger Wasser, um sie zu gießen. Haben sie sich erst einmal etabliert und ein anständiges Wurzelsystem entwickelt, reagieren sie auch später nicht mehr so empfindlich auf Wassermangel, da sie ihre Wurzeln auch in tiefere, feuchtere Schichten des Bodens schieben.

DEN WINTER VORBEREITEN

Noch ist es mild, doch der Herbst ist nah. Neben Gemüse gibt es jetzt auch reichlich Obst zu ernten.

September

WAS DIESEN MONAT ANSTEHT

- Gewächshaus leeren, mit frischem Kompost vorbereiten
- Gewächshausscheiben putzen
- Salate und Mangold pflanzen
- Wurzelgemüse zum Lagern ernten
- Kürbisse ernten, bevor es zu kalt wird
- Obst ernten und verarbeiten
- Fallobst zu Kuchen und Apfelmus verarbeiten
- Mais ernten
- Rucola säen
- Frühlingszwiebeln pflanzen
- Mangold ernten und einfrieren

An vielen Tagen scheint es noch Sommer zu sein, aber die ersten Anzeichen von Herbst liegen doch schon in der Luft. Auch wenn das Thermometer noch einmal auf 30 °C klettern kann, lassen die kühleren Nächte, der Nebel am Morgen und die Abende, an denen es immer früher dunkel wird, den nahen Herbst erahnen. Ich genieße noch jeden warmen Sonnenstrahl und habe das Gefühl, dass sich auch alle meine Gemüsepflanzen der Sonne entgegenrecken, um so gut wie möglich auszureifen.

Mein Erntemarathon ist noch lange nicht zu Ende und das Gemüse wird nun nach und nach vom Obst begleitet. Was sich zum Lagern eignet und heil ist, kommt in den Keller. Alles andere wird sofort gegessen oder verarbeitet. Daneben fallen noch viele andere Arbeiten an: So reinige ich z. B. mein Gewächshaus und bereite es für den Winter vor.

Obwohl ein solcher Saisonwechsel immer aufregend ist, liegt auch ein bisschen Wehmut mit in der Luft: Das Gartenjahr neigt sich seinem Ende zu.

Kürbisernte

Wenn die Stiele der Kürbisse holzig werden, die Schale hart geworden ist und sie sich beim Draufklopfen hohl anhören, sind Kürbisse erntereif. Man sollte jedoch nie die Schale mit dem Fingernagel anritzen, ist der Kürbis nämlich noch nicht ganz reif, verletzt man ihn damit und er wird an dieser Stelle eher anfangen zu faulen. Auf alle Fälle sollte man Kürbisse vor den ersten Frösten, am besten sogar vor Nachttemperaturen unter 5 °C ernten.

Beim Ernten schneide ich die Kürbisse mit einer Gartenschere oder einem Messer so von der Pflanze ab, dass ein Stück vom Stiel an dem Kürbis verbleibt. Ich behandele die Kürbisse wie rohe Eier, damit sie keine Druckstellen oder andere Beschädigungen bekommen. Egal ob reif oder nur halb reif, lasse ich sie im warmen Wohnzimmer immer noch etwas nachreifen. Man merkt nach ein paar Tagen oder auch erst nach 2–3 Wochen, dass sich die Schale noch einmal verändert hat und richtig fest geworden ist. Auch ihre Farbe verändert sich oft noch einmal. In einem typischen kalten, norddeutschen Sommer muss ich fast alle meine Kürbisse nachreifen lassen, aber dann sind sie im Keller bei ca. 16 °C gut lagerfähig. Dazu lege ich Plastikfolie auf den Fußboden oder auf Regalbretter und decke die Folie mit Zeitungspapier ab. Darauf kommen dann die Kürbisse. Haben sie kleine Verletzungen, müssen sie bald gegessen werden. Ansonsten halten sie sich bis ins späte Frühjahr hinein. Es kommt jedoch immer auch auf die Sorte an. Meiner Erfahrung nach lassen sich Hokkaido-Kürbisse gut bis in den März hinein lagern, Butternut-Kürbisse sogar noch länger.

Mein Kürbislager kontrolliere ich ungefähr einmal pro Woche. Manchmal fault ein perfekt aussehender Kürbis innerhalb von ein paar Tagen weg und hinterlässt einen Fleck auf dem Untergrund, den man kaum entfernen kann. Aus diesem Grund sind Folie und Zeitungspapier sehr hilfreich.

Am Anfang war ich etwas skeptisch, was ich mit so vielen Kürbissen machen soll, um nicht täglich gebackenen Kürbis oder Kürbissuppe essen zu müssen. Inzwischen mache ich mir keine Sorgen mehr, auch wenn die Ernte etwas größer ausgefallen ist. Ich habe gelernt, Kürbisse so in der Küche einzusetzen, dass man gar nicht das Gefühl hat, ständig Kürbis zu essen. Ich verarbeite sie ganz klassisch zu Kür-

Jede Kürbissorte schmeckt anders und lässt sich anders verwerten. So wird es nie langweilig!

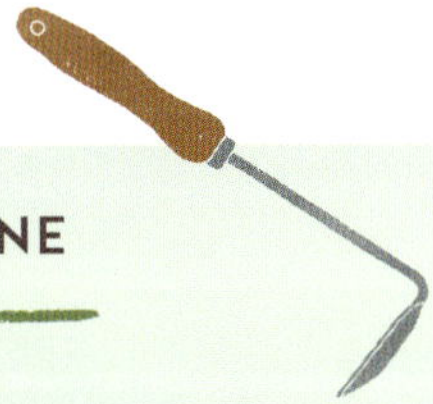

KNACKIGE KÜRBISKERNE

Meine Ölkürbisse bringen häufig 5 kg und mehr auf die Waage. Ich lasse sie ein paar Wochen im Warmen nachreifen, bis sie fast vollständig orange sind und sich richtig hohl anfühlen, wenn ich auf sie klopfe. Dann hacke ich sie mit der Axt oder einem großen Messer durch und hole die Kerne heraus. Diese werden in einem Sieb unter fließendem Wasser abgespült und kommen dann auf ein mit Backpapier ausgelegtes Backblech auf dem warmen Kaminofen oder in die Sonne. Nach ein paar Tagen sind sie gut durchgetrocknet. Sie müssen richtig knackig sein, erst dann fülle ich sie zum Aufbewahren in Gläser. Die Ernte von eigenen Kürbiskernen begeistert mich jedes Jahr aufs Neue, kommen die meisten im Handel angebotenen Kürbiskerne doch aus südlicheren Gefilden und sind auch relativ teuer!

Den Rest des Ölkürbisses werfe ich auf den Kompost. Natürlich kann man das Fruchtfleisch essen, es schmeckt aber etwas wässerig. Auf dem Kompost erfüllen die Kürbisse schließlich auch eine Aufgabe: Sie bringen Biomasse. Zuerst ist es mir sehr schwer gefallen, das Fruchtfleisch nicht in der Küche zu nutzen, aber wenn ich es auf den Kompost gebe, verbleibt es in meinem Gartenkreislauf.

bissuppe, mariniere Kürbisstücke und backe Kürbis im Ofen. Oft ersetze ich Möhren durch Kürbis, gebe ihn klein geschnitten mit in eine Gemüse- oder Nudelpfanne, koche Currys, bereite Nudelpfannen mit Kürbis und Palmkohl zu oder verbacke ihn geraspelt in Brötchen und Kuchenteigen. Besonders ein Rührteig bleibt mit etwas geraspeltem Kürbis noch nach Tagen saftig. Auch eine Pizza mit heller Soße und Kürbis- und Rote-Bete-Scheiben ist sehr lecker.

In einer Saison hatte ich 400 kg Kürbisse geerntet, viele verschenkt und sehr viele verarbeitet und gegessen – eine Herausforderung. Solche Challenges liebe ich, weil sie mich zwingen, kreativ zu werden. Allerdings reichen dafür auch 250 kg Kürbis!

Zwetschgen und Birnen

Im September reifen die Zwetschgen und meistens auch schon die ersten Birnen. Ich koche gern Zwetschgen für Kuchen ein, dafür brauche ich feste Früchte. Diese eingekochten Früchte sind für einen Kuchen im Winter perfekt. Natürlich backe ich auch regelmäßig Kuchen aus frischen Zwetschgen, am liebsten mit einem Mürbeteig und viel Zimt – der Geschmack des Frühherbsts. Aus Zwetschgen lässt sich auch hervorragend Mus kochen oder eine Dreifruchtmarmelade mit Äpfeln, Birnen und Zimt.

So ein großer Korb voll mit reifen Zwetschen lässt mein Herz höherschlagen.

Überreife Zwetschgen, die vielleicht sogar schon von selber vom Baum fallen, sind ebenfalls eine Delikatesse, kennt man doch meist nur die sauren, noch etwas unreifen festen Früchte aus dem Supermarkt.

Manchmal darf ich einen Birnbaum beim Nachbarn mitbeernten. Der Baum ist sicher 30–40 Jahre alt und trägt wunderbare süße, große Früchte. Ich esse sie frisch, verarbeite sie mit Zwiebeln zu einem Chutney, backe Streuselkuchen mit Kardamom oder schneide sie in dünne Scheiben und trockne sie im Dörrautomaten. Lagern lassen sich Birnen meistens nur ein paar Wochen. Hat man zu viele, kann man sie auch gut mit Äpfeln oder auch alleine, wenn man es süß mag, zu Mus einkochen – perfekt fürs Müsli oder zu Pfannkuchen und Kartoffelpuffern.

Sollten die Früchte zu hoch am Baum hängen, verwende ich zum Pflücken meinen Apfelpflücker mit Teleskopstange. Damit ist das Pflücken zwar etwas anstrengender, weil ein etwas größeres Gewicht auf meinen Schultern lastet. Ich komme mit diesem Gerät aber auch noch an die schönsten Früchte ganz hoch oben im Baum.

Das Gewächshaus für den Winter vorbereiten

Spätestens Anfang September, meistens jedoch schon gegen Ende August, haben meine Gurken im Gewächshaus das Zeitliche gesegnet. Entweder ist es nun zu kalt oder sie haben die Welke oder sind einfach ausgepowert von den vielen Früchten, die sie während des Sommers produziert haben. Ich entferne sie und bereite die Erde mit reifem Kompost oder Bokashi für die Winterbepflanzung vor.

Außerdem reinige ich die Gewächshausscheiben von innen und außen, um den Grünbelag zu entfernen, der sich während des Jahres gebildet hat. Normalerweise ist dies eine Arbeit, die man im Frühjahr macht. Da ich mein Gewächshaus aber auch während des Winters nutzen möchte, bin ich darauf angewiesen, dass so viel Licht wie möglich meine Pflanzen erreicht. Ich spritze die Scheiben mit dem Gartenschlauch ab, bereite mir Wasser mit Waschsoda zu, putze die Scheiben damit gründlich und spüle gut nach. Das Waschsoda ist ungefährlich für den Boden und die Umgebung und löst hervorragend den Grünbelag. Meistens braucht man nur ein bisschen zu schrubben oder zu bürsten. Dann schaue ich noch nach eventuellen Mäuselöchern am Rand des Gewächshausrahmens und verschließe sie mit Steinen oder einem Brett.

In die Beete im Gewächshaus stecke ich im Abstand von 50–60 cm Drahtbügel oder steife Kunststoffrohre, um einen Art Folientunnel zu bauen. Die Folie bzw. das Vlies, mit dem ich sie überspanne, befestige ich noch nicht. Die Bügel dienen mir nur zur Orientierung, in welchem Bereich ich meine Salatpflanzen setzen kann.

Noch einmal Salat pflanzen

Das gut geputzte und mit frischem Kompost versorgte Gewächshaus wird Anfang September mit meinen vorgezogenen Salatpflanzen bepflanzt. Dabei unterscheide ich, welche Salatsorten als Erstes und welche ganz zuletzt geerntet werden. An die im Frühjahr sonnigste Stelle pflanze ich die Sorten, die als Erstes geerntet werden, wie z. B. Pflücksalat, Romanasalat oder Radicchio. An diese Stelle säe ich nämlich im Januar meine Wintermöhren, deshalb sollte der Platz bis dahin wieder frei sein.

Den Rest des Gewächshauses bepflanze ich mit den übrigen Wintersalaten. Unterhalb der Mitte der Drahtbügel, wo sie am höchsten sind, pflanze ich Grünkohl oder Mangoldpflanzen. An die Seiten kommen die niedrigen Salate.

Ein paar Feldsalate pflanze ich ebenfalls ins Gewächshaus. Er taut an richtig frostigen Tagen als Erstes auf und ist damit der einzige Salat, den ich bei großer Kälte ernten kann. Die kleinen Pflanzen kann man überall dazwischen oder an den äußersten Rand pflanzen.

Manchmal habe ich noch die eine oder andere Paprikapflanze aus dem Sommer stehen gelassen, da sie noch viel unreife bzw. grüne Früchte hat. Hier pflanze ich den Salat einfach dicht um die Paprika herum. Ist die Paprika im Oktober oder November schließlich komplett abgeerntet, schneide ich sie einfach über dem Boden ab und belasse den Wurzelballen in der Erde. So störe ich die Salate nicht.

IM FREILAND

In die im Winter sonnigsten Gartenbeete pflanze ich für die späte Herbsternte ein paar Radicchio- und Endiviensalate. Diese Beete werden später, wenn es kühler wird, mit Vlies überspannt und ich kann bis in den Dezember hinein ernten. Den übrigen Feldsalat pflanze ich in Frühbeete oder auch ohne Abdeckung in die Beete. Er kann hier bis zum Ende des Winters in Ruhe wachsen. Wichtig ist nur, ihn nicht zu dicht zu setzen, besonders in den Frühbeeten, damit es nicht zu feucht wird. Auch die Abdeckung der Frühbeete sollte man wirklich erst bei Frost und Schnee einsetzen. Wird es dem Feldsalat zu warm und bildet sich unter der Abdeckung zu viel Feuchtigkeit, fängt er leicht an zu faulen, steht er zu trocken, bekommt er leicht Mehltau.

Im Herbst pflanze ich Salate mit weiterem Abstand, da es jetzt feuchter ist und sie sonst leichter faulen.

Möhren und Rote Bete ernten

Spätestens im September ernte ich alle meine Lagermöhren, ausgewachsenen Sommermöhren und den größten Teil meiner Rote Bete. Sie werden nach Sorten getrennt und oberflächlich von der Erde befreit. Wichtig ist auch hier – wie bei den Kartoffeln – , sie nicht zu waschen, da sie sich sonst nicht lange lagern lassen. Auch überprüfe ich jede Knolle und Möhre sorgfältig auf eventuelle Fraßspuren oder weiche Stellen, die schnell faulen könnten. Solche Rüben und Knollen esse oder verarbeite ich zeitnah.

Das Grün drehe ich ab, ohne die Rüben zu verletzen. Das ist besser, als es abzuschneiden. Ist es noch schön saftig, bereite ich daraus ein Pesto zu oder es wandern ein paar Blätter mit in meinen Smoothie. Auch meine Tiere freuen sich über das leckere Grün zum Abendessen. Übriges Grün lasse ich als Mulch einfach auf den Beeten liegen.

ROTE BETE SIND GESUND

Wir haben es in einem dreiviertel Jahr geschafft, ungefähr 50 kg Rote und Gelbe Bete zu essen – und das ganz ohne Mühe. Ich liebe Rohkostsalat aus Roter Bete, Apfel und Möhre. Oft koche ich sie aber auch oder bereite sie in der Pfanne zu. Ein Rote-Bete-Smoothie mit Apfel und Ingwer stärkt das Immunsystem und als Ofengemüse sind sie ein Gedicht. Rote Bete haben so viele positive Eigenschaften auf den Körper, dass man sie mindestens einmal pro Woche verzehren sollte.

Meine Beete sind mit Draht ausgelegt. Manchmal wachsen die Möhren hindurch und brechen beim Ernten ab.

Die Lagermöhren kommen in den unteren Teil meiner Erdmiete, da sie sich bis ins Frühjahr hinein lagern lassen (→ Seite 173). Die Sommermöhren lege ich oben drauf. Sie lassen sich 2–3 Monate lagern, danach werden sie etwas trocken und holzig und man kann sie nur noch gekocht verwenden.

Einen Teil der Sommermöhren und Roten Bete kann man auch im Beet lassen, wenn man nicht genug Lagerkapazität hat oder sich auch noch während des Herbsts am Ernten erfreuen möchte. Dafür decke ich die Reihen Ende Oktober dick mit Laub ab. So übersteht das Gemüse leichte Frostnächte und man kann es bei Bedarf ernten (→ Seite 178).

Da wir aber an einigen Stellen – vor allem im Paradies – viele Wühlmäuse haben, die meine Beete als Speisekammer benutzen, bevorzuge ich es, meine Ernten in Sicherheit zu bringen, sobald das Gemüse eine ansehnliche Größe erreicht hat.

Was sonst noch los ist im …

September

Meine Ernten sind jetzt so groß, dass ich oft die Schubkarre nehmen muss, um mein Gemüse nach Hause zu bekommen. Es gibt Tomaten, Paprika, Kürbisse, Zucchini, Möhren, Rote Bete, Mais, Salate, Mangold, Kohl und jede Menge Obst: Himbeeren, Zwetschgen, Birnen und die ersten Äpfel.

Aus frühem Fallobst backe ich den ersten Apfelkuchen der Saison und koche Apfelmus. Die Lagersorten lasse ich noch bis Oktober hängen, damit sie noch mehr Sonne tanken und richtig süß werden.

Ob der Mais reif ist, erkenne ich daran, dass sich die Fäden am oberen Ende des Kolbens braun verfärben. Dann öffne ich die Blätter um den Kolben und teste, ob die Körner schon leicht gelb sind. Ich ritze ein Maiskorn vorsichtig an. Tritt ein weißlicher Saft aus, ist der Mais erntereif. Ich schneide die Kolben von der Pflanze ab und entferne die Blätter. Mais sollte man nach der Ernte zügig verarbeiten, da sich der Zucker sonst in Stärke umwandelt und er nicht mehr so schön süß schmeckt und trocken wird. Man kann ihn frisch essen oder auf den Grill legen. Überschüssige Kolben koche ich im Dampfkochtopf, schneide nach dem Erkalten die Körner mit einem großen Messer ab und friere sie für Chilis, Pizza oder Gemüsepfannen und Salate ein.

Meine Bohnen lasse ich noch so lange stehen, bis sie wirklich nicht mehr tragen. Es ist erstaunlich, wie viele ich in einem warmen September noch ernten kann – es macht sich eben bezahlt, dass ich sie im August so intensiv betüddelt habe. Oft sind die Bohnen jetzt zwar etwas krumm oder die Hülsen härter. Trotzdem kann ich noch so manches Abendessen zubereiten, wenn ich sie etwas länger koche.

Habe ich noch etwas Platz im Gewächshaus, säe ich Rucola aus. Er wächst am besten im Frühjahr

Die ersten Äpfel und Birnen nach dem Sommer sind für mich immer etwas ganz Besonderes.

oder im Herbst. Im Sommer ist es ihm meist zu warm und er wird hart und scharf, da er nicht genug Wasser bekommt. Selbst wenn Rucola vor dem Winter nur kleine Blätter produziert, wächst er im Frühling weiter und verwöhnt uns mit frischen Blättern.

Gegen Ende des Monats kann ich meine im August ausgesäten Frühlingszwiebeln ins Gewächshaus pflanzen. Sie kommen an eine Stelle, die im Frühjahr zuerst von der Sonne beschienen wird, denn erst dann fangen sie richtig zu wachsen an.

Der Rotkohl hat nun eine stattliche Größe. Ich ernte die größten Köpfe, um sie zubereitet einzufrieren oder einzukochen. Da für mich Rotkohl nicht ohne Apfel geht, kann ich gleich noch ein bisschen Fallobst mit verbrauchen. Kleinere Köpfe lasse ich noch etwas stehen. Erstens muss ich dann nicht so große Mengen auf einmal verarbeiten, und zweitens freue ich mich auch im späteren Herbst über frischen Rotkohl für einen leckeren Salat.

Auch der Mangold wächst noch weiter und ich kann noch große Mengen ernten. Im Spätherbst und Winter erfreue ich mich an seinen kräftigen Farben, wenn sonst schon alles grau und braun ist.

ICH FÜHLE MICH WIE EIN EICHHÖRNCHEN

Jetzt setze ich zum Endspurt an: Ich ernte, was das Zeug hält, und lege so viel Vorräte wie möglich an.

Oktober

WAS DIESEN MONAT ANSTEHT

- alles ernten, was geht
- Äpfel einlagern
- Hagebutten für Tee sammeln
- Kastanien für Waschmittel sammeln
- Rasen mähen
- Zuckerschoten im Gewächshaus aussäen
- Tomaten und Paprika ernten und frostempfindliche Töpfe in den Schuppen bringen
- Frühbeete über die Salate im Beet stellen
- Sonnenblumen für die Vögel ernten
- abgeerntete Himbeerruten abschneiden
- Gewächshaus und Frühbeete regelmäßig lüften

Der Sommer ist nun wirklich vorbei, spätestens im Oktober wird die Fleecejacke wieder aus dem Schrank geholt und im Garten ist Endspurt angesagt. Die Tage sind jetzt spürbar kürzer und schöne sonnige Tage mit klarer Herbstluft werden von Tagen mit grauem Matschwetter abgelöst. Ich schwanke jedes Jahr zwischen dem Bedürfnis, mit allen Gartenarbeiten fertig zu werden, und andererseits, so lange es eben geht, im Freiland und im Gewächshaus frisches Gemüse zu ernten. Meistens wird mir die Entscheidung vom Wetter und den plötzlich kälter werdenden Temperaturen oder den ersten leichten Nachtfrösten abgenommen.

Auch wenn ich einen Spaziergang mache, ernte und sammle ich alles, was mir in die Hände fällt. Manchmal habe ich das Gefühl, mich auf meinen »Beutezügen« nach und nach in ein Eichhörnchen zu verwandeln, nur dass ich mich später noch an meine Lager erinnern kann. Denn Eichhörnchen haben ein etwas selektives Gedächtnis, wenn es darum geht, die versteckten Wintervorräte wieder zu finden.

Mai rückwärts – oder umgekehrt?

Der Oktober fühlt sich ein wenig wie der Mai »rückwärts« an. Fast alles, was ich im Mai gepflanzt und aus dem Schuppen in den Garten gebracht habe, kommt nun auf den Kompost oder wieder zurück in den Schuppen – oder umgekehrt. Die Frühbeete, die im Mai in den Schuppen gewandert sind, reinige ich nun gründlich, damit so viel Licht wie möglich hindurchkommt und stelle sie bei Temperaturen unter 5 °C über meine Salate. Natürlich halten die Salate auch noch kälteren Temperaturen stand, ich möchte aber, dass sie noch etwas wachsen und noch ein bisschen größer werden. Oft lassen ich den Deckel des Frühbeets auch einfach noch weg. Dann wird es den Salaten nicht zu warm, sie können noch gut abtrocknen, haben aber trotzdem ein geschützteres Kleinklima, da die kalten Winden abgehalten werden. Auch ein Folientunnel über den Salaten, der vorn geöffnet ist, leistet gute Dienste.

Den Großteil meiner gefühlt 1000 Pflanztöpfe entleere ich auf die Beete und sie kommen für den Winter in den Schuppen. Ich leere jedoch nicht alle Kübel aus, meine großen Maurerkübel für die Tomaten und Paprika lasse ich einfach stehen. Hier entferne ich nur die Pflanzen. Über die letzten Paprika-

Bereits leicht verfärbte Paprika werden im Wohnzimmer meist nach ein paar Tagen rot oder gelb.

blätter freuen sich meine Kaninchen und Meerschweinchen, die Stängel und Wurzeln gebe ich auf den Kompost oder zum Mulchen auf die Beete. Dann setze ich vielleicht noch ein paar übrig gebliebene Rucolapflanzen oder Asia-Salate in die Kübel.

Sind einzelne kalte Nächte angesagt, hole ich Vlies hervor und decke es über kälteempfindliche Pflanzen, damit sie noch etwas länger stehen bleiben können. Wirklich weiter wachsen die Sommergemüse jedoch nicht mehr. Aber so kann ich die Ernte noch etwas hinauszögern und z. B. meine Paprika nach und nach verbrauchen. Am Strauch halten sie sich einfach besser als im Kühlschrank.

Ich versuche, diesen »Rückbau« immer so lange wie möglich vor mir herzuschieben, möchte ihn jedoch gern an etwas wärmeren Tagen machen. Das Arbeiten im Garten ist einfach angenehmer, wenn die Sonne noch meinen Rücken wärmt. An den wärmeren Tagen denke ich dann aber, dass es eigentlich noch viel zu früh ist. Von daher stehe ich dann oft doch bei 5 °C im Wind und ernte die letzten Paprika oder Tomaten. Doch solange meine Ernte rechtzeitig ins Haus kommt, mache ich mir keinen Stress. Herbst und Winter sind noch lang genug, um schöne Tage zu nutzen und ein bisschen Gartenarbeit erledigen zu können.

Äpfel pflücken und einlagern

Anfang bis Mitte Oktober ernte ich die meisten meiner Äpfel. Ich warte gern noch ein paar sonnige Tage ab, damit sie noch etwas süßer werden, und ernte sie dann, kurz bevor das Wetter kalt und nass wird. Die Äpfel sind pflückreif, wenn sie sich von selber vom Baum lösen, wenn ich sie etwas anhebe und ein wenig drehe. Besonders bei den Lageräpfeln unterscheidet man zwischen Pflückreife und Genussreife, beide unterscheiden sich eklatant im Geschmack.

Ist der Apfel pflückreif, löst er sich leicht vom Baum, hat aber häufig noch nicht sein volles Aroma. Lässt man ihn dann ein paar Wochen im Keller liegen, entwickelt er seinen typischen Geschmack. Auch verändern die Äpfel im Lager häufig noch ihre Farbe. Hängen sie zur Pflückreife oft noch grün am Baum, sind sie um Weihnachten herum im Lager plötzlich schön gelb und haben rote Bäckchen.

Am liebsten pflücke ich meine Äpfel einzeln und mit der Hand. Da ich aber nicht an alle Äpfel heranreiche, pflücke ich die höher hängenden Früchte mit einem Apfelpflücker und einer ausziehbaren Teles-

In guten Obstjahren ernte ich die Äpfel kistenweise und kann bis weit in den April hinein eigene Äpfel essen.

Aus Fallobst oder Äpfeln mit »Macken« koche ich literweise Apfelmus für den Winter ein.

kopstange. Das Pflücken mit diesem Gerät erfordert ein wenig Übung und ist etwas schwierig, vor allem, wenn die Äpfel sehr dicht zusammenhängen. Allerdings reicht man in ungeahnte Höhen und kann die schönsten und leckersten Äpfel aus dem oberen Teil der Baumkrone ernten.

SORGFÄLTIG LAGERN UND VERWERTEN

Nach dem Ernten sortiere ich meine Äpfel sorgfältig. Nur die absolut makellosen, ohne Wurmstich, Druckstelle oder Abschürfung, werden einzeln in Zeitungspapier gewickelt und kommen nach Sorten getrennt in Kisten. Die anderen lege ich nebeneinander in flache Pappkartons oder Kisten. Sie werden nach und nach frisch gegessen oder verarbeitet.

Die Äpfel einzeln in Zeitungspapier oder Butterbrottüten einzuwickeln macht etwas Arbeit, lohnt sich aber, da sie bis ins Frühjahr hinein frisch bleiben und viel später anfangen schrumpelig zu werden als nicht eingepackte. Auch wenn ein Apfel fault, steckt er dann nicht gleich alle seine Nachbarn an.

Ich bewahre die Äpfel in meinem kühlsten Kellerraum auf. Die Kisten werden alle paar Wochen durchgeschaut und eventuell angefaulte Äpfel auf dem Kompost entsorgt. Alternativ kann man die Äpfel aber auch bis zu den ersten richtig starken Frösten, also unter -5 °C im kühlen Schuppen oder in der Garage aufbewahren und erst in den Keller holen, wenn es draußen zu kalt wird. Dann halten sie sich sogar noch länger frisch.

In sehr apfelreichen Jahren bringen wir eine große Menge Früchte zur Mosterei und bekommen gegen einen Aufpreis feinsten Saft aus unseren eigenen Äpfeln. Die Äpfel werden manuell gepresst, der Saft erhitzt und in Plastikbeutel mit einem praktischen Auslaufhahn abgefüllt. Diese Beutel kommen in Pappkartons, die nach Anbruch liegen müssen und aus denen der Auslaufhahn hinausschaut. Ungeöffnet hält der Saft bis zu 2 Jahre. Trotz des nur einmal verwendbaren Plastikbeutels halte ich diese Art der Verpackung für eine sehr gute Lösung, wenn man zu viele Äpfel im Garten hat.

Unsere beiden großen Apfelbäume tragen Lagersorten. Auf frühe Äpfel muss ich trotzdem nicht verzichten, da die Lagersorten meistens schon ab Ende August Äpfel abwerfen, die Wurmstiche haben. Man kann sie aber essen. Geschmacklich kommen sie ge-

AUCH ÄPFEL MIT MACKEN VERWERTEN!

Äpfel mit schadhaften Stellen verarbeite ich zu Apfelmus oder zu Apfelringen (Dörrautomat) oder ich verwende sie für Kuchen. Der Rest wird frisch gegessen. Gern koche ich auch ein paar Gläser mit Apfelstücken ein, die im Winter einen sehr schnellen und leckeren Kuchenbelag ergeben. Wichtig ist nur, dafür sehr feste Sorten zu wählen, damit sie beim Einkochen nicht gleich zerfallen und man später auf dem Kuchen auch noch Stücke erkennen kann.

gen einen Klarapfel natürlich nicht an. Allerdings habe ich auch schon erlebt, zu was für einem Fluch ein großer Klarapfelbaum werden kann, wenn er über und über mit Äpfeln vollhängt. Da kommt man mit Muskochen und Saftpressen gar nicht mehr hinterher.

In meiner Umgebung gibt es auch ein paar besitzerlose Apfelbäume, die ich gern beernte. So kann ich meine eigene Apfelvielfalt um ein paar weitere leckere Sorten erhöhen. In guten Jahren fragen mich oft auch Freunde oder Bekannte, ob ich nicht ein paar Äpfel haben möchte. Ich sage fast immer Ja, denn wir haben einen sehr großen Apfelverbrauch und bessere und leckerere Äpfel kann ich einfach nicht bekommen.

GUTE LAGERSORTEN

Meine Lieblings-Lagersorten unter den Äpfeln sind 'Freiherr von Berlepsch' – trägt nur alle 2 Jahre gut, dafür aber bis Mai/Juni lagerfähig, 'Winterglockenapfel' – feine Säure, große Glockenäpfel, 'Roter Boskop' – perfekt für Kuchen und für Freunde von mehligen Äpfeln.

Auf alle Fälle sollte man in der Baumschule vor dem Kauf probieren, ob einem eine Sorte wirklich schmeckt.

Sonnenblumenernte

Ich baue gerne viele Sonnenblumen an, obwohl sie für die Bienen gar nicht so interessant sind, wie man immer glaubt. Die Zeit, in denen sie Nektar geben, ist relativ gering. Jetzt im Oktober sind die Blüten braun und nicht mehr besonders ansehnlich. Ich schneide die Köpfe mit etwas Stiel ab und lagere sie in einer Kiste mäusesicher im Schuppen ein. Neben meinem Vogelhaus ist ein Rosengitter, in das ich die Köpfe der Sonnenblumen ab Oktober nach und nach hänge. Meisen, Spatzen und Finken holen sich dann die Kerne. Egal wie viele Sonnenblumen ich auch anbaue, die geernteten Köpfe reichen höchstens bis Weihnachten. Unsere Vögel scheinen ganz verrückt danach zu sein. Sind meine Vorräte erschöpft, kaufe ich Sonnenblumenkerne zu und verfüttere sie. Beim Anbau von Sonnenblumen reizt mich nicht nur die Blüte, sondern auch die Möglichkeit, eigenes Vogelfutter anzubauen. Auch wenn es nur ein paar Wochen reicht, es ist ein Anfang!

Trockene Sonnenblumenköpfe unbedingt mäusesicher verwahren, sonst sind die Mäuse schneller als die Vögel.

Späte Himbeeren

Meine Herbsthimbeeren tragen bis zum ersten starken Frost, was zum Glück oft erst im November der Fall ist. Zwar sind sie wegen der fehlenden Wärme und Sonne nicht mehr so süß wie im Sommer, aber zum Naschen reicht es allemal. Sind die Ruten abgetragen, scheide ich sie bis auf eine Handbreit über dem Boden ab. Herbsthimbeeren tragen an einjährigen Trieben, d. h., im neuen Jahr wachsen neue Triebe, die Blüten bilden und Früchte tragen. Sommerhimbeeren dagegen tragen an zweijährigen Trieben.

Möchte man Himbeeren verpflanzen oder unerwünschte Ausläufer an einen neuen Platz setzen, ist nun der richtige Zeitpunkt dafür. Ich lasse die Rute etwa 50 cm lang stehen und verpflanze die ganze Pflanze dann. Gut angegossen und mit Laub gemulcht etablieren sie sich den Winter über und tragen bereits im nächsten Jahr. Himbeeren stehen, obwohl sie in der freien Natur oft an Waldrändern zu finden sind, gern in der Sonne. Dann sind ihre voll ausgereiften Früchte viel süßer und größer. Weil sie eher sauren Boden mögen, mulche ich ihn um die Himbeeren im Herbst mit viel Laub und decke ihn im Frühjahr, wenn das Laub verrottet ist, mit Holzschnitzeln ab. Ansonsten sind sie völlig pflegeleicht.

Ernten, ernten, ernten

Ich Oktober ernte ich die letzten Tomaten, auch die grünen. Ich lege sie in flache Pappkartons und stelle sie an einen warmen, aber dunklen Ort. Das kann in einem Wandschrank sein oder auch – mit Zeitungspapier abgedeckt – auf dem Wohnzimmerschrank. Hier reifen sie nach und ich kann noch bis in den Advent hinein frische eigene Tomaten essen. Wichtig ist nur, dass bei den grünen Tomaten ein paar rote liegen. Dann reifen die grünen schneller.

Hat man viele grüne Tomaten, kann man auch ein paar Kartons kühler stellen, beispielsweise in den Keller. Sie reifen dann langsamer, sodass man die Nachernte auf einen längeren Zeitraum verteilen kann. Ab Dezember schmecken die nachgereiften Tomaten jedoch nicht mehr so schön frisch und saftig, wie man es aus dem Sommer gewöhnt ist. Für eine Tomatensoße oder als Pizzabelag eignen sie sich aber immer noch.

Vor den ersten Frösten ernte ich auch die letzten Paprika. Ich lasse sie für 2–3 Tage im warmen Wohnzimmer stehen, um zu sehen, welche Paprika noch die Farbe wechseln. Danach werden sie im Kühlschrank in einer gut schließenden Plastikdose gelagert. So halten sie sich noch bis zu 4 Wochen. Oft kann ich bis Ende November frische Paprika essen. Die Paprika, die noch nicht ausgewachsen sind, reifen in der Regel auch nicht mehr nach, d. h., sie bleiben grün. Haben die Paprika allerdings schon ihre vollständige Größe erreicht und nur noch nicht die Farbe gewechselt, werden sie im Warmen noch gelb oder rot, je nach Sorte. Allerdings werden sie im Warmen auch leicht weich, sodass ich nach ein paar Tagen entscheide, welche ich grün und knackig aus dem Kühlschrank essen möchte und welche rot und etwas weicher. Die lasse ich dann noch ein bisschen im Wohnzimmer nachreifen.

Jetzt gibt es endgültig die letzten Zucchini und Bohnen. Ich werde immer etwas wehmütig, wenn ich die verbliebenen kleinen Früchte von den Pflanzen ernte. Auch in sehr guten Zucchini-Jahren habe ich das Gefühl, dass ich doch noch immer nicht genügend Zucchini gegessen habe oder dass ich noch unbedingt bestimmte neue Rezepte ausprobieren möchte, wozu mir im Sommer einfach die Zeit gefehlt hat. Aber auch wenn das jetzt nicht mehr klappt – es gibt ja glücklicherweise ein nächstes Jahr.

Bei den Bohnen schaue ich mir die Pflanzen sehr genau an und bin immer wieder überrascht, welche Mengen ich noch ernten kann, obwohl ich vorher dachte, dass eigentlich gar nichts mehr an der Pflanze dranhängt.

Brokkoli, Spitzkohl und Rotkohl gibt es auch noch zu ernten. Beim Brokkoli schneide ich nur oben die Blume mit einem Stück Stiel ab. Aus den Blattachseln wachsen dann noch neue Triebe, die kleine Blüten bilden. Diese wachsen häufig auch noch im Winter weiter, wenn es nicht zu kalt ist. Eine große Ernte ist zwar nicht mehr zu erwarten, aber für eine nette Ergänzung zu einer Gemüsepfanne reicht es allemal. Da ich den Platz auf den Beeten jetzt nicht brauche, kann ich die Pflanzen auch stehen lassen und abwarten, was sich noch tut. Manchmal erfrieren sie, manchmal kann ich Mitte Januar noch wunderschöne Brokkoliröschen ernten und in einem milden Winter treiben sie im März neue Röschen nach. Es kommt immer auf das Wetter an.

Es ist immer wieder erstaunlich, welche Gemüseschätze ich beim letzten Ernten noch finden kann!

Was sonst noch los ist im …

Oktober

Ich versuche, so viel wie möglich vom Sommer zu retten. Alle Kräuter und Teekräuter werden noch einmal durchgeerntet, auch wenn sie jetzt nicht mehr das volle Aroma haben. Ich schneide Blumen für Sträuße und ernte verschiedenstes Obst, bis ich mehr als genug habe.

Stehen noch Möhren und Rote Bete im Beet, decke ich sie dick mit Laub ab. So können sie noch einige Zeit dort verbleiben, bis wir starke Fröste (unter -5 °C) bekommen und sie bleiben wesentlich länger frisch als eingelagert. Besonders meine spät ausgesäten Sommermöhren bekommen durch die Kälte noch viel Süße. Natürlich nur, wenn sich keine Wühl- oder anderen Mäuse an ihnen vergreifen.

Die reifen Hagebutten von den wilden Heckenrosen ernte ich für meine Teemischungen. Dafür schneide ich sie in der Mitte durch, entferne die eingetrockneten Blütenansätze und kontrolliere sie auf Würmer. Dann trockne ich sie in einer flachen Schale auf dem Kamin. Hagebutten enthalten viel Vitamin C und sind eine gute Zutat für meine Teemischungen. Reinen Hagebuttentee mag ich nicht so gern, aber einer Mischung geben sie eine leicht frische und säuerliche Note. Die Kerne belasse ich in den Hagebutten.

Auf meinen Spaziergängen sammeln ich Massen von tiefbraunen, glänzenden Kastanien. Das habe ich schon als Kind geliebt. Nun habe ich endlich die perfekte Entschuldigung dafür gefunden, wieder

Die Hagebutten der Kartoffelrosen haben viel Fruchtfleisch und sind deshalb fürs Marmeladekochen ideal.

HAGEBUTTEN-MARMELADE

Aus den großen Hagebutten der Kartoffelrosen (Hundsrosen) bereite ich eine köstliche, aber leider auch sehr arbeitsintensive Marmelade zu. Dazu halbiere ich die Hagebutten, entferne den Blütenansatz und so viele Kerne wie möglich. Dann werden sie mit etwas Wasser im Schnellkochtopf weich gekocht. Diese Masse drehe ich mit viel Krafteinsatz durch die Flotte Lotte, um das reine Hagebuttenmark zu bekommen. Den Trester streiche ich auf Backpapier und trockne ihn für Tee. Das Hagebuttenmark strecke ich etwas mit Apfelmus und verkoche es zu Marmelade. Diese Marmelade hüte ich wie einen Schatz, da die Herstellung wirklich enorm viel Zeit benötigt, das Ergebnis aber unfassbar lecker ist.

Unmengen Kastanien zu sammeln: Ich stelle aus ihnen Waschmittel her. Dazu viertle ich die Kastanien mit einer Gartenschere oder einem Messer und lasse sie gründlich und möglichst schnell trocknen. Das geht am besten in flachen Pappkartons auf der Heizung oder dem Kamin. Die Kastanien müssen unbedingt zügig trocknen, da sie sonst leicht schimmeln.

Sind die Kastanien wirklich steinhart und durchgetrocknet, bewahre ich sie in Körben oder Pappkartons auf. Wenn ich waschen möchte, nehme ich die Viertel von sieben bis acht Kastanien und gieße sie in einem Glas mit Wasser auf. Das lasse ich dann ein paar Stunden stehen, bis sich eine milchige, leicht schäumende Flüssigkeit gebildet hat. Ich gieße sie – ganz wichtig! – durch ein Sieb in das Waschmittelfach meiner Waschmaschine. Dazu kommt ein Schuss Essig (Haushaltsessig, keine Essigessenz – sie ist zu stark) als Weichspüler. Dank der in den Kastanien enthaltenden Saponine lässt sich damit normal verschmutzte Wäsche wunderbar waschen. Nur bei weißer Wäsche muss man aufpassen, da sich nach einiger Zeit ein leichter Grauschleier bilden kann.

Aus Erfahrung weiß ich, dass man nicht jede Waschmaschinenladung mit Kastanien waschen sollte, da sich sonst ein dicker Film in der Maschine bildet. Benutzt man aber nur für jeden dritten oder vierten Waschgang Kastanien und nimmt ansonsten handelsübliches Waschmittel, werden alle eventuellen Beläge von dem Waschmittel entfernt.

Im Gewächshaus muss ich nun vorsichtig mit dem Gießen sein und regelmäßig lüften. Besonders im Herbst ist die Luftfeuchtigkeit recht hoch und es bildet sich leicht eine Art Grauschimmel an den Salatpflanzen. Solche Blätter entferne ich zügig, damit sich der Schimmel nicht ausbreiten kann. Oft gieße ich nur noch einmal in der Woche, wenn überhaupt, das ist mehr als genug. Die Tür lasse ich tagsüber offen, es sei denn, wir haben Sturm oder Frost. So kann die Feuchtigkeit gut abziehen. Selbst an regnerischen Tagen ist eine Luftzirkulation wichtig. Auch bei den Salaten im Frühbeet achte ich darauf, dass sie nicht zu feucht und stickig stehen.

Im Oktober mähe ich das letzte Mal den Rasen. Dabei versuche ich so viel heruntergefallenes Laub wie möglich mit aufzumähen. Diese Laub-Rasenschnitt-Mischung ergibt eine prima Mulchschicht für meine Beete (→ Seite 176).

Im Oktober kann man noch ein paar Zuckerschoten im Gewächshaus aussäen. Ist es nicht zu kalt, wachsen sie vor dem Winter noch auf 7–8 cm Größe heran. Abgedeckt überleben sie einen normalen Winter und starten im Februar, wenn Licht und Wärme zurückkommen, durch. So kann ich schon im April die ersten zarten Zuckerschoten ernten.

Im Gewächshaus ist es jetzt immer noch schön warm, sodass die Salate gut wachsen.

Erdmiete: Vorratskammer für Möhren und Co.

Sie bietet das perfekte Klima und nimmt im Keller keinen Platz weg: Eine Erdmiete ist ideal, um alle möglichen Wurzelgemüse einzulagern.

Eine Erdmiete ist für mich die beste Möglichkeit, Wurzelgemüse aufzubewahren. Ich bin von diesem Prinzip, das ich als Kind schon bei meinem Opa im Garten bestaunt habe, immer wieder zutiefst begeistert. Alle früheren Versuche, Wurzelgemüse in feuchtem Sand im Keller einzulagern, schlugen fehl, da es in meinem Keller nicht kalt genug war. Das Lagern des Gemüses in der Erdmiete klappt dagegen hervorragend. Besonders wenn man sein Wurzelgemüse schon im Sommer erntet und es noch nirgendwo kalt genug zum Lagern ist, funktioniert die Erdmiete problemlos. So kann ich meine Roten Beten, die ich für den Winter lagern möchte, schon im August ernten. Ich kann sie so vor den Wühlmäusen in Sicherheit bringen und den Platz im Beet noch anderweitig nutzen.

Es ist so ein schönes Gefühl, wenn ich mitten im Winter in den Garten gehe und wie beim Einkauf im Supermarkt meinen Wochenvorrat an Möhren und Roten Beten aus der Erdmiete entnehme. Das eingelagerte Gemüse ist selbst im Juni des nächsten Jahres noch knackig und lecker.

EINE ERDMIETE ANLEGEN

Die Erdmiete sollte auch im Winter gut zugänglich sein, also am besten in der Nähe des Hauses oder an einem Weg liegen. Man benötigt eine ausgediente Waschmaschinentrommel, die man beim Elektrohändler oder Schrottsammler bekommt. Die Trommeln von Industriemaschinen sind etwas größer als die von Haushaltsmaschinen und daher für die Verwendung als Erdmiete interessanter. Doch auch eine normale Trommel leistet schon gute Dienste. Wir haben inzwischen zwei Erdmieten, eine in »Industriegröße«, eine in »Haushaltsgröße«. Und ich bin mir nahezu sicher, dass das nicht unsere einzigen bleiben werden.

- Als Erstes gräbt man ein tiefes Loch an einer auch im Winter gut zugänglichen Stelle im Garten. Es sollte ungefähr so groß wie die Trommel sein und so tief, dass das obere Trommelende ca. 20 cm unter der Erde liegt. Rund um die Trommel sollten mindestens 15 cm Abstand zur Erde sein – für die Isolierschicht.

Die Erdmiete funktioniert wie ein Kühlschrank ohne Strom. Das Gemüse bleibt schön knackig frisch.

- Nun schalt man das Loch mit einfachen Balken aus. So kann das Erdreich später nicht nachrutschen. Dafür kann man Altholz nehmen oder alte Paletten zerlegen. Auf den Grund der Grube füllt man ein bis zwei Säcke Spielsand, damit die Feuchtigkeit aus der Trommel abfließen kann. Dann setzt man die Trommel in das Loch und polstert alle Zwischenräume rund herum fest mit Stroh aus. Dies dient zur Isolierung. Zum Schluss kommt in die Trommel noch eine ca. 5 cm hohe Schicht Spielsand, ebenfalls um Feuchtigkeit aufzunehmen.
- Die Trommelöffnung wird nun mit einer dicht schließenden Platte oder einem dicken Brett abgedeckt. Diese Abdeckung muss wirklich ganz plan aufliegen, damit keine Asseln oder kleinen Schnecken in das Innere der Trommel gelangen können und das Gemüse anfressen. Die Hauptaufgabe von Asseln ist es nämlich, abgestorbene Pflanzenteile zu zersetzen. Auf dem Kompost sind sie deshalb willkommen, in der Erdmiete würden sie jedoch nur Schaden anrichten. Durch die kleinen Löcher an den Seiten können sie aber nicht in die Trommel gelangen.
- Auf das Brett oder die Platte kommt zur besseren Dämmung noch eine dicke Styroporplatte. So geschützt sollte das Gemüse in der Erdmiete den Winter frostfrei überstehen. Sollte es ganz kalt werden, kann man zur besseren Isolierung nach oben noch ein paar Lagen Luftpolsterfolie mit in die Trommel geben.
- Nun kann man sämtliche Wurzelgemüse in die Trommel legen. Bei mir kommen alle Möhren und Bete lose in die Trommel. Nur Kartoffeln lagere ich in Säcken ein. So kann sie leichter entnehmen, als wenn sie einzeln in der Miete liegen.

Die Zwischenräume rund um die Trommel werden gut mit isolierendem Stroh ausgekleidet.

Ein zusätzlicher Deckel aus Styropor isoliert das Innere der Miete auch von oben.

Am Anfang kann sich Kondenswasser unter dem Brett bilden, das wische ich täglich mit einem Tuch ab. Nach einiger Zeit gibt sich das. In schneereichen Wintern ist es hilfreich, die Position der Erdmiete mit einem Stab im Boden zu markieren. Man wundert sich immer wieder, wie gleich alles unter einer dicken Schneedecke aussieht. Und in richtig kalten Wintern lohnt es sich, die Miete innen mit einem Thermometer auszustatten. Fallen die Temperaturen innerhalb der Miete unter 4 °C, kann sich die Stärke der Kartoffeln in Zucker umwandeln und sie werden süß. Dem übrigen Wurzelgemüse macht das nichts aus. Man sollte also die Temperatur regelmäßig prüfen, wenn es draußen kalt wird, und die Kartoffeln rechtzeitig ins Haus holen. In unserer Region wird es aber höchst selten vor Mitte oder Ende Januar richtig kalt.

GENÜGEND ZEIT FÜR GARTENARBEIT

Statt Säen, Pflanzen, Ernten steht Aufräumen auf dem Plan. Ich bereite meinen Garten für den Winter vor.

Genügend Zeit für Gartenarbeit

November

WAS DIESEN MONAT ANSTEHT

- Laub sammeln
- Beete für den Winter mulchen
- im Garten Unerledigtes erledigen
- Kohlrabi ernten und einlagern
- Kohl ernten
- Tunnel im Gewächshaus bauen
- späte Gemüsesorten ernten
- Wildkräuter zupfen
- Stauden und Beerensträucher mit Laub mulchen
- Laubhügel für Igel bereiten

November ist ein eigenartiger Monat. An schönen, sonnigen Tagen Anfang November, wenn das bunte Laub leuchtet und die Luft frisch und klar ist, habe ich das Gefühl, als wäre es der schönste Herbsttag. Und am Tag darauf, wenn es plötzlich kalt, nass und nebelig ist, fühle ich mich wie im tiefsten Winter. Und das Merkwürdigste nach all diesen Monaten des Pflanzens, Erntens und Verarbeitens ist nun, dass ich plötzlich Zeit für alle möglichen Gartenarbeiten habe, zu denen ich bislang nicht gekommen bin!

Ich mache mir im September und Oktober keinen Stress, dass ich den ganzen »Rückbau« bis zu einem bestimmten Zeitpunkt erledigt haben muss. Alles kann, nichts muss. Im Spätherbst, Winter und Vorfrühling gibt es immer noch genügend Tage, an denen ich im Garten werkeln und mich um leere Töpfe oder Bohnenstangen kümmern kann.

Wenn ich dann nach 1–2 Stunden Gartenarbeit an einem luftigen klaren Novembertag ins Haus komme, genieße ich es, mich mit einem heißen Tee aus eigenen Teekräutern vor dem warmen Ofen aufzuwärmen und meinen inneren Schweinehund überwunden und im Garten gearbeitet zu haben.

Überhaupt versuche ich, wenn möglich, jeden Tag etwas im Garten zu tun, auch wenn es nur eine Kleinigkeit ist. Durch die Bewegung an der frischen Luft stärke ich meine Abwehrkräfte für den kommenden Winter, statt mich jetzt schon ganze Tage hinter dem warmen Ofen zu verkriechen. Die Arbeit tut mir gut und ich bekomme noch eine Menge Dinge im Garten erledigt, für die ich während der Saison keine Zeit hatte – sogar Sträucher oder Obstbäume kann man jetzt noch pflanzen.

Laub sammeln

Die wichtigste Aufgabe im November ist es, Laub zu sammeln! Ja, sammeln, nicht fegen und abtransportieren, sondern sammeln, am besten auch bei den Nachbarn. Meine Nachbarn sind so froh, dass ich ihnen das Laub abnehme, dass ich es von ihnen sogar fast täglich fertig aufgesammelt in Säcken vor die Tür gestellt bekomme.

Laub ist ein wunderbares, kostenloses Material, das meist unterschätzt und verteufelt wird, weil es plötzlich von den Bäumen fällt und eine Menge Arbeit zu machen scheint. Eine Vielzahl von lärmenden technischen Geräten wurde entwickelt, um dieser angeblichen Plage Herr zu werden. Das bunte Falllaub scheint dem Ordnungssinn vieler zu widersprechen. Dabei vergessen sie, welche Aufgabe das Laub in der Natur hat –nämlich die Erde zu bedecken, um den Boden vor Witterungseinflüssen zu schützen und um neuen Humus zu produzieren. Zudem bietet es vielen Tieren einen Unterschlupf, seien es Insekten oder kleine Säugetiere wie beispielsweise Igel und Mäuse. Dies ist auch der Grund, warum ich in einer Ecke meines Gartens jeden Herbst einen Laubhügel aufwerfe.

Ich brauche Mengen von Laub, um meine Beete abzudecken und ich bereite neue, wunderbar humose Erde daraus zu. Das braucht etwas Zeit, macht aber so gut wie keine Arbeit.

Alles Laub, das ich nicht auf meinen Beete ausbringe, stopfe ich fest in alte leere Säcke, wo es zu Humus verrotten kann. Dafür nehme ich die Säcke von Blumenerde, Rindenmulch, was auch immer. Wichtig ist, dass die Säcke unten ein paar Löcher haben und dass das Laub leicht feucht ist. Am besten nimmt man Laub von Birken, Linden, Hasel und Obstbäumen. Walnuss-, Platanen- und Eichenlaub ist nicht geeignet, weil es zu lange zum Verrotten braucht. Die Säcke verschließe ich oben leicht und stelle sie in die hinterste Ecke meines Gartens, neben den Kompost auf die Erde. Durch die Löcher im Boden kriechen Kompostwürmer in die Säcke und erledigen ihre Arbeit. Das kann gut ein ganzes Jahr dauern, aber am Ende bekommt man die wunderbarste, nährstoffreichste und lockerste Erde, die ich später zur Verbesserung meines Gartenbodens oder der Erde in meinen Pflanzkübeln verwende. Einfacher geht es nicht!

Wenn ich durchs raschelnde Laub gehe, denke ich an die wundervolle Erde, die ich daraus herstellen kann.

Beete für den Winter vorbereiten

Einen Großteil meiner Gartenzeit im November verwende ich darauf, meine Beete für den Winter vorzubereiten. Hat man früher alles abgeerntet und umgegraben, damit die Frostgare den Boden locker hinterlässt, so packe ich meine Beete sorgfältig ein.

Viele meiner Beete liegen jetzt schon frei, es gibt noch ein paar späte Ringelblumen und natürlich noch einiges an Salaten, Kohl, Wurzelgemüse und Mangold, aber der Rest der Beete ist leer.

Ich entferne grob einige Wildkräuter und verteile eine 3–5 cm dicke Schicht Hasenmist auf den Beeten, die ich mit einem Sauzahn leicht in die Oberfläche einarbeite. Darauf kommt ca. 5 cm Laub und darüber Rasenschnitt, ebenfalls ein paar Zentimeter dick. Den Rasenschnitt habe ich seit dem Spätsommer in Säcken gesammelt. Nach dem ersten Regen verklebt er etwas, was verhindert, dass das Laub beim ersten Sturm gleich wegfliegt. Als »Topping« kommen oft noch erfrorene Pflanzenteile oder Wurzeln aus meinen abgeernteten Kübeln darauf, damit die Mulchdecke noch etwas beschwert wird.

Den Feldsalat, der sich am Beetrand ausgesät hat, lasse ich stehen und decke ihn nicht mit Laub ab.

Hasenmist und Laub verteile ich als erste dicke Schichten auf den Beeten.

Darüber kommt eine dicke Schicht Rasenschnitt oder auch Heu, wenn es nicht genug anderes Material gibt.

Meine Beete sind nun also unter einer 15–20 cm hohen Mulchschicht begraben. Darunter frieren sie später als normal durch, da Laub und Rasenschnitt wie eine Isolierung wirken. Das hat zur Folge, dass Regenwürmer und andere Bodenlebewesen länger arbeiten können und die diversen Schichten zu einem humosen Kompost aufbereiten, der schon an den richtigen Stellen im Beet verteilt ist. Ich spare mir also das mühsame Hin-und-her-Karren der Gartenabfälle und das Verteilen des Komposts. In diese Schichten kann man so gut wie alle Gartenabfälle einarbeiten, die im Herbst anfallen, wenn man sie zerkleinert. Sonst dauert das Verrotten zu lange.

Wenn ich dann im späten Februar das erste Mal mit meinem Sauzahn durch die Beete gehe, sind von dieser knapp 20 cm dicken Schicht nur noch ca. 5 cm übrig, der Rest ist zersetzt. Im April oder Mai sind dann auch die letzten 5 cm verrottet.

Lediglich für sehr frühe Aussaaten bewähren sich so vorbereitete Beete nicht, da sie sich im Frühjahr später erwärmen. Ist der Boden nämlich einmal tief durchgefroren, hält sich die Kälte durch die Mulchschicht noch etwas länger im Boden. Taut der Mulch jedoch an, kann man ihn leicht zur Seite harken und die Beete erwärmen sich schnell.

Für mich ist diese Methode perfekt. Für Freunde aufgeräumter Gärten ist sie aber nicht zu empfehlen, da die Beete den Winter über immer etwas wild aussehen – als hätte jemand den Komposthaufen ausgekippt. Ich habe schon oft höchst erstaunte Gesichter gesehen, mit der Frage, ob ich meinen Garten denn noch gar nicht winterfest gemacht hätte. Doch, habe ich – nur eben etwas anders.

In den Blumenbeeten oder unter Beerensträuchern lasse ich das Falllaub einfach liegen. Es schützt Pflanzen und Wurzeln vor Kälte und vor dem Austrocknen. Liegt im Frühjahr dort noch zu viel Laub, harke ich es weg und bringe es auf den Kompost.

LAUB SCHÜTZT GEMÜSE

Im November stehen immer noch ein paar im Juli ausgesäte Möhren und späte Rote Bete im Beet. Damit sie nicht bei den ersten stärkeren Frösten erfrieren, mulche ich die Reihen dick mit Laub. Es isoliert hervorragend, und wenn es einmal nass wird, fliegt es nicht bei jedem Windhauch weg. Oder ich lege zusätzlich ein paar dickere Reisigäste über die Reihen. Unter so einer Decke überstehen die Wurzelgemüse einzelne Nächte bis -5 °C problemlos. Friert es längere Zeit, ernte ich sie vorsichtshalber. Nichts ist ärgerlicher, als wenn Gemüse kurz vor der Ernte erfriert oder es über Winter in der Erde bleiben muss, da der Boden vor dem Frühjahr nicht mehr auftaut.

Ein bisschen Schnee macht hingegen nichts, solange die Temperaturen nicht zu tief fallen. Im Gegenteil, eine Schneedecke isoliert gut.

Kohl und Kohlrabi ernten

Es gibt noch eine Menge an Kohl zu ernten. Auch wenn Kopfkohl gut ein paar Grade Frost übersteht, ernte ich die meisten Köpfe schon im Spätherbst und lasse nur noch ein paar einzelne Pflanzen länger stehen, um daraus z. B. Rohkostsalate zu bereiten. Die Kälte macht dem Kohl nicht so sehr zu schaffen, aber wenn wir einen regenreichen Herbst haben oder wenn der Kohl ein paar Mal friert und wieder auftaut, fault er leicht. Fault er nur bisschen, entferne ich einfach die äußersten Blätter. Aber bei zu viel Feuchtigkeit breitet sich die Fäulnis bis ins Innere aus und der Kohlkopf verfault komplett.

Ich ernte die Köpfe an einem möglichst trockenen Tag und entferne einen Teil der ganz großen äußeren Blätter und den Strunk. Ein paar Blätter belasse ich zum Schutz am Kopf. Dann lagere ich ihn in Kisten in meinem kühlen Schuppen ein. Zum Schutz vor Verdunstung kann man eine Plastikplane lose über den Kohl legen. So sollten sich die Köpfe ein paar Monate halten. Wichtig ist jedoch, dass man hierfür nur Lagersorten verwendet, andere Sorten halten sich lediglich ein paar Wochen.

EMPFINDLICHER KOHLRABI

Kohlrabi verträgt überhaupt keinen Frost, und obwohl das Laub nach einer Frostnacht noch wunderschön aussieht, ist die Knolle weich und mehlig geworden. Meine späten Superschmelzsorten sind jedoch nicht ganz so empfindlich wie die normalen Sorten, sie können schon mal 1–2 Minusgrade überstehen. Trotzdem ernte ich sie meistens vor den ersten Frostnächten. Ich drehe vorsichtig das Laub ab und kürze die Wurzel ein. Dann lagere ich sie in einem Eimer im kühlen Schuppen. Hier überstehen sie bis Januar gut die etwas kälteren Temperaturen, sollten wir sie nicht längst aufgegessen haben.

Wird es so kalt, dass es auch im Schuppen friert, packe ich die Kohlrabi in eine alte Wolldecke ein oder hole sie in den Keller. Dort halten sie sich allerdings nicht mehr lange, da es hier zu warm ist. Sie werden leicht weich und verlieren ihre knackige Konsistenz. Die späten Sorten sind geschmacklich nicht unbedingt mit den zarten frühen Sorten zu vergleichen. Die großen Knollen schmecken viel intensiver, leicht süßlich, leicht nach Kohl und sind viel fester und weniger wässrig. Eine Delikatesse!

Der Spitzkohl 'Kalibos' ist einer meiner Lieblinge, auch wenn es dauert, bis er 1,5–2 kg wiegt.

Weizengras, Sprossen und Microgreens

Obwohl ich noch viel frischen Salat ernte, versorge ich mich zusätzlich mit Weizengras, Microgreens und Sprossen. Die kleinen Kraftpakete verwöhnen mich mit vielen Nährstoffen und Vitaminen und stärken mein Immunsystem. Microgreens und Sprossen kommen auf meinen täglichen Salat, Weizengras in meinen täglichen Smoothie.

Für Weizengras bereite ich eine Aussaatschale mit 2–3 cm dick Erde vor. Ich nehme ein bis zwei Handvoll Bioweizen und lasse ihn ca. 1 Tag in Wasser quellen. Dann verteile ich ihn auf der Erde in der Aussaatschale, befeuchte ihn noch etwas, lege den Deckel auf die Schale und stelle sie auf die Fensterbank. In diesem wärmeren, feuchteren Klima treiben die Körner schneller durch. Nach 2–3 Tagen entferne ich den Deckel und kann nach ca. 5 Tagen die ersten Halme ernten. Sie sollten mindestens 10 cm lang sein. Ich schneide es in ca. 3 cm lange Stücke und mixe es mit viel Ingwer, einer Stange Staudensellerie, dem einen oder anderen Kohlblatt und einem kleinen Apfel zu einem leckeren Smoothie. Klein schneiden ist wichtig, sonst wickeln sich die Halme im Mixer um das Messer.

Für Erbsengrün lasse ich die Erbsen 2 Tage in Wasser vorquellen, dann wachsen sie schneller. Sind die Keime ca. 10 cm groß, schneide ich sie fingerbreit über der Erde ab. Sie wachsen noch einmal nach. Die Erbsen müssen dicht an dicht in der Aussaatschale liegen, sonst ist der Ertrag zu gering.

Ich setze alle paar Tage neue Sprossen an, sodass ich immer genügend frische habe.

KÖSTLICHE SPROSSEN

Ich liebe Sprossen, vor allem die schnell wachsenden Alfalfasprossen. Aber auch Bockshornklee, Sonnenblumensprossen oder Linsen sind eine Delikatesse.

Die Samen werden je nach Größe ein paar Stunden oder über Nacht in Wasser eingeweicht, kommen zum Keimen in ein Sprossenglas und werden täglich zwei- bis dreimal gespült, damit sie nicht austrocknen und faulen. Ich habe Sprossengläser, die auf einem Gestell leicht schräg stehen, damit das Wasser ablaufen kann. Nach ein paar Tagen sieht man Würzelchen und eventuell schon etwas Grün.

Microgreens sind normale Gemüse und Kräuter, die nur jünger geerntet werden und daher viel intensiver schmecken und mehr Vitamine enthalten. Man isst nur die oberirdischen Teile ohne Wurzeln. Microgreens lassen sich aus Samen von Rucola, Kresse, Rotkohl, Brokkoli o. Ä. ziehen. Man weicht die Samen 15–30 Minuten in Wasser ein. Es bildet sich eine Art Schleim um die Samen, der sie vor dem Austrocknen schützt. Man gibt die Samen in ein Sieb, legt sie auf eine Untertasse und deckt sie 1–2 Tage mit einer weiteren Untertasse ab. Zweimal täglich spülen. Danach wachsen sie recht schnell und man kann sie bald mit einer Schere ernten.

Was sonst noch los ist im …

November

Jetzt zupfe ich ein letztes Mal vor dem Winter Wildkräuter. So können sie den Winter über nicht weiterwachsen. Das spart Zeit im Frühjahr.

Über die Drahtbögen, die ich im September im Gewächshaus gesetzt habe, spanne ich nun ein dickeres Gartenvlies und befestige es mit Wäscheklammern an den Bögen, sodass ich es an der Längsseite zum Ernten oder Gießen anheben kann.

Vor frostigen Nächten schließe ich den Tunnel und unter dem Vlies staut sich die vom Tage noch wärmere Luft. An sonnigen, warmen Tagen öffne ich die Längsseite des Tunnels zur Gewächshausmitte hin, damit meine Salate noch einmal Sonne tanken können. Gleichzeitig öffne ich die Tür, sodass sie noch etwas frische Luft bekommen. Regelmäßiges Lüften ist wichtig im Herbst und Winter, auch wenn nur für 1 Stunde am Tag. An nahezu allen frostfreien Tagen lüfte ich mein Gewächshaus, da die Luft zu dieser Jahreszeit recht feucht ist und die Salate leicht von Grauschimmel befallen werden. Er kann sich rasend schnell ausbreiten und innerhalb kurzer Zeit ganze Pflanzen dahinraffen.

Da die Sonne nicht mehr so hoch steht und nicht mehr so stark ist, braucht man fast gar nicht mehr zu gießen. Trotzdem sollte man prüfen, ob die Erde zu trocken ist und, wenn nötig, zur Gießkanne greifen – aber auf keinen Fall mit der Brause gießen, sondern nur ein wenig mit der Tülle.

Auch über meine im Freiland verbliebenen Salatpflanzen spanne ich spätestens jetzt ein Vlies. Bevor ich meine Salate im Gewächshaus ernte, ernte ich die im Freiland, auch wenn sie vielleicht noch gar nicht so groß sind. Denn hier ist die Wahrscheinlichkeit, dass sie dem kalten Winterwetter noch lange trotzen können, geringer.

Auch jetzt gibt es noch viel zu ernten, wenn auch nicht täglich, aber alle paar Tage, je nach Bedarf.

Zu ernten gibt es immer noch erstaunlich viel, diverse Kohlköpfe, die ersten Grünkohlblätter und Rosenkohlröschen (wenn es schon Frost gab), Palmkohl, Salate und Radicchio, Mangold, späte Möhren und Rote Bete und noch einiges an Kräutern sowie ein paar Ringelblumen und Borretschblüten.

Jetzt im November fallen oft auch noch die schönsten Äpfel von ganz oben aus der Baumkrone herab. Sie sind zwar Fallobst und nur zum sofortigen Essen geeignet, aber diese Äpfel haben das beste Aroma, da sie die meiste Sonne abbekommen haben. Ich gehe mit offenen Augen durch den Garten und die Natur und schaue, womit ich von ihr noch verwöhnt werde.

JETZT KANN DER WINTER KOMMEN

Die Speisekammer ist gut gefüllt. Ich genieße die Winterpause und mache Pläne für die nächste Saison.

Jetzt kann der Winter kommen

Dezember

WAS DIESEN MONAT ANSTEHT

- Bilanz ziehen
- ausruhen, ausruhen, ausruhen
- neue Kraft schöpfen
- Ideen für das nächste Gartenjahr sammeln
- die letzten Salate und Gemüse ernten

Im Dezember wird es ruhig, nicht nur im Garten. Ich versuche immer noch jeden Tag etwas Zeit an der frischen Luft zu verbringen, aber es gibt nicht mehr viel zu tun im Garten, sodass sich mein Draußensein meistens darauf beschränkt, meinen Kater zu füttern, Holz hereinzuholen und verbliebenes Gemüse und Salate zu ernten.

An schönen Tagen mache ich sogar mal einen Spaziergang und genieße die Dezembersonne oder den Dezembernebel und die früh einsetzende Dunkelheit.

Bei mir ist im Dezember einfach die Luft raus. Ich liebe meinen Garten und spätestens in 4–6 Wochen kann ich es gar nicht mehr erwarten, dass es Frühling wird. Aber für den Moment brauche ich eine Pause. Das ist nicht schlimm, im Gegenteil, ich genieße die Jahreszeiten und damit auch die unterschiedlichen Anforderungen. So habe ich genügend Abwechslung und es wird nie langweilig.

In dieser jahreszeitlich bedingten Gartenpause schöpfe ich neue Kraft, erhole mich von der teils doch recht anstrengenden körperlichen Arbeit und mache Platz für neue Ideen. Ich bin sehr glücklich, dass ich mich in dieser schnelllebigen Zeit an den Jahreszeiten orientieren kann. Das hat etwas Ursprüngliches, was mir Kraft gibt und mich erdet.

Früher habe ich den Winter verflucht. Nun gut, er ist mir immer noch viel zu lang. Aber seitdem ich die Jahreszeiten annehme und akzeptiere, dass wir leider nicht nur Hochsommer haben, komme ich besser durch diese kalte Zeit. Schließlich hat jede Saison ihren ganz eigenen Reiz.

Jahresresümee

Natürlich denke ich auch im Dezember an den Garten, ich kann gar nicht anders. Nur beschränkt sich die Gartenarbeit jetzt meistens auf Gedankenspiele in meinem Kopf. Ich notiere mir in meinem Gartenbuch, was in diesem Jahr gut gelaufen ist und was nicht. Ich schreibe mir auf, welche Pflanzen an welchem Standort besonders gut gediehen sind, wo etwas gefehlt hat, wo der Durchgang zugewuchert ist, von welchem Gemüse ich zu viel oder zu wenig angebaut habe und was für Ideen ich für die nächste Saison habe. Jetzt ist Zeit, endlich mal wieder in Gartenbücher zu schauen und neue Dinge zu lernen.

Anhand meiner monatlichen Aufzeichnungen und meiner vielen Fotos, die ich für Instagram gemacht habe, lasse ich mein Gartenjahr Revue passieren und ziehe meine Schlüsse für das nächste Jahr.

Jetzt stellt sich häufig erst heraus, ob meine Vorratshaltung und Planung geglückt ist oder nicht. Was fehlte beim Kochen, von welcher Soße brauche ich mehr, sind die Portionsgrößen richtig usw. Ich notiere mir diese Dinge, damit ich in der nächsten Saison, wenn im Hochsommer gerade wieder alles gleichzeitig reif ist und verarbeitet werden möchte, all diese Erkenntnisse parat habe.

Die Fotos, die ich fast täglich bei Instagram poste, helfen mir oft durch die kalte und graue Zeit.

Was sonst noch los ist im …

Dezember

Ich habe immer noch Massen an wunderbar knackigem, frischem Salat – Pflücksalate, Romanasalate, Radicchio in verschiedensten Farben und Formen, Endiviensalate und natürlich Feldsalat. Massen, da ich nun die Salate, die noch auf den Beeten im Freiland stehen, abernten möchte, bevor der Frost zuschlägt oder sie durch zu viel Feuchtigkeit anfangen zu faulen und zu schimmeln. Einzige Ausnahme ist der Feldsalat, den lasse ich noch bis mindestens Februar auf meinen Beeten stehen, da er sehr frosthart ist.

Mit der Salaternte warte ich, bis die Blätter nach der Nacht aufgetaut sind. Erntet man gefrorene Blätter, hat man nach dem Auftauen nur noch Matsch in den Händen. An richtig kalten Tagen sollte man die geernteten Salate außerdem im Kühlschrank langsam wärmer werden lassen, bevor man sie in die warme Küche holt.

Über den Vliestunnel im Gewächshaus spanne ich zusätzlich eine durchsichtige Plastikplane aus etwas dickerem Material, um die Wärme im Tunnel besser zu speichern. Da das Licht um diese Zeit des Jahres nicht mehr besonders stark ist, kann ich meine Pflanzen ohne Weiteres abdecken. Wärme ist jetzt wichtiger als Helligkeit, da die Pflanzen nun nicht mehr weiterwachsen, sondern nur noch auf die Rückkehr der Wärme und des Lichts im Februar warten.

Ich lüfte weiterhin mein Gewächshaus und meine Frühbeetkästen regelmäßig und gieße bei Bedarf vereinzelt zwischen den Pflanzen. Sollte schon Schnee liegen, kann ich auch einfach ein wenig Schnee auf die Erde im Gewächshaus legen, er taut dann langsam auf und befeuchtet die Erde.

Ich ernte, was es noch auf den Beeten und im Gewächshaus gibt. Außer vielen Salaten Kohl, Möhren, Rote Bete, vereinzeltes Zwiebelgrün und Mangold. Außerdem erfreue ich mich an den eingelagerten, eingefrorenen, getrockneten und eingekochten Schätzen des Sommers. Trotz der kargen Jahreszeit kann ich im Überfluss schwelgen, da meine Vorratskammern gut gefüllt sind. Würden wir für 3 Wochen eingeschneit, müssten wir nicht hungern und könnten noch ein paar Freunde mit versorgen. In dieser Zeit weiß ich die viele Arbeit vom Frühjahr, Sommer und Herbst besonders zu schätzen.

Dunkle Tage, warme Kleidung und trotzdem noch viel frisches Grün: Mein Jahr war erfolgreich!

Meine Vision: Fang an und mach den Unterschied!

Warum baue ich so viel Gemüse an? Warum poste ich fast täglich meine Gartenerlebnisse auf Instagram und gewähre fremden Menschen Einblicke in meinen Garten und Teile meines Privatlebens? Warum gebe ich Kurse und biete Gartenberatungen an?

Weil ich eine Vision habe, eine Vision von einer besseren Welt. Einer Welt, in der wir mit der Natur arbeiten, nicht gegen sie, in der wir für Probleme nicht nur Lösungen finden, sondern sie auch anwenden, in der wir uns vernetzen und teilen und nicht nur auf unseren eigenen Vorteil bedacht sind. Und in der wir die Geschenke, die uns Mutter Erde bereitet, nicht wegwerfen und verschmähen, sondern dankbar entgegennehmen. Ich denke, dass wir überhaupt keine andere Möglichkeit mehr haben, als diesen Weg zu gehen, wenn wir unseren Kindern, Enkeln und Urenkeln eine zukunftsfähige Welt hinterlassen wollen. Es gibt so viele Möglichkeiten, wie wir die Welt heilen können, wir müssen nur die Ärmel hochkrempeln und etwas tun – auch wenn es unbequem ist, Arbeit macht und manchmal Geld kostet.

In Deutschland haben 79 % aller Haushalte einen Garten, einen Balkon oder eine Terrasse. Wenn ihre Besitzer wenigstens ein paar ihrer Lebensmittel dort anbauen würden, wäre das ein großer Schritt. Nur 22 % des Obstes und 36 % des Gemüses, das wir essen, wird in Deutschland produziert. Im Jahr 2020 haben wir 15,25 Millionen Tonnen Obst und Gemüse importiert, das irgendwo auf der Welt – vermutlich – in Monokulturen angebaut, in Plastik verpackt und nach Deutschland transportiert wurde. Ganz zu schweigen von den Mengen an Obst und Gemüse, die auf den Feldern blieben, weil sie den EU-Anforderungen nicht entsprachen.

Wie wäre es, wenn jeder, der über ein klein bisschen Platz unter freiem Himmel verfügt, einen Teil seines Obst- und Gemüsebedarfs anbauen würde? Was würde das für einen Unterschied machen! Wer einen Garten hat, der mag mir glauben, wer aber nur einen Balkon sein Eigen nennt, mag daran zweifeln. Doch wenn jeder der fast 59 Millionen Balkon-Besitzer in Deutschland ein paar Kräuter, Salat- oder Tomatenpflanzen auf seinem Balkon züchten würde, wäre das ein enormer Unterschied.

Und was für einen großen Unterschied würden alle der vielen Millionen Gartenbesitzer machen, wenn sie auf einen Teil ihres Rasens verzichten und stattdessen Obst und Gemüse anbauen würden? Es muss nicht jeder zum Selbstversorger werden, aber schon ein paar Salatköpfe oder Gurken und Tomaten machen etwas aus. Oder wenn sie einen Teil der beliebten Kirschlorbeerbüsche durch Obstbäume oder Beerensträucher ersetzen würden? Wie viel Obst könnten wir ernten und welch tolles Futterangebot für Vögel und Insekten würden wir schaffen?

Wem sein Garten zu groß ist oder wer ihn nicht mehr pflegen kann, könnte Nachbarn gestatten, dort Obst und Gemüse anzubauen. Wir könnten in Parks und Stadtgärten essbare Bäume und Sträucher pflanzen, von denen jeder Früchte pflücken darf. Wir könnten mit offenen Augen und leeren Körben durch die Natur gehen und – natürlich nicht im Übermaß – ihre kostenlosen Schätze wie etwa wilde Brombeeren sammeln und verwerten. Wir könnten wieder lernen, wie unsere Großmütter Gemüse haltbar zu machen, zu fermentieren und Zwetschgen für Kuchen und Äpfel fürs Müsli einzukochen.

Sicher, all diese Dinge machen etwas Arbeit, aber sie verbinden uns wieder mehr mit der Natur, versorgen uns mit den besten Lebensmitteln und bereiten vor allem große Freude. Ich hoffe, dass ich ein paar Menschen mit meiner Vision dazu inspirieren kann, sich ihr eigenes kleines Paradies und eine bessere Welt zu schaffen.

DANK

Danke sagen möchte ich bei dem gesamten Team vom GU-Verlag. Danke, dass Sie mich so unterstützt haben, meine Ideen ernst genommen haben und mir geholfen haben, meinen Traum vom eigenen Gartenbuch Wirklichkeit werden zu lassen.

Ein ganz großes Dankeschön an meinen Mann Olli, ohne den all dies gar nicht möglich gewesen wäre! Danke, dass du mir immer wieder die Möglichkeiten gegeben hast, mich zu entfalten, meinen Traum zu entwickeln und zu leben, und vor allem dass du mir immer wieder ein Stück vom Rasen überlassen hast, als du noch gar kein eigenes Gemüse essen wolltest. Und natürlich auch danke für deine ganze tatkräftige Hilfe bei den vielen Bau-, Pflanz- und Ernteprojekten. Was würde ich ohne deine starken Arme nur tun? Danke, dass wir unserem gemeinsamen Leben immer wieder eine neue Richtung geben konnten und wir diesen spannenden Weg gemeinsam gehen können!

Ein großes Danke geht auch an Volkmar. Danke für deine Unterstützung, unsere Brainstorming-Nachmittage und dafür, dass du mir immer wieder Mut machst weiterzumachen und mich bestärkst, mein Ding zu machen. Danke, dass du immer ein offenes Ohr für mich hast und dir meine verrückten Ideen anhörst. Du bist mein bester Follower!

Und ein großes Danke an Scott. Danke, dass du immer so stolz auf mich bist, und vor allem für deine konsequente Unterstützung, wenn es ums Schaufeln, Beeteanlegen, Schuppenaufräumen oder Woodchipsverteilen geht, wobei wir natürlich immer auf den Genitiv achten. Ich schätze das sehr!

Mischkultur-Tabelle: Gute und schlechte Nachbarn

GEMÜSE	GUTE NACHBARSCHAFT	SCHLECHTE NACHBARSCHAFT
Bohnen (Dicke, Busch- und Stangenbohnen)	Kohl, Salat, Tomaten, Rote Bete, Sellerie	Erbsen, Zwiebelgewächse
Erbsen	Gurken, Kohl, Salat, Möhren, Radieschen	Bohnen, Kartoffeln, Tomaten, Zwiebeln
Gurken, Zucchini, Kürbisse	Bohnen, Dill, Erbsen, Kohl, Salat, Zwiebeln	Kartoffeln, Tomaten, Radieschen
Kartoffeln	Kohl, Salat, Bohnen	Tomaten, Gurken, Erbsen, Sellerie
Kohl	Kartoffeln, Salat, Tomaten, Erbsen, Bohnen, Rote Bete, Möhren, Mangold, Sellerie	Zwiebeln, Radieschen
Mangold	Kohl, Möhren, Radieschen	Spinat, Rote Bete
Mais	Bohnen, Gurken (Kürbisse), Möhren, Tomaten	
Möhren	Kohl, Mangold, Erbsen, Zwiebeln, Salat, Radieschen	Kartoffeln
Paprika	Gurken, Tomaten, Salat, Kohl	
Radieschen	Bohnen, Mangold, Salat, Möhren, Tomaten, Erbsen	Gurken, Kohl
Rote Bete	Bohnen, Dill, Gurken, Kohl	Kartoffeln, Mais, Zwiebeln, Spinat, Mangold
Salat	Bohnen, Kohl, Möhren, Zwiebeln, Radieschen, Tomaten, Gurken, Erbsen, Paprika	Sellerie, Petersilie
Sellerie	Bohnen, Kohl, Tomaten	Kartoffeln, Salat
Spinat	Kartoffeln, Kohl, Bohnen, Salat, Tomaten	Mangold, Rote Bete
Tomaten	Bohnen, Kohl, Zwiebeln, Radieschen, Salat, Sellerie, Mais, Paprika, Spinat	Kartoffeln, Erbsen, Gurken
Zwiebeln	Erdbeeren, Möhren, Salat, Tomaten	Bohnen, Erbsen, Kohl

SAATGUT UND ZUBEHÖR

Bingenheimer Saatgut
(Biosaatgut: Gemüse, Kräuter, Blumen, Gründüngung)
Kronstraße 24, 61209 Echzell
www.bingenheimersaatgut.de

Dreschflegel Biosaatgut
Postfach 1213, 37202 Witzenhausen
www.dreschflegel-shop.de

Bioland Hof Jeebel
(Biosaatgut, Pflanzkartoffeln, Aussaatpaletten)
Jeebel 17, 29410 Salzwedel OT Jeebel
www.biogartenversand.de

Pflanzenlampen
Maiicy LED 45 Watt,
bei verschiedenen Anbietern erhältlich

BÜCHER

Eliot Coleman: **Handbuch Wintergärtnerei. Frisches Biogemüse rund ums Jahr.** Löwenzahn Verlag, Innsbruck.

Marie-Luise Kreuter: **Der Biogarten: Das Original – komplett neu.** BLV Verlag, München

Brett L. Markham: **Mini-Farming: Autark auf 1000 Quadratmetern.** Kopp Verlag, Rottenburg a. N.

Bernhard Michels: **Gärtnern nach den 10 Jahreszeiten der Natur.** BLV Verlag, München

Wolf Dieter Storl: **Der Selbstversorger. Mein Gartenjahr: Säen, pflanzen, ernten.** Gräfe und Unzer Verlag, München

ENGLISCHSPRACHIGE BÜCHER

Vera Greutnik: **Edible Paradise. How to Grow Herbs, Flowers, Vegetables and Fruit in Any Space.** Chelsea Green Publishing

Toby Hemenway: **Gaias Garden. A Guide to Home-Scale Permaculture.** Chelsea Green Publishing

Charles Dowding: **How to Grow Winter Vegetables.** Green Books, Cambridge

Perrine and Charles Hervé-Gruyer: **Miraculous Abundance. One Quarter Acre, Two French Farmers, and Enough Food to Feed the World.** Chelsea Green Publishing

BILDNACHWEIS

Cover: Patrice Kunte
Fotos: Alle Fotos von Tini Vogt, außer: AdobeStock: 091, 110; Alamy: 180; Flora Press: 145-1; Patrice Kunte: 002, 005, 006, 011, 017-1, 017-2, 026, 031, 042, 043, 054, 066, 071, 076, 080, 082, 087-2, 088, 089, 093, 095, 096, 098, 099, 100, 101, 105-2, 117, 122, 123, 124, 125, 140-1, 142-2, 149, 151, 160, 162, 182, 184, 187, 192, U4-1, U4-2, U4-3;

Illustrationen: Creative Market: Washi-Tape und Paper ab Seite 013-1; Matias Kovacic: 013-2, 015, 016-2, 039-2, 051-2, 075, 077-2, 097-2, 121-2, 129-2, 137-2, 155-2, 163-2, 175-2, 183-2.

Syndication: www.seasons.agency

REGISTER

Halbfette Seitenzahlen verweisen auf Abbildungen.

QUALITÄTS G|U GARANTIE

LIEBE LESERINNEN UND LESER,

wir wollen Ihnen mit diesem Buch Informationen und Anregungen geben, um Ihnen das Leben zu erleichtern oder Sie zu inspirieren, Neues auszuprobieren. Wir achten bei der Erstellung unserer Bücher auf Aktualität und stellen höchste Ansprüche an Inhalt und Gestaltung. Alle Anleitungen und Rezepte werden von unseren Autoren, jeweils Experten auf ihren Gebieten, gewissenhaft erstellt und von unseren Redakteur*innen mit größter Sorgfalt ausgewählt und geprüft.

Haben wir Ihre Erwartungen erfüllt? Sind Sie mit diesem Buch und seinen Inhalten zufrieden? Wir freuen uns auf Ihre Rückmeldung. Und wir freuen uns, wenn Sie diesen Titel weiterempfehlen, in Ihrem Freundeskreis oder bei Ihrem Online-Kauf.

Sollten wir Ihre Erwartungen so gar nicht erfüllt haben, tauschen wir Ihnen Ihr Buch jederzeit gegen ein gleichwertiges zum gleichen oder ähnlichen Thema um.

KONTAKT ZUM LESERSERVICE

GRÄFE UND UNZER VERLAG
Grillparzerstraße 12
81675 München
www.gu.de

GRÄFE UND UNZER

Ein Unternehmen der
GANSKE VERLAGSGRUPPE

IMPRESSUM

G|U

GU ist eine eingetragene Marke der GRÄFE UND UNZER VERLAG GmbH, www.gu.de

ISBN 978-3-8338-8048-3
3. Auflage 2022

Projektleitung: Cornelia Nunn
Lektorat: Barbara Kiesewetter
Bildredaktion: Hannah Crawford; Petra Ender und Natascha Klebl (Cover)
Korrektorat: Andrea Lazarovici
Umschlaggestaltung und Layout: ki 36 Editorial Design
Herstellung: Susanne Fuhrmann
Satz: Ludger Vorfeld
Reproduktion: Longo AG, Bozen
Druck & Bindung: aprinta GmbH, Wemding

UMWELTHINWEIS

Nachhaltigkeit ist uns sehr wichtig. Der Rohstoff Papier ist in der Buchproduktion hierfür von entscheidender Bedeutung. Daher ist dieses Buch auf PEFC-zertifiziertem Papier gedruckt. PEFC garantiert, dass ökologische, soziale und ökonomische Aspekte in der Verarbeitungskette unabhängig überwacht werden und lückenlos nachvollziehbar sind.

AUTORIN

Tini Vogt begann 2004 als Autodidaktin mit dem Gemüseanbau. Mittlerweile hat sie ihren Garten in ein essbares Paradies verwandelt und baut auf ihrer ca. 800 Quadratmeter großen Minifarm mit großer Leidenschaft so viel Obst und Gemüse an, dass ihre Familie den größten Teil des Jahres davon leben kann. Außerdem kocht und backt sie sehr gerne.
Die Selbstversorgerin gibt ihr Wissen in Workshops, auf ihrer Webseite (www.kassiolino.de) und bei Instagram (www.instagram.com/kassiolino) weiter. Sie liebt es, andere Menschen zu inspirieren, und bietet auch Gartenberatungen für Einsteiger an. Ihre Minifarm und die Familienimkerei, die ihr Mann im Nebenerwerb betreibt, sind ein beliebter Ort für junge Menschen aus aller Welt, die gegen Kost und Logis ein paar Wochen mithelfen.

WICHTIGER HINWEIS

Die Gedanken, Methoden und Anregungen in diesem Buch stellen die Erfahrung der Verfasserin dar. Sie wurden von der Autorin nach bestem Wissen erstellt und mit größtmöglicher Sorgfalt geprüft. Weder Autorin noch Verlag können jedoch für eventuelle Nachteile oder Schäden, die aus den im Buch gegebenen praktischen Hinweisen resultieren, eine Haftung übernehmen.